Helga Kleisny

E-Books erstellen
Professionelle E-Books mit PDF und ePUB

Helga Kleisny

E-Books erstellen

Professionelle E-Books mit PDF und ePUB

- Erzeugen Sie Ihre E-Books selbst als ePUB und PDF
- Arbeiten Sie wahlweise mit Profi-Tools oder kostenfreier Software
- Von der Manuskripterstellung bis zur Vermarktung

FRANZIS

Bibliografische Information der Deutschen Bibliothek

Die Deutsche Bibliothek verzeichnet diese Publikation in der Deutschen Nationalbibliografie; detaillierte Daten sind im Internet über http://dnb.ddb.de abrufbar.

Lektorat: Anton Schmid
Satz: DTP-Satz A. Kugge, München
art & design: www.ideehoch2.de
Druck: C.H. Beck, Nördlingen
Printed in Germany

ISBN 978-3-645-60206-8

Einige Worte vorweg

Gratulation! Sie haben sich dazu entschlossen, Ihr Buch selbst zu produzieren, ohne den Umweg über Verlag, Druckerei und Buchhandel, direkt an den Leser zu gehen. Und gerade, wenn Sie vielleicht schon die ersten Schritte dazu allein unternommen und dabei gesehen haben, dass doch mehr dahinter steckt, als »nur« das Schreiben und dann die Datei im »E-Book-Format« abzuspeichern, dann wäre dieses Buch gerne Ihr Begleiter.

Wie man ein Buch schreibt, wie man seine Gedanken sammelt und ordnet und wovon Ihr E-Book inhaltlich handeln soll – darum geht es in diesem Buch nicht. Wir setzen genau da an, wo anschließend der zunächst dunkle Tunnel beginnt: Wie erstelle ich aus meinem Text, meinen Fotos und eventuell Video- und/oder Audiodateien ein E-Book, wonach der Leser verlangt – ein Produkt, das möglichst schnell und möglichst weit oben auf der Bestsellerliste landet?

Ach so, Sie wollten eine Familienbiografie veröffentlichen, von der Sie selbst schon annehmen, dass der Interessentenkreis absehbar ist, und jeder angeschriebene Verlag hat Ihnen mehr oder minder höflich erklärt, dass ihm die Zielgruppe der Leser zu klein ist für eine gedruckte Buchauflage?

Zugegeben: Der Inhalt spielt auch eine große Rolle für die Akzeptanz im Leserkreis, im Print- wie im elektronischen Bereich. Aber wie bei einem herkömmlichen Buch die Papierqualität und die optische Aufmachung das Lesevergnügen beeinflussen können, so ist auch der Einfluss einer korrekt erstellten Vorlage maßgeblich bei der elektronischen Publikation.

Fehldrucke im Print sind lästig: wenn Seiten fehlen oder doppelt vorhanden sind, der Rand nicht stimmt oder der Text von Tippfehlern nur so strotzt. Das Buch als solches ist aber immerhin noch physisch vorhanden, greifbar, irgendwie lesbar, verschenk- oder weglegbar. Beim E-Book kann ein kleiner, unbedachter Fehler bereits von Beginn an dazu führen, dass das Ergebnis komplett unleserlich ist oder schlimmstenfalls sich die Datei gar nicht öffnen lässt. Würde es sich um ein gedrucktes Buch handeln, würde es sich also nicht aufschlagen lassen. Dies ist undenkbar bei einem Buch im Printformat, bei einem E-Book in den ersten Erstellungsversuchen aber gängige Regel.

Darum ist der Inhalt des ersten Teils dieses Buches die Basis für den zweiten Teil und trägt somit zur gelungenen Umsetzung Ihres E-Books bei. Wer hier im ersten Teil nachlässig ist, weil er vielleicht denkt, er wüsste schon alles, wird beim Abspeichern als E-Book – egal aus welcher Programmform – fast verzweifeln. Es ist ähnlich wie bei der Landung eines Flugzeuges: Das setzt auch nicht erst knapp über der Landebahn zum Landeflug an, sondern schon lange vorher müssen Höhe und Geschwindigkeit an die Entfernung zur Bahn angepasst werden. Stimmt dabei ein Parameter nicht, kann auch der beste Pilot in der Aufsetzphase keine perfekte Landung bewirken.

Wissen ist Macht (laut Walter Moers), und darum müssen wir uns, bevor wir ans Publizieren gehen, etwas tiefgründiger mit der Aufbereitung von Text und anderen Themen, die wir in unser E-Book packen wollen, befassen.

Dazu ist dieses Buch in drei Teile gegliedert:

I Entscheidungs-Grundlagen fürs elektronische Publizieren

II Die programmliche Umsetzung in Beispielen

III Anhang

Im ersten Teil befassen wir uns mit den Voraussetzungen, damit die Inhalte von Teil II möglichst schnell, einfach und reibungslos umsetzbar sind.

Dabei sind einige der derzeit gängigen Muster beschrieben, wie wir vom Text (Rohinput) zum E-Book gelangen. Wir gehen dabei entweder von einem eher textbasierten Programm wie Word aus oder über den Weg mit einem HTML-Text bzw. einem grafiklastigen Programm wie InDesign. Wobei es gerade für die grafikorientierten Desktop-Publishing-Programme eigene Bücher gibt, die sich nur mit der ePUB-Erstellung aus einem bestimmten Programm heraus und mit dessen Eigenheiten befassen. Wir versuchen, Sie auf dem Weg zur Entscheidung und Erstellung zu begleiten. Dabei machen wir keine Vorgaben, möchten aber die Fakten unterbreiten, sodass Sie selbst für Ihr Projekt fundierte Entscheidungen treffen können.

Am Ende sollte in jedem Fall ein funktionsfähiges E-Book herauskommen.

Ein Buch ist ein Buch, mit allen Vor- und Nachteilen. Für tagesaktuelle Informationen ist es nicht das richtige Medium. Dies gilt natürlich auch für das Buch, das Sie jetzt in den Händen halten. Wenn also ein neues Programm auftaucht oder eine neue Programmversion, mit der ein Software-Hersteller doch noch mitmischen möchte, dann ist das Internet besser geeignet, die ersten Schritte zu verfolgen und die Problemlösungen der Anwender zu liefern.

Dafür kann man ein Buch, egal ob Print oder das E-Book im E-Reader, benutzen, während man im Internet surft oder das eigene E-Book erstellt. Bücher und das Internet ergänzen sich, sie sind keine Konkurrenz.

Im letzten Teil werden Definitionen und Hintergrundtexte aufgeführt. Ein wenig Hilfe für den Autor beim Schreiben – weil das nicht das primäre Thema dieses Buches ist. Zudem gibt es natürlich ein Stichwortverzeichnis.

Vielleicht sind Ihnen auch schon einige der Themen des ersten Teils bekannt, dann genügt es sicher zum Auffrischen, jeweils die Zusammenfassung »Wissen kompakt« am Ende des Kapitels zu lesen.

Und sollten Sie, lieber Leser, eine Leserin sein, dann seien Sie an dieser Stelle natürlich genauso herzlich willkommen geheißen, auch wenn Sie im Fließtext nicht separat angesprochen werden.

Wir wünschen Ihnen nun viel Spaß beim Lesen und Lernen sowie viel Erfolg mit Ihrer ersten bzw. nächsten E-Book-Publikation!

Inhaltsverzeichnis

1 Der Stand der Dinge

1.1 Die Ausgangsbasis

Ein Buch selbst zu schreiben und auch selbst zu publizieren – etwas Besseres kann es doch gar nicht geben: keine Zwischenhändler wie Verlage oder Buchhändler, die von der geringen Marge auch noch ihre Prozente sehen wollen – sondern direkt vom Erzeuger zum Kunden.

Schöne Vorstellung, aber leider etwas blauäugig angesichts der Herausforderungen. Zwar fehlen der Verlag und die ortsgebundenen Buchhändler, dafür aber kommen neue Aufgaben für den Autor hinzu. Momentan ist die Produktion eines Buches noch nicht ganz so einfach, wie sie eigentlich längst sein könnte. Außerdem möchte man als Autor ja auch gelesen werden, was im Internetzeitalter für E-Books so viel wie »gefunden werden« bedeutet. Und dies benötigt auch einiges an professionellem Know-how, mag das eigene Werk noch so brillant und bedeutend sein.

Bild 1.1: Schön, aber leer. Hier fehlt Ihr Buch auf dem Board …

1.1.1 Der Inhalt des Buches

Wenden wir uns zunächst einmal dem Inhalt des geplanten E-Books zu. Zwar geht es nun nicht um die handelnden Personen, den Ort und die Zeit des Geschehens, sondern um die Art der vorliegenden Information. Besteht das Buch primär nur aus Text – bei einem Dan-Brown-Krimi würden z. B. Bilder nur von der superspannenden Lektüre ablenken – oder soll es ein informatives Lehrbuch sein, das unbedingt Grafiken und Bilder zur Auflockerung und zum Verständnis braucht?

Dann sehen wir uns die Zielgruppe der Leser an: Möchten Sie gezielt die Nachwuchsgeneration mit Ihrem E-Book ansprechen, so sollte es Videos, jede Menge Links auf Webseiten und allen zurzeit verfügbaren elektronischen Schnickschnack vorweisen. Die gediegenere Leserklientel, die eher am Inhalt interessiert ist und für die sich Spannung und Nervenkitzel aus der Geschichte selbst ergeben, wird der optisch schnörkellose Krimi sicher eher ansprechen.

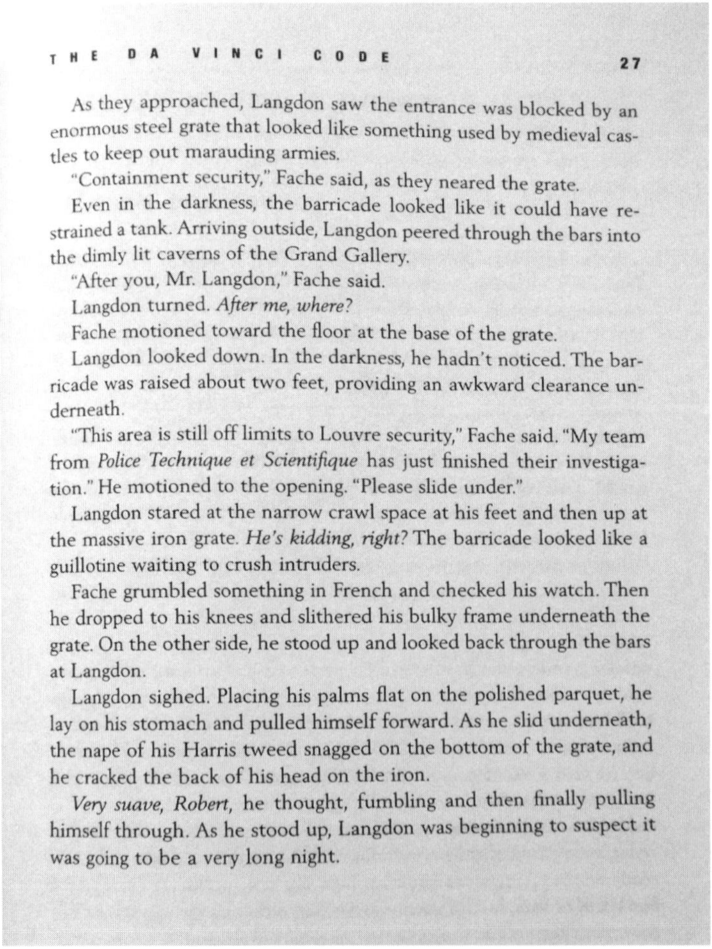

THE DA VINCI CODE 27

As they approached, Langdon saw the entrance was blocked by an enormous steel grate that looked like something used by medieval castles to keep out marauding armies.

"Containment security," Fache said, as they neared the grate.

Even in the darkness, the barricade looked like it could have restrained a tank. Arriving outside, Langdon peered through the bars into the dimly lit caverns of the Grand Gallery.

"After you, Mr. Langdon," Fache said.

Langdon turned. *After me, where?*

Fache motioned toward the floor at the base of the grate.

Langdon looked down. In the darkness, he hadn't noticed. The barricade was raised about two feet, providing an awkward clearance underneath.

"This area is still off limits to Louvre security," Fache said. "My team from *Police Technique et Scientifique* has just finished their investigation." He motioned to the opening. "Please slide under."

Langdon stared at the narrow crawl space at his feet and then up at the massive iron grate. *He's kidding, right?* The barricade looked like a guillotine waiting to crush intruders.

Fache grumbled something in French and checked his watch. Then he dropped to his knees and slithered his bulky frame underneath the grate. On the other side, he stood up and looked back through the bars at Langdon.

Langdon sighed. Placing his palms flat on the polished parquet, he lay on his stomach and pulled himself forward. As he slid underneath, the nape of his Harris tweed snagged on the bottom of the grate, and he cracked the back of his head on the iron.

Very suave, Robert, he thought, fumbling and then finally pulling himself through. As he stood up, Langdon was beginning to suspect it was going to be a very long night.

Bild 1.2: Ein spannender Krimi braucht keine optische Ablenkung durch Bilder

Bild 1.3: Diese Doppelseite besticht optisch, ist aber nicht einfach umzusetzen als ePUB

Wir haben damit schon zwei Kriterien, auf die wir gleich zu Beginn näher eingehen sollten, bevor wir weitere Entscheidungen treffen: In welcher Art liegt die Information primär vor – als Text, Fotos, viele Internetlinks, Videos oder Audiodateien? Oder, falls das bereits einen Schritt zu weit gegriffen ist: In welcher Form wollen Sie den Inhalt Ihres E-Books primär erhalten oder erzeugen?

Eine wichtige Frage vorab: Wen genau möchte ich mit meinem Buch ansprechen? Welche Altersgruppe in etwa und wie sieht meine Zielgruppe aus? Von drei bis 103 Jahren ist zwar eine geniale Marketingstrategie, wird aber vermutlich keinem gerecht.

> **Tipp:** Legen Sie so früh wie möglich fest, in welcher Form Sie Ihre Information im E-Book präsentieren möchten: reines Textbuch versus interaktives Multimediaspektakel. Je mehr es in Richtung Multimedia geht, umso komplexer und fehleranfälliger wird die Produktion mit heutigen Programmen. Dabei ist es fast egal, welches Programm Sie als Ausgangsbasis wählen.

Nochmals zurück zum Text, oder besser gesagt, zur Form, in der die Information vorliegt: Warum und wie dies bei der Produktion zum Tragen kommt, sehen wir uns in den nächsten Kapiteln zur Umsetzung genauer an. Hier ist nur wichtig, dass das Bewusstsein dafür geschärft wird. Denn die Art der Information trägt entscheidend zur Auswahl der Art der Produktion bei. Falls sich bei den grundsätzlichen Überlegungen herausstellt, dass noch etwas fehlt (Fotos) oder wir etwas (Videos) problemlos weglassen können, dann sollte dies bei diesem Schritt erfolgen. Wenn wir erst während der Produktion feststellen, dass mit den falschen, ungeeigneten Mitteln gearbeitet wird, bedeutet dies einen großen Rückschritt.

Tipp: Noch ein kleiner Hinweis zu Beginn, der für den gesamten Inhalt des Buchs relevant ist. Je einfacher und homogener die Art der Information vorliegt, umso reibungsfreier verläuft die Produktion und das spätere Abspielen auf unterschiedlichen Endgeräten.

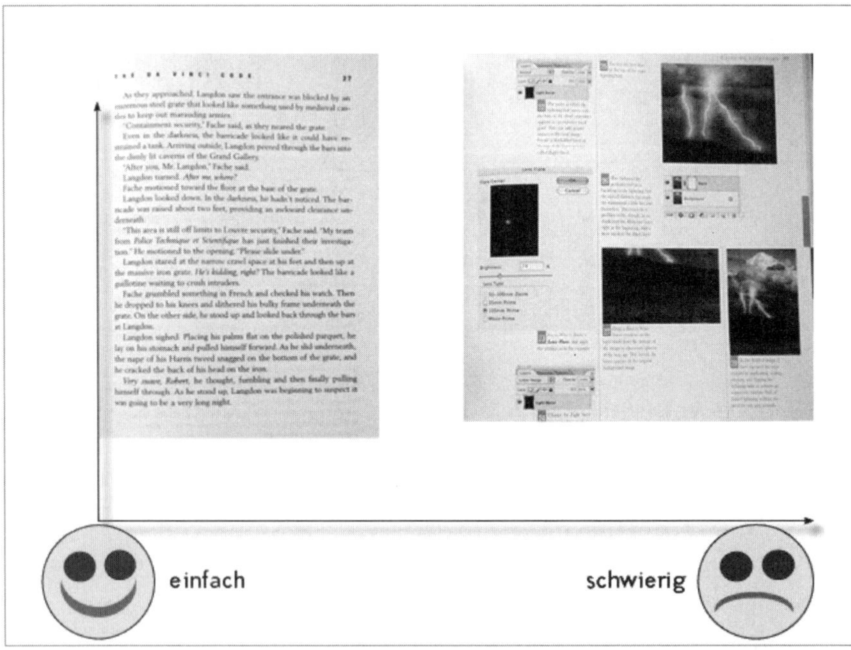

Bild 1.4: Entscheidung für sichere, korrekte Darstellung oder komplexe Vielfalt

Wissen kompakt

Vor der Wahl des Programmes zur E-Book-Erzeugung:

Vorhandenes Basismaterial sichten oder festlegen, in welcher Form es vorliegen wird, und abhängig davon den Produktionsprozess bestimmen.

Je komplexer das Basismaterial ist, umso fehleranfälliger ist zurzeit noch der Produktionsprozess, vor allem wenn das E-Book auf unterschiedlichen Endgeräten funktionieren soll.

2 Ihr Fenster zum Leser

2.1 Beflügelnde Gedanken

Der Inhalt dieses Kapitels wird in anderen How-To-Büchern zum Thema E-Book-Publizieren aus dem Programm XYZ meist irgendwo am Rande erwähnt.

Dennoch gibt es Punkte, die Sie vorher in Ruhe durchdenken sollten – mit der reinen Texterstellung und dem Abspeichern als ePUB oder PDF ist das Ziel, ein eigenes Buch zu publizieren, nämlich noch weit von der Realität entfernt.

Zu den Vorteilen der Eigenpublikation – pro Buch bleibt dem Autor mehr vom Verkaufspreis und er hat die Kontrolle – kommen viele weitere Aufgaben hinzu, die in der Euphorie des Schreibens schnell verdrängt werden.

Es ist ein technisch spannender, herausfordernder Weg, bis ein E-Book ins Netz hochgeladen werden kann, wohin und in welcher Art auch immer. Mit diesem Weg beschäftigen wir uns in den folgenden Kapiteln – falls Sie dann noch immer Ihr elektronisches Buch publizieren möchten. Also – beginnen wir mit ein paar grundsätzlichen Überlegungen.

2.2 Ihr Buch auf der eigenen Website

Wenn Sie eine eigene Website haben oder anlegen, können Sie natürlich auch dort im eigenen (kleinen) Online-Reich Ihr Buch zum Download und zum Verkauf anbieten. Damit wird das eigene Marketing zur Top-Priorität nach dem Veröffentlichen.

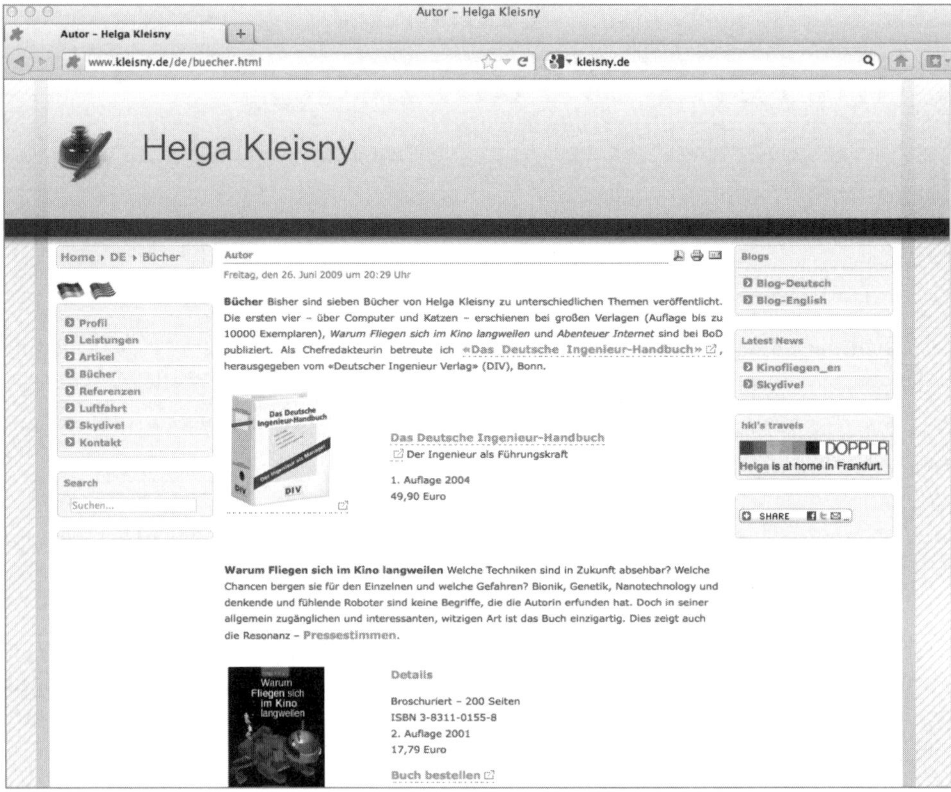

Bild 2.1: Auf jeden Fall sollte man die eigene Website dazu nutzen, den Verkauf anzukurbeln

Der große Vorteil dieser Lösung ist, dass Sie nur minimale technische Vorgaben haben, was die E-Book-Produktion betrifft. Sie wählen Ihr Format, und keiner zwingt Ihnen sein firmeneigenes »mobi« auf. Es muss lediglich die Syntax des jeweiligen Formates ePUB oder PDF erfüllt sein.

Mit eigener Website meinen wir übrigens eine Website des Formats *www.Ihrgewählterna-me.com/de/was-auch-immer.* Stellen Sie dagegen Ihre Inhalte bei Facebook ein, treten Sie alle Rechte (und damit sind wirklich *alle* gemeint) an Text, Bild, Audio, Video und was auch immer an Mark Zuckerberg (Facebook) ab. Das ist noch um ein Vielfaches mehr als die (schon große) Abgabe von Rechten an einen Verlag in einem Autorenvertrag.

Da ist eine Website, die auf einem Content Management System (Joomla, WordPress oder Drupal; alle kostenfrei) basiert, besser geeignet. Einige bieten sogar Plug-Ins für Online-Bezahlsysteme. Dafür brauchen Sie zwar auch einen Hoster (Webspace-Provider), also jemanden, der Ihnen auf seinem Server Platz macht für Ihre Seiten im Web, aber mit ein wenig Suchen und Vergleichen im Web funktioniert das bei relativ geringen Kosten.

Das Kleingedruckte für Ihren eigenen Onlinestore – die Voraussetzungen:

- Die Technik dazu auf Ihrer Website
- Ihre Allgemeinen Geschäftsbedingungen, AGBs
- Gewerbeschein (beantragen)
- Datenschutzerklärung für den Käufer (was machen Sie mit seinen Daten und was nicht)
- Ein Bezahlsystem: PayPal (online) oder herkömmlich per Bankkonto oder Kreditkarte
- Hintergrundwissen und Anschauungsmaterial zu den obigen Punkten liefert bei Bedarf Google.
- Wenn Sie den eigenen Webshop umgehen und trotzdem direkt von den Buchverkäufen profitieren möchten, können Sie auch direkt von Ihrer Website auf das Buch in Amazon oder anderen Shops verlinken. Nehmen Sie dann etwa am Amazon-Partnerprogramm teil, so erhalten Sie einen (zugegeben) sehr geringen Betrag je Verkauf über diesen Link zusätzlich zum Buchpreis. Bei hohen Absatzzahlen mag das aber durchaus interessant sein.
- Wenn Sie sich etwa den Umgang mit WordPress oder PayPal erst aneignen, dann nur zu: Machbar ist alles. Wir wollen nur am Rande darauf hinweisen, dass diese Zeit und der damit verbundene Aufwand nach dem Schreiben des Manuskripts und vor der Veröffentlichung als weiterer Schritt hinzukommen.

2.3 Ihr Buch im Online-Bookstore

Das eigene Buch auf einen der bekannten Online-Buchläden hochzuladen, hat Vorteile:

- Die Chance, gefunden zu werden, erhöht sich gegenüber der eigenen Website als Verkaufsplattform enorm.
- Praktisch alle großen Anbieter verfügen über eigene Guidelines, wie man auf ihren Store hochladen kann, mit Fehlerbehebungsvorschlägen. Das ist auch wegen der unterschiedlichen Formate in jedem Store nötig.
- Die meisten bieten auch eigene Software an, mit der man im Rahmen einer eher minimalen Grundformatierung E-Books erzeugen oder aus einem anderen Format konvertieren kann. Dann allerdings kann (bei Amazon) oder darf (bei Apple) dieses Buch nur auf diesem Online-Store vertrieben werden.

Und gleich dazu die Nachteile von bekannten Online-Buchläden:

- Sie müssen alle Anforderungen an das E-Book erfüllen, die der Store vorschreibt: Das ist bei Apple recht anmaßend, aber auch die anderen haben Vorgaben (bezüglich ISBN oder amerikanischer Steuernummer).
- Sie gehen damit wieder einen (kleinen) Schritt zurück von der All-in-one-inclusive-Variante – Autor, Verleger und PR-Agentur in einer Person. Und das will bezahlt werden. Ein Online-Bookstore behält nicht ganz so viel wie ein herkömmlicher Verlag von

Ihren (... seinen) Einnahmen, aber es summiert sich. Und wenn Sie noch das Angebot eines Vermittlers in Anspruch nehmen, reduziert sich Ihr überschaubarer Gewinn weiter.

Sehen wir uns nun die Bedingungen im Einzelnen an. Die können sich natürlich täglich ändern und, wenn Sie noch an den Osterhasen glauben, können Sie auch darauf hoffen, dass sie sich verbessern werden gegenüber dem Stand heute. Kleinere Anbieter tauchen auf und verschwinden wieder in der Versenkung. Wer sich längerfristig durchsetzen wird, zeigt die Zeit.

Wie viel an Marge (üblicherweise des Nettoverkaufspreises) für den Autor übrig bleibt, variiert nach Store und Angebot. Die Bedingungen und Angebote ändern sich auch rasch und passen sich dem Markt an. Daher sind die hier genannten Werte Richtwerte, die im Einzelnen überprüft werden müssen. Bitte überprüfen Sie diese in Ihrem gewünschten Store, bevor Sie sich entscheiden. Es wird in jedem Fall eine Kosten/Nutzen-Abwägung sein: je mehr das Angebot des Stores an Service beinhaltet, umso geringer ist Ihre Marge pro Buch.

Je mehr Sie also selber erledigen können an Formatierung, ISBN einholen und Konvertierung, umso mehr bleibt Ihnen vom Gewinn. Wenn Sie allerdings vorher Monate damit verbringen, sich technisches Wissen anzueignen, das Ihre Programmierkenntnisse bei Weitem überragt (spezielle Layoutanpassung im Style Sheet), dann stellt sich die Frage, ob damit Ihr Stundenlohn höher ist als der des Beauftragten. Portale wie www.fiverr.com bieten solche Dokumentkonvertierungen schon für fünf Dollar an.

Es gibt internationale und deutschsprachige Portale. Alle haben Vor- und Nachteile. Es kommt darauf an, was Ihnen wichtig ist und auf was Sie verzichten können. Das Internet bietet leider vieles an Information, das nicht gut recherchiert und häufig kopiert ist. Halbwahrheiten glänzen da mit recht langer Lebensdauer.

Die großen Stores verfügen zum Teil über recht umfangreiche und detaillierte Anleitungen für das Erstellen und Hochladen von E-Books auf ihre Seiten. Es lohnt sich, gerade bei Formatierungsproblemen, hier einen Blick hineinzuwerfen und zu sehen, wie das eigene Problem bereits von anderen gelöst wurde. Klammer auf: auch wenn man bei einem der kleineren Portale veröffentlichen möchte. Klammer zu.

2.3.1 Verkauf über einen internationalen Bookstore

Was leider in vielen Meinungsberichten im Internet unter den Tisch gekehrt wird, sind die rechtlichen Voraussetzungen für die Teilnahme an einem internationalen Bookstore. Ist dieser amerikanisch, so ist er vom Gesetz her verpflichtet, 30 % Ihrer Buchgewinne – zusätzlich zu den Margen, die die Bookstores bereits einbehalten – an die US-Steuerbehörde IRS abzuliefern. Sang- und klanglos, ohne Sie zu fragen. Auch wenn Sie in einem anderen Land, z. B. Deutschland, steuerpflichtig sind und da brav und aufs Komma genau Ihre Einkünfte abführen. Das gilt zurzeit für alle amerikanischen Bookstores wie Amazon.com, Barnes&Noble, Apples iBooks – in Letzterem leider auch, wenn Sie ein deutschsprachiges Buch nur in Europa veröffentlichen möchten. Apple unterscheidet leider (noch) nicht zwischen Verkäufen in USA und außerhalb der Staaten.

Dies kann man wie folgt abwenden:

Wer direkt und international (Amazon) auf den beiden größten Plattformen Amazon-Kindle und Apple-iBooks publizieren will oder auch über Händler, die für Sie den Zugang zu den Plattformen ebnen, sollte sich dieses Kapitel zuvor in Ruhe zu Gemüte führen.

»Besorgen Sie sich eine EIN« ist oft der einzige Ratschlag auf vielen Websites. Ohne zu erklären, was das ist und was dahinter steckt.

Die folgenden Hinweise stellen keine rechtlich bindende Auskunft dar, und für Rechtsfragen zu diesem Thema bitte immer direkt auf *www.irs.gov* nachschlagen. Die IRS ist eine große Behörde und bei den Amerikanern aufgrund ihrer Macht sogar eine recht respektierte, um nicht zu sagen, gefürchtete.

Steuergesetze und Verordnungen werden auf beiden Seiten des großen Teiches praktisch kontinuierlich geändert und angepasst. Und vielleicht fällt doch irgendwann der Groschen, dass dies alles mehr Aufwand als Nutzen für alle Beteiligten bedeutet. Bis dahin:

Sie brauchen für eine Veröffentlichung bei einem US-amerikanischen Online-Bookstore eine TIN – also eine Taxpayer Identification Number, zu gut Deutsch: eine Steuernummer. Und zwar eine für nicht in den USA ansässige Firmen oder Einzelpersonen: Wenn Sie nicht im Besitz einer SSN (Social Security Number) sind, dann entweder die EIN oder die ITIN.

Ist das jeweilige Formular korrekt ausgefüllt und lebt man in einem der vielen Länder, mit denen die USA ein Abkommen zur Vermeidung der Doppelbesteuerung haben, dann entfällt damit zurzeit die automatische 30-%-Abgabe an die US-amerikanische Steuerbehörde. Details dazu finden Sie weiter unten. Eines vorab: Mit Deutschland, Österreich und der Schweiz existieren Abkommen.

Was ist der Unterschied zwischen einer EIN und einer ITIN?

Eine EIN (Employer Identification Number) ist eine Steuernummer für Firmen, die nicht in den USA ansässig sind. Einzelpersonen, die keine US-amerikanische Staatsbürgerschaft haben, brauchen eine ITIN (Individual Taxpayer ID Number).

So weit so einfach. Die beiden unterscheiden sich allerdings bezüglich des Aufwands, mit dem man an die begehrte Nummer kommt. Für die EIN genügt ein kurzes Telefonat in die USA. Wer sich vorbereitet, der hat damit die EIN in 15 Minuten auf dem Tisch. Der Erhalt der ITIN kann schon mal drei Monate dauern; auf jeden Fall, wenn alle Dokumente perfekt vorliegen, etliche Wochen. Zudem ist der Erhalt der ITIN durch die Beglaubigungen und den Postversand auch mit Kosten verbunden.

Wer braucht eine EIN und wer eine ITIN?

Zu einem konkreten Fall haben wir in einem vierstündigen Telefonat mit dem IRS in Texas und nach mehrfachem Wechsel der Bearbeiter und vielen Hold Lines (Wartezeiten) unterschiedliche Auskünfte erhalten. Die eine Abteilung bestand darauf, dass es eine EIN sein müsse, eine andere, dass nur eine ITIN infrage komme …

Wir können und dürfen hier keine Steuerberatung durchführen. Darunter fallen auch Ratschläge, wie Sie sich verhalten sollen. Selbstständige jedenfalls haben nach unserer Recherche gute Chancen, eine EIN zu bekommen, also auch Rechtsanwälte, Architekten, Künstler oder Journalisten ohne Gewerbeanmeldung oder eigene Firma. Im Folgenden werden die Wege, die zum Erhalt beider Steuernummern führen, beschrieben.

EIN beantragen

Eine EIN können Sie entweder telefonisch (am schnellsten) oder per Fax oder natürlich per Snail Mail, also auf dem Postweg (dauert), beantragen.

Das Telefonat dauert im Schnitt etwa eine Viertelstunde in der Warteschleife und zwei Minuten zur Bearbeitung Ihrer EIN mit einem der zahlreichen freundlichen Bearbeiter. Wenn dieser Ihren Namen und Ihre Adresse so schnell mitschreiben könnte, wie er seine eigene Personalnummer und seinen Namen in die Welt schleudert, bräuchte die Bearbeitung sogar nur eine halbe Minute.

Tipp: Um Ihre Kosten zu begrenzen, hilft es, einen Flatrate-Tarif in die USA (über Freunde, Bekannte ...) zu nutzen oder das Telefonat via Skype oder ähnlichen Programmen durchzuführen.

Sie erhalten Ihre persönliche EIN sofort während des Telefonats, die schriftliche Bestätigung (Dokument aufheben!) einige Wochen später per Post. Immerhin können Sie nach dem Telefonat mit der zugewiesenen Nummer gleich loslegen, ohne weitere Wochen an Wartezeit zu verlieren, bis Sie Ihr Buch bei Amazon oder Apple anmelden können.

Das Telefonat zum Erhalt der EIN

Hier die zurzeit korrekte Telefonnummer, um eine EIN anzufragen: 001 267 941 1099.

Diese Nummer ist kundenfreundlich von 6 Uhr morgens bis 11 Uhr nachts nach amerikanischer Ostküstenzeit (EST) besetzt. Um die äquivalente mitteleuropäische Zeit zu ermitteln, rechnen Sie sechs Stunden dazu. Also frühestens ab 12 Uhr mittags MEZ anrufen.

Tipp: Nach unserer Erfahrung ist gegen 15 Uhr MEZ mit geringerer Wartezeit zu rechnen, nachdem der erste Ansturm am Morgen vorbei ist.

Was müssen wir in dem Gespräch (englisch) preisgeben? Den Grund, warum Sie eine EIN möchten, Name und Adresse und natürlich Nationalität und das Land, in dem Sie leben. Als Grund für den Wunsch nach einer EIN geben Sie an: Sole Proprietor (so etwas wie selbstständiger Unternehmer) oder den Namen Ihrer Firma (falls vorhanden), Zweck: Publishing Books (Bücher anbieten).

Auch wenn wesentlich weniger gefragt wird, als im Formular W-7 für die ITIN anzugeben ist – um zu verstehen, worum es geht, sollten Sie sich zuvor dieses Formular ansehen.

Sie finden das zum Druckzeitpunkt des Buches gültige Formular im Anhang als Beispiel. Wie auch bei uns haben diese eine relativ geringe Halbwertszeit und man sollte das gerade gültige Formular von der Website herunterladen.

Vor dem Ende des Telefonats erhalten Sie – wenn der Bearbeiter meint, dass Sie für eine EIN qualifiziert sind – Ihre EIN. Juhu! Sie können nun sofort mit dem Upload Ihres Buches beginnen.

ITIN beantragen

Für die ITIN müssen Sie

- das W-7 Formular ausfüllen,
- mit einem Empfehlungsschreiben
- und den beglaubigten Dokumenten, die Ihre Identität belegen,

an das IRS nach Texas schicken. Dazu gibt es unterschiedliche Wege.

Das zurzeit gültige Formular W-7 können Sie auf einem Link von irs.gov herunterladen:

http://www.irs.gov/pub/irs-pdf/fw7.pdf

Näheres dazu und vor allem die korrekten Updates (alles englisch) sowie unter anderem eine hilfreiche Anleitung finden Sie hier:

http://www.irs.gov/instructions/iw7/ar01.html

Einige Tipps fürs Ausfüllen des W-7 im Jahr 2012:

- Sie sind *Sole Proprietor* (Einzelunternehmer) und möchten: *Publishing Books* (Bücher anbieten)
- ***Reason you are submitting Form W-7:***
  a) ankreuzen. (*Non-resident alien required …*)
  Unter *h)* ergänzen ("*Exception 1 (d) – Royalty Income*")
  Unter ***Additional Information for a and f:***
  treaty country = Germany
  und
  treaty article number = 12
  angeben.
- Für andere Länder finden Sie hier unter dem Linknamen Ihres Landes die entsprechende »article number« für »Royalties«:

  http://www.irs.gov/businesses/international/article/0,,id=96739,00.html
- Das IRS ist eine Behörde und daher sehr penibel. Bitte schreiben Sie deshalb in alle Felder, in denen Sie nichts ausfüllen (wie eventuell eine schon existierende EIN/ITIN) *non applicable*, also: *N/A*. Es müssen alle Felder ausgefüllt sein.

Zudem brauchen Sie ein Empfehlungsschreiben, das zeigt, dass Sie mit einer amerikanischen Firma eine Geschäftsbeziehung unterhalten. Die Firma ist in diesem Fall der Bookstore, auf den Sie hochladen möchten. Wenn Sie bereits einen Account auf einem der großen Bookstores (Amazon, Apple …) haben, finden Sie das Empfehlungsschreiben dort als

Download. Sonst funktioniert das auch auf dem Portal *Fotolia.com* – anmelden und eine Supportanfrage starten: Ich möchte eine ITIN – dabei Ihren Namen und die Anschrift hinterlegen –, dann erhalten Sie innerhalb von einigen Tagen einen Brief mit einem (Empfehlungs-)Schreiben, dass man sich eine ITIN besorgen sollte.

Alle im Folgenden geforderten Dokumente müssen entweder von der ausstellenden Behörde für das Ausland beglaubigt sein oder von einem US-Notar beglaubigt werden. Sollte die amerikanische Steuerbehörde IRS mit irgendetwas nicht hundertprozentig zufrieden sein, erhalten Sie alles zurück und beginnen wieder bei null. Und da die ganze Prozedur mindestens einige Wochen dauert, warten Sie dann unter Umständen weitere Monate.

Die Beglaubigung führt natürlich auch eine US-Botschaft aus. Da müssen Sie allerdings auch bereits alle Formulare korrekt ausgefüllt vorlegen und das Empfehlungsschreiben (siehe unten) vorweisen. Zudem sind die Botschaften nur in wenigen Städten vorhanden, und es dauert Wochen, dort einen Termin zu bekommen.

Folgende Dokumente zum Nachweis Ihrer Identität sollten vorliegen:

Ein Pass ist das einzige Dokument, das allein zum Nachweis der Identität genügt. Es muss (nach unserer Auskunft beim IRS) nur die Doppelseite des Passes mit Ihrem Bild beglaubigt werden.

- Ohne Pass müssen zwei Dokumente aus der Liste zugelassener Dokumente beglaubigt vorliegen (Liste ist im Original umfassender, bitte im Anhang nachlesen):
  - Eine für das Ausland ausgestellte Kopie der Geburtsurkunde (= Nachweis der Geburt für die Verwendung im Ausland). Ohne beglaubigten Pass muss diese Geburtsurkunde vorliegen.
  - Führerschein, beglaubigt.
  - Beglaubigte Kopie des Personalausweises.

Die Beglaubigungen kosten auch bei den Ämtern Gebühren, die Kosten variieren von Stadt zu Stadt. Die ausstellende Behörde muss jeweils die Dokumente beglaubigen. Ein US-Notar kann alle Urkunden auf einmal beglaubigen, ist aber vermutlich teurer.

All die ausgefüllten und beglaubigten Dokumente schicken Sie dann entweder an die folgende offizielle Adresse des IRS:

Internal Revenue Service
Austin Service Center
ITIN Operation
P.O. Box 149342
Austin, TX 78714-9342

Oder: Angeblich geht es schneller, wenn man stattdessen das US-Konsulat in Frankfurt bemüht:

IRS
U. S. Consulate Frankfurt
Giessener Str. 30
60435 Frankfurt am Main

Und noch ein Tipp aus dem Netz: Fürs Direktpublizieren (nur) bei Apple: Das ausgefüllte Formular und die Beglaubigung einscannen und per E-Mail an *itstax@apple.com* senden, dies spart gegenüber dem Postweg einige Wochen Zeit.

Ob Sie all diese persönlichen Informationen der Regierung eines anderen Landes zur Verfügung stellen wollen, nur um ein Buch online anzubieten, sollte man als Autor durchdenken, bevor man sich an die Arbeit macht.

Wenn Sie noch immer fest von Ihrem Vorhaben überzeugt sind, dann nehmen wir uns gleich die größeren, internationalen Stores vor. Deren Zugehörigkeit zu nur einer bestimmten Hardware löst sich erfreulicherweise langsam auf. Auch auf iPads kann man mit der Kindle-App alle Kindle-Bücher lesen und so den iBookstore umgehen, wenn er das Buch nicht anbietet, das Sie gerade lesen möchten. Allerdings mit der verminderten Funktionalität der Kindle-App gegenüber dem komfortablen Buchlesen auf iBooks. Irgendeinen Haken gibt es immer …

2.3.1 Lieber der internationale große Anbieter oder der Neuling?

Bevor wir uns die Großen am Markt genauer ansehen, ist ein kleiner Erfahrungseinschub als Denkanregung sinnvoll. Zur Entscheidungsfindung und nicht als Vorgabe, denn Sie entscheiden, was für Sie wichtig ist.

Die Erfahrungen stützen sich auf den Book-on-Demand-Printbereich. E-Books gibt es noch nicht so lange in großer Auswahl, aber die Fakten sind analog durchaus anwendbar für die heutige Startup-Situation bei E-Books.

BoD war vor mehr als zehn Jahren der Pionier im Print-on-Demand-Geschäft. Eine kleine, innovative Firma, bei der der »Kunde Autor« einen kompetenten persönlichen Ansprechpartner hatte. Probleme wurden schnell und unkompliziert gelöst, und es bot sich eine nie zuvor dagewesene Chance für Autoren, Verlage zu umgehen. Für den Preis allerdings, dass die Öffentlichkeit auf den Autor herabsah: Hast Du keinen Verlag gefunden? – anstatt dessen innovative Kraft zu erkennen.

Der Imageverlust für den Autor beim Book-on-Demand-Publizieren ist über die Jahre zurückgegangen, der Kontakt der Firma zum Autor leider auch. Mit zunehmendem Wachstum wurde aus der kleinen, effizienten und freundlichen Firma ein aufgeblasenes Konglomerat, in dem sich zeitweise vier Geschäftsführer und andere werbewirksame Gestalten tummelten. Das alles hilft dem selbstpublizierenden Autor nicht, er muss es aber bezahlen. Die Geschäftsführer sind für die Anliegen eines normalen Autors nicht mehr erreichbar, solange der nur brav ihr Gehalt finanziert.

Dafür spulen nicht-weisungsbefugte Ansprechpartner Sätze wie diesen ab: »Fehler passieren eben, da können und werden wir nichts dagegen machen.« Auch wenn Ihr Image als Autor komplett ramponiert wurde, weil die Firma Bücher verkehrt herum und von hinten nach vorne gebunden an Kunden ausgeliefert hat. Und Ihre zurecht verärgerten Kunden – wir leben im 21. Jahrhundert –, dies eben mal auf allen sozialen Netzwerken und Buchkritikplätzen weiterverbreiten, welch schlechte Qualität das Buch des Autors X hat. Mit der Empfehlung: nicht kaufen.

Die logische Schlussfolgerung: Dann wähle ich eben einen der vielen noch kleineren Anbieter, die kümmern sich besser um mein Anliegen als Autor, kann genauso als Schuss nach hinten losgehen. Entweder setzt sich der kleine Laden auch in den nächsten Jahren durch, dann würde das »Sattwerden« wieder nur den Verwaltungsapparat aufplustern und die Qualität verschlechtern. Oder der (heute noch) kleine Anbieter verschwindet komplett vom Markt, und Sie haben erneut Arbeit mit Ihrem bereits veröffentlichten Buch und vielleicht auch den Imageverlust, auf einen Loser gesetzt zu haben.

2.3.2 Amazon

Die Guidelines von Amazon zum Erstellen von E-Books für deren Store finden sich in einem PDF mit 63 Seiten. Recht ausführlich und sogar mit CSS-Codeteilen für bestimmte Formatierungswünsche: *Amazon Kindle Publishing Guidelines.*

Zum Publizieren ausschließlich auf *Amazon.de* (und *Amazon.co.uk*, *Amazon.fr*, *Amazon.es*, *Amazon.it*) ist derzeit keine US-Steuernummer notwendig und auch keine ISBN. Nur bei der internationalen Plattform mit *.com* werden die 30 % Steuer automatisch zusätzlich vom Gewinn abgezogen, wenn keine ITIN oder EIN vorliegt.

Amazon wandelt HTML-Dokumente und ePUBs in ihr eigenes mobi-Format beim Hochladen um. Und verändert bzw. vereinfacht dabei durchaus auch Formatierungen, die Sie als Autor gerne im Buch hätten.

Ironischerweise lesen viele Leser über ihre Kindle-App Amazon-Bücher auf dem iPad. Weil der iBookstore, gerade was deutsche Bücher betrifft, im Angebot noch stark hinter Amazon hinterherhinkt. Was vermutlich daran liegt, dass es eben kein »iBooks.de« gibt und manche Autoren doch den Aufwand und/oder die Preisgabe der persönlichen Daten an eine US-Behörde scheuen. So nimmt man als Apple-User eben die wesentlich schlechtere Buchlesemöglichkeit von Kindle in Kauf, und das auf einem Tablet der Superklasse, was die Buchlektüre betrifft.

Der Vertrieb erfolgt über *Amazon.de*, *Amazon.com* und *Amazon.co.uk*. Veröffentlichen Sie Ihr Buch als E-Book mit dem Kindle-Publishing-Programm, bleiben Ihnen zurzeit 70 % vom Nettoerlös.

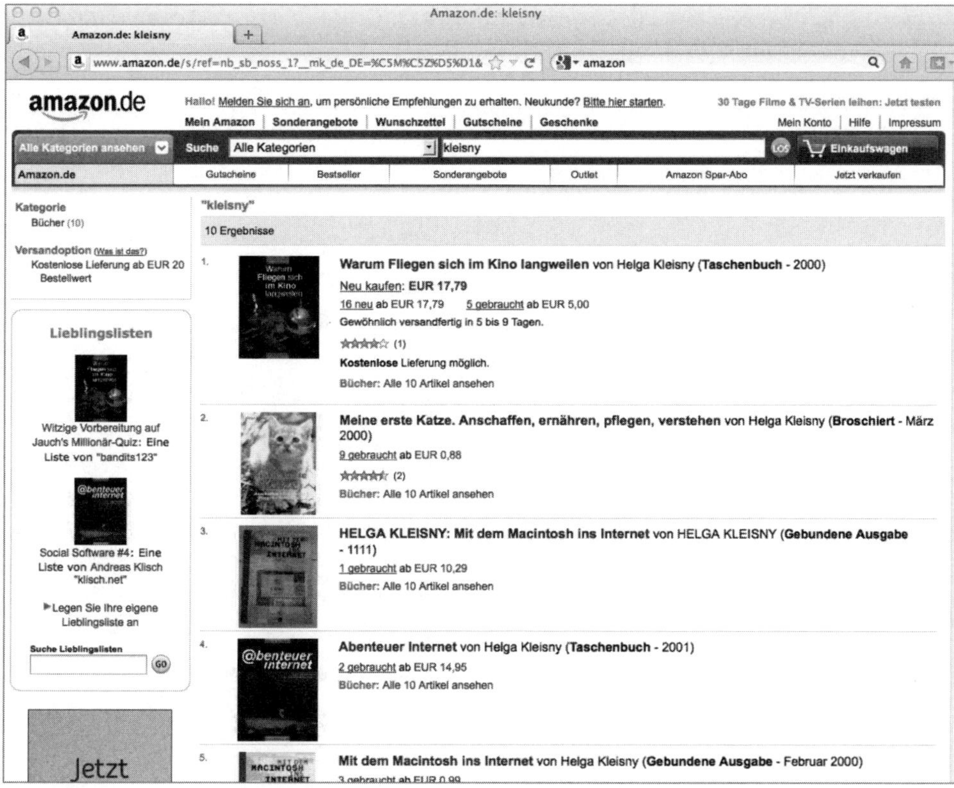

Bild 2.2: Der Vertrieb über *Amazon.de* bringt weniger Gewinn, ist aber dafür bequem

Da Amazon kein Vermittler (siehe unten), sondern ein originärer Bookstore ist, genauso wie Apples iBookstore, verbleibt das Recht, Ihr Buch selbst zu vertreiben bei Ihnen als Autor. Zusätzlich lassen sich Exemplare in einer Druckerei drucken und so über andere Vertriebswege wie Amazon Marketplace, Apple iTunes, Direktvertrieb oder auf der eigenen Webseite als Printversion verkaufen.

2.3.3 Apple's iBooks

Für den Verkauf von einzelnen Büchern in iTunes sind eine *ISBN* (internationale Standardbuchnummer) und eine US-Steuernummer Voraussetzung. Eine ISBN kostet rund 80 Euro. Diese zur Identifizierung eines Buches dienende Nummer muss speziell für das E-Book angefordert werden, selbst wenn die Printversion des Werkes schon eine ISBN besitzt.

Beantragung einer ISBN

In Deutschland ist die *Agentur für Buchmarktstandards* für die Vergabe der ISBN zuständig (Gebühr von 85 Euro), in Österreich der *Hauptverband des Österreichischen Buchhandels*

(72 Euro) und in der Schweiz der *Schweizer Buchhändler- und Verleger-Verband* mit einer Gebühr von 115 Schweizer Franken.

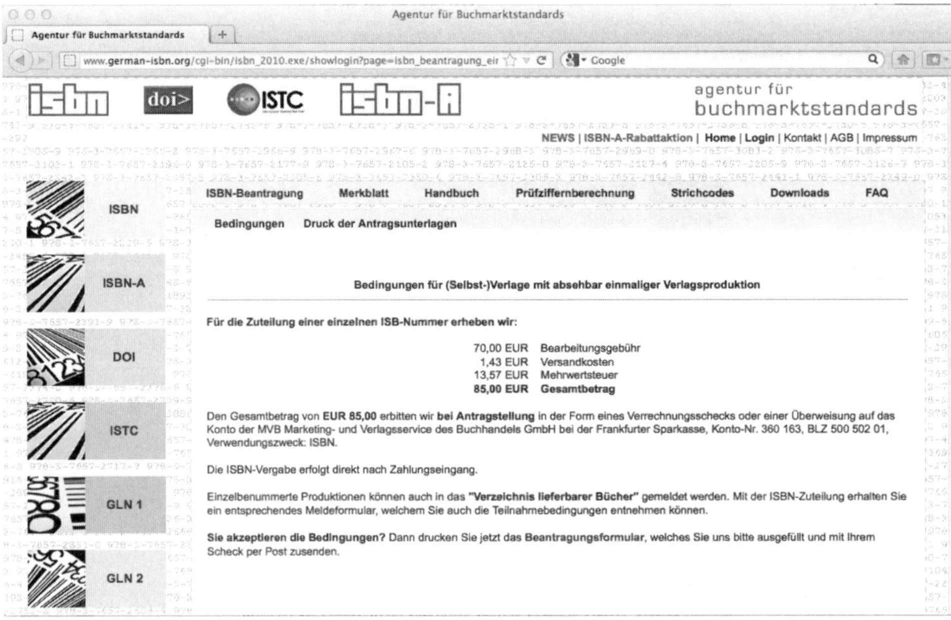

Bild 2.3: Die Website für die ISBN in Deutschland

Mit der ISBN erhalten Sie auch einen EAN-Strich-Code zum Scannen (für ein E-Book nicht wirklich relevant) und ein Formular zur Aufnahme ins VLB. Das Formular findet sich auch hier zum Download:

http://www.buecher.at/rte /upload/pdf/vlb_info_einzeln_isbn.pdf

Eintrag ins VLB – Verzeichnis Lieferbarer Bücher

Bei Printbüchern ein absolutes Muss, auch noch in Zeiten von Internet und Amazon: Ihr Buch im Verzeichnis Lieferbarer Bücher (VLB). Bei E-Books kann es nicht schaden, überall präsent zu sein, wo ein potenzieller Kunde suchen könnte. Das VLB führt für den deutschen Sprachraum das größte und ausführlichste Titelverzeichnis und ist das von angestammten Buchhändlern am häufigsten verwendete Bibliographiersystem. Allerdings hat alles seinen Preis und der liegt bei etwa 60 Euro pro Jahr für den Eintrag ins VLB. Alle angegebenen Preise bitte aktuell nachfragen.

Apple stellt dem Autor eine kostenfreie App zur Verfügung, mit der er in einfachen Schritten interaktive E-Books erzeugen kann. Verwenden Sie dieses Programm »iBooks Author« zur Erstellung Ihres ePUBs, dann ist das Buch in dieser Version nur bei Apple's iBooks verkäuflich. Erstellt man sein eigenes ePUB, mit welchem Programm auch immer, und passiert die strikten Formatchecks von Apple, dann kann das gleiche E-Book auch in anderen Online-Bookstores parallel vertrieben werden.

Bild 2.4: Schmucke Präsentation der Bücher, wie im realen Regal: Apples iBookstore

Wenn Sie den Service *iBooks Author* von Apple in Anspruch nehmen, dann erstellt dieser ein Dateipaket, das sich automatisch in *iTunes Producer* öffnet. iTunes Producer ist zwingend für die Übermittlung des Buches an Apple erforderlich. Es gibt dabei ausschließlich eine Version für OS X. Daher ist ein Apple-Gerät Voraussetzung fürs Hochladen in den iBookstore.

Tipp: In iTunes Producer muss der Buch-Typ auf »Book« stehen, wenn das Buch auch im deutschen iBookstore erscheinen soll. Sonst wird es nur in den USA angeboten.

Wie bei der Veröffentlichung einer Applikation im App-Store oder von Musik im iTunes-Store, setzt auch das Programm von iBooks einen iTunes-Account voraus. Das iTunes-Konto muss zudem mit iTunes Connect verbunden (dafür brauchen Sie die ITIN) und ein Store-Account angelegt sein.

Tipp: Für die Veröffentlichung im iBookstore muss das Werk als ePUB-Datei abgespeichert sein und auch den ePUB-Check bestanden haben. Erst dann kann das E-Book auf der Webseite von *iTunes Connect* angemeldet werden, und nun folgt noch ein endgültiger Check von Apple. Dann kann es sich nur mehr um Stunden oder Tage handeln, bis Ihr Werk für alle in iBooks downloadbar ist.

iBooks kann 3-D-Grafiken darstellen und verfügt über einen Bereich für Begriffserklärungen in Fachbüchern. Zudem dürfen E-Books Links enthalten und der Leser kann sich elektronische Notizen anlegen, die je nach Wunsch ein- und ausblendenbar sind. iBooks ist zurzeit noch immer die einzige Möglichkeit, Multimedia-Bücher im ePUB3-Standard in einem Bookstore anzubieten.

2.3.4 Barnes & Noble

Der größte US-amerikanische Player im stationären Buchhandel startete erst im März 2012 in Deutschland. Die Angebote fürs Direktpublizieren bei BN für Autoren werden sich in der ersten Zeit sicher marktgerecht anpassen. Zurzeit publizieren Autoren bei BN in den USA über PubIt und erhalten 40 bis 65 % Marge.

Mit dem Android-Tablet *Nook* von Barnes & Noble kann der Leser aus einem ähnlich umfangreiches Sortiment auswählen wie im Kindle-Store von Amazon.

E-Books bei Barnes & Noble sind in einem speziellen ePUB-Format verschlüsselt, das auf Endgeräten anderer Hersteller nicht lesbar ist. Dafür kann Nook das »konventionelle« Adobe-DRM (die Adobe-Verschlüsselung) für ePUBs und pdfs anderer Anbieter lesen.

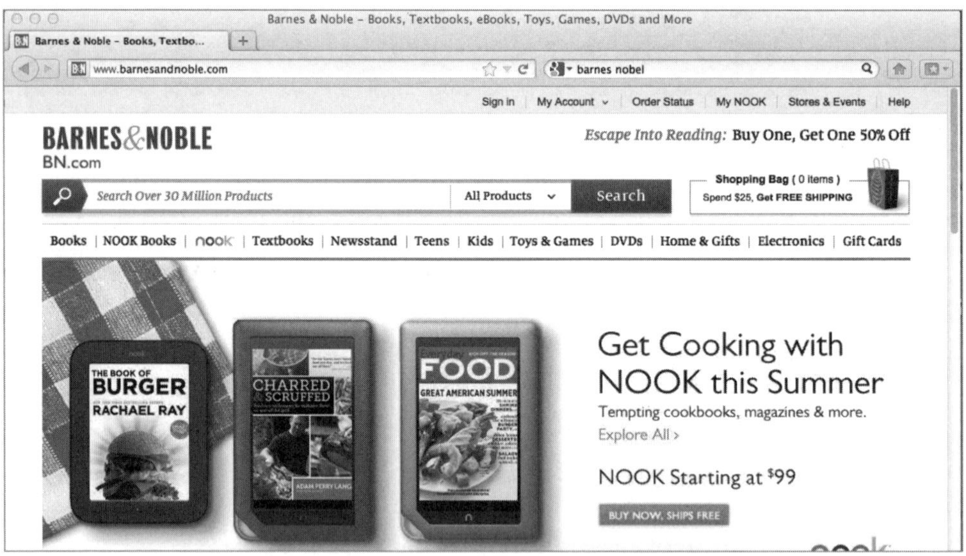

Bild 2.5: In den USA bekannt und verbreitet, betritt BN Neuland in Deutschland

2.3.5 Libri/BoD

Libri/BoD hat den E-Book-Markt lange Zeit verschlafen. BoD hat noch immer kein eigenes Programm zur E-Book-Erstellung, und wer ein E-Book über libri/BoD anbieten möchte, muss auf jeden Fall auch eine Printversion des Buches anbieten. Das ist eine ziemliche Bevormundung der Autoren, die BoD vermutlich Kunden kostet.

Veröffentlichen Sie Ihr Print-Buch mit den firmeneigenen Bezahlangeboten BoD Classic oder BoD Comfort, konvertiert BoD Ihr Buch – nur auf Wunsch – kostenfrei in gängige Formate für verbreitete E-Reader wie Apple iPad/iPhone, Amazon Kindle, Sony Reader, Oyo, Acer LumiRead und übernimmt die Listung für den Vertrieb in den relevanten E-Book-Shops. Die Bücher müssen eine ISBN erhalten, diese kann man sich entweder selbst besorgen oder über BoD beantragen.

Von BoD erstellte E-Books werden mit dem DRM-Verfahren für Kopierschutz verschlüsselt. Der Zugriff ist nur über eine spezielle Software möglich, die vor dem Download eines E-Books vom Käufer installiert werden muss.

BoD-E-Books funktionieren auf allen gängigen Lesegeräten wie *Kindle, iPad, Sony Reader, Oyo und dem Weltbild Reader.*

Bild 2.6: Das eigene Buch auf libri.de

2.3.6 Google Play

Google möchte im Onlineverkauf von Büchern auch mitspielen und startete im Juni 2012 den Verkauf von E-Books über Google Play in Deutschland. Es gibt zurzeit noch keine Möglichkeit, ein neues E-Book direkt auf Google Play hochzuladen.

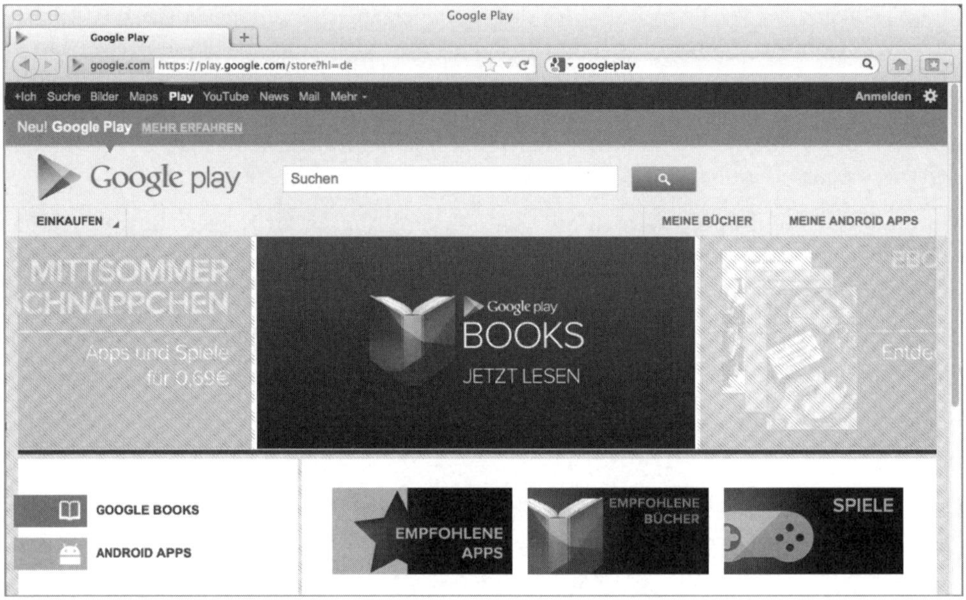

Bild 2.7: Ein junger Player auf dem E-Book-Markt: Google Play

2.4 Verkauf über Vermittler

Wenn Sie einem Vermittler die Vertriebsrechte Ihrer E-Books durch Abschluss eines Vertriebsvertrages einräumen, dann übernimmt er diese Aufgabe bequem für Sie. Und zwar gegen Geld, meist einen gewissen Prozentsatz des Buchumsatzes, und zwar, solange das Buch auf dem Markt ist. Also auch noch lange, nachdem er nichts mehr für Ihr Buch tut.

Den jeweiligen Vertriebsvertrag sollten Sie sich genau durchlesen. Sie geben damit vielleicht das Recht ab, das Buch selbst anderweitig zu publizieren. Manchmal gilt das auch für die Printversion, falls eine vorhanden ist. Und die Margen der Vermittler, zusätzlich zu den Margen, die schon Apple & Co einbehalten, sind unterschiedlich und schmälern den Buchgewinn auf dessen Lebenszeit.

Alle Vermittler haben eine eigene Plattform, auf die das Buch dann zusätzlich (oder nur) hochgeladen wird, und – sofern es direkt über diese Website verkauft wird – bleibt dem Autor ein höherer Prozentsatz vom Buchpreis.

Was dem Autor an Services angeboten wird, variiert von Store zu Store, und auch in den einzelnen Stores gibt es meist Packages mit unterschiedlichem Leistungsumfang zu unterschiedlichen Preisen. Übernimmt der Store die Konvertierung Ihres Buchformates in andere (etwa in mobi für Kindle), dann bemüht sich dort kein Mensch persönlich um Ihr Projekt, sondern auf einem Computer läuft automatisch ein Konvertierungsprogramm ab. Das liefert qualitativ gute oder auch weniger gute Ergebnisse nach der Konversion, je nach Qualität der Formatierung Ihres Ausgangsexemplars.

Konvertieren Sie Ihr Buch selber vor dem Hochladen (auch zu einem Vermittler), etwa mit dem kostenfreien Programm Calibre, so haben Sie es besser in der Hand, in welcher Qualität der Kunde Ihr Endprodukt sieht, und wie viel Sie noch an Arbeit und Aufwand hineinstecken, um es perfekt zu machen. Andererseits bedeutet das für Sie Zeit, Wissen und vielleicht auch Geld für etwaige Konvertierungsprogramme zu investieren. Und vermutlich Frust, Ärger und Enttäuschung, wenn es nicht auf Anhieb klappt. Es gilt eben, wie sonst auch im Leben: »There ain't no such thing as a free lunch« (Alles hat irgendwo einen Haken …).

Manche bieten auch an, kostenfrei eine ISBN für Ihr Buch zu besorgen. Möchten Sie dies, dann gilt als Eigentümer der ISBN der Vermittler, etwa Smashwords. Die ISBN gehört also ihm. Man sollte sich allerdings bewusst sein, was man sich damit einhandelt. Es gibt im Leben eben nichts geschenkt. Auch wenn es zunächst so aussieht.

Von deutschen Vermittlern zu den großen internationalen Plattformen erfolgt die Abrechnung in Euro direkt aufs Konto. Das sind zwar wieder in der Regel weitere 20 % weniger, dafür entfallen Gebühren für die Einlösung von Dollarschecks und die sind gerade bei geringen Beträgen unverhältnismäßig hoch.

Nicht alle deutschen Vermittler fordern zurzeit die ITIN/EIN, auch wenn sie Ihr Buch auf internationale Portale transferieren. Das kann gut gehen. Sobald aber die US-Behörde die 30 % Steuer pro verkauftem Buch einfordert, wird der Vermittler dies ziemlich sicher auch von Ihnen nachfordern.

Die ITIN/EIN ist ein Pain in the B…, aber sie bedeutet auch die Voraussetzung zur Steuerbefreiung für den Ausländer, der im eigenen Land bereits seine Taxes berappt.

2.4.1 Smashwords

Smashwords ist der größte internationale Anbieter und in den USA sehr beliebt. Er bietet unter anderem den Zugang zu Smashwords, Apple iTunes, Barnes & Noble, Sony Reader Store, Kobo und Diesel derzeit gegen weitere 11 % des Buchpreises, zusätzlich zum Abzug der Margen von Apple & Co.

Dank der Kooperation mit Apple werden die Bücher auch kostenfrei über iTunes in 31 Länder verkauft. Sie erhalten dann 60 % vom Nettoverkaufspreis (85 % über Smashwords), und eine kostenlose ISBN ist über diesen Vertriebsweg möglich.

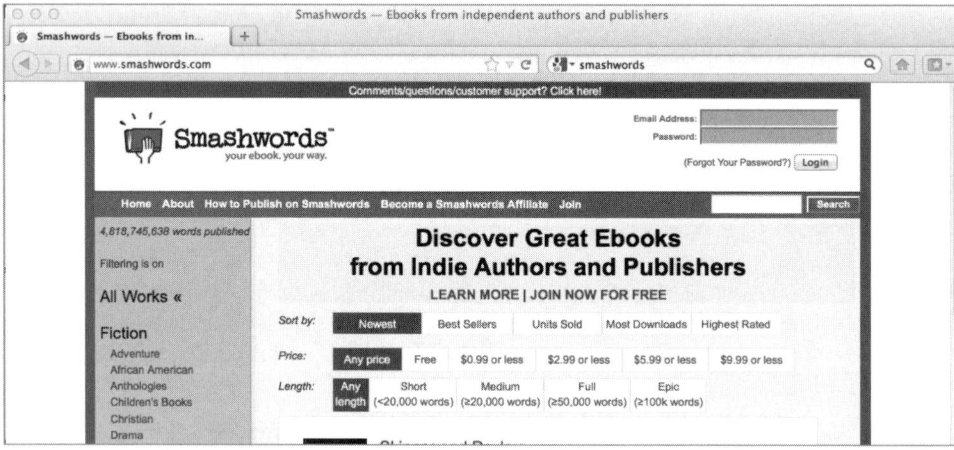

Bild 2.8: Smashwords mit internationaler .com-Website

Eine ITIN oder EIN ist erforderlich. Smashwords hat aber auch gute Anleitungen im Netz zum ePUB-Publizieren, für den Erhalt der ITIN/EIN, und das dazu nötige Empfehlungsschreiben liegt auf Ihrem Account.

2.4.2 BookRix

Das Portal BookRix (*www.bookrix.de*) zählt auch zu jenen Anbietern, die schon etliche Jahre existieren. Einige Veränderungen haben inzwischen stattgefunden, aber das ist noch kein Garant fürs Online-Weiterleben. BookRix startete als Community, in der kostenfrei Bücher hochgeladen und dann in der Community gelesen wurden. Das wirkt noch immer nach. Mit einem Buch zum Preis von 35 Euro wären Sie da nicht so gut aufgehoben …

Bild 2.9: Bei BookRix gibt es gleich eine ganze Community mit dazu

BookRix kann je nach Vertrag und Kosten als Buch-Plattform oder Vermittler fungieren. Gegen geringe Kosten (zurzeit rund 5 Euro) lässt das Portal einen E-Book-Verkauf auf dem eigenen Portal zu und gegen etwas mehr (rund 20 Euro) ist das eigene Werk zusätzlich bei Amazon, im Apple-iBookstore, bei Thalia.de und vielen anderen E-Book-Shops erhältlich.

2.4.3 Bookwire

Bookwire arbeitet nach eigener Aussage in erster Linie für Verlage und Firmenkunden, die mindestens fünf Titel im Angebot haben. Voraussetzung für eine Zusammenarbeit mit Bookwire sei zudem eine eigene Verlagsinfrastruktur mit einer Werbeabteilung, so die Aussage der Firma.

Das ist schade, Bookwire wäre auch für gute Einzelautoren ohne Verlag im Rücken interessant. Aber es gibt ja auch Verlage, die sich heute noch grün und blau ärgern, weil sie Joanne K. Rowling einst als Einzelautorin unterschätzt und abgelehnt hatten.

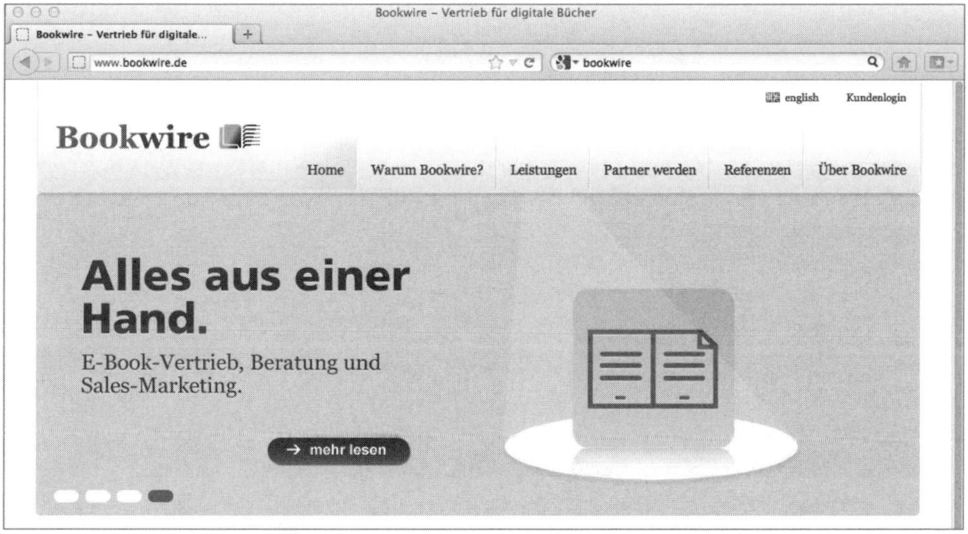

Bild 2.10: Arbeitet nicht mit jedem Autor zusammen: Bookwire

2.4.4 epubli

epubli (*www.epubli.de*) übernimmt den Vertrieb entweder nur über den eigenen Shop (80 % vom Nettoverkaufspreis gehen an den Autor) oder zusätzlich als epubli plus über Apple iBooks und Amazon Kindle – dann bleiben dem Autor nur mehr 60 % vom Nettoverkaufspreis. Im letzteren Fall muss das Buch eine ISBN haben.

Bei Epubli muss das Buch zuerst als Print angeboten und verkauft werden. Zudem muss das Buch zum Hochladen im ePUB-Format vorliegen.

Bild 2.11: epubli ist das E-Portal der Verlagsgruppe Holtzbrinck

2.4.5 Ciando

Ciando übernimmt den Weitervertrieb über den eigenen Shop (80 % vom Nettoverkaufspreis gehen an den Autor) und über Apple iBooks, Amazon Kindle, www.buch.de, www.hugendubel.de, www.buecher.de, www.bol.de und Bibliotheken. Dem Autor bleiben dabei 50 % des Nettoerlöses.

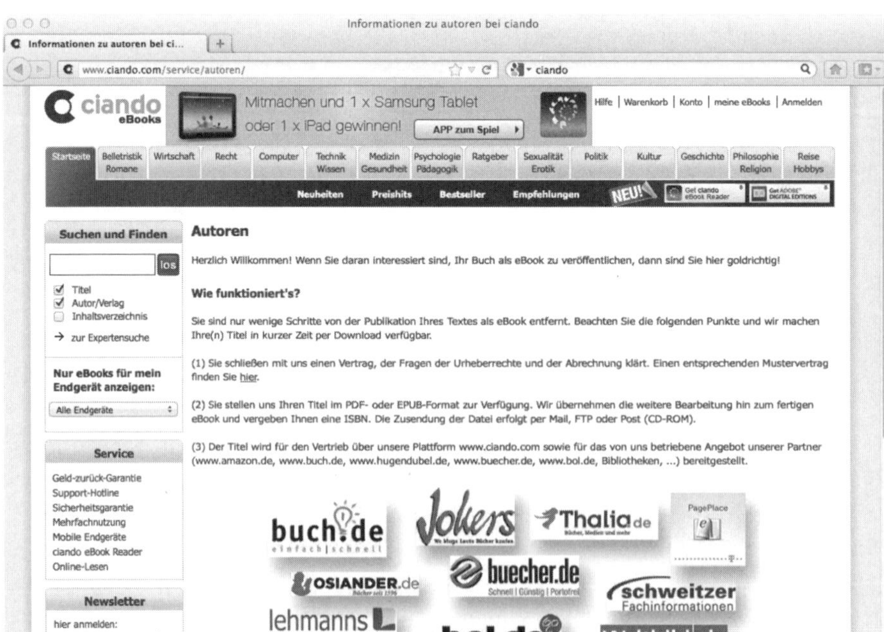

Bild 2.12: Ein weiterer deutscher Buchanbieter: Ciando.de

Ciando akzeptiert Bücher im PDF- oder ePUB-Format und übernimmt die weitere Bearbeitung bis hin zum fertigen E-Book, inklusive der Vergabe einer Ciando-ISBN.

2.4.6 XinXii

Bei diesem Vermittler können Sie primär auf einer eigenen XinXii-Autorenseite veröffentlichen. Es bleiben Ihnen bis zu 70 % vom Nettoverkaufspreis beim Hochladen nur auf die Autorenseite, die ISBN muss man dabei selbst vorher beantragen, wenn man eine möchte.

Zusätzlich ist es möglich, das Buch über XinXii drucken zu lassen und auf anderen Wegen zu vertreiben. Als Autor bleiben Ihnen bei XinXii die Urheber-, Nutzungs- und Vermarktungsrechte. Da keine Vertragsbindung besteht, können Sie Ihre Einträge jederzeit ohne Rücksprache von der Plattform löschen.

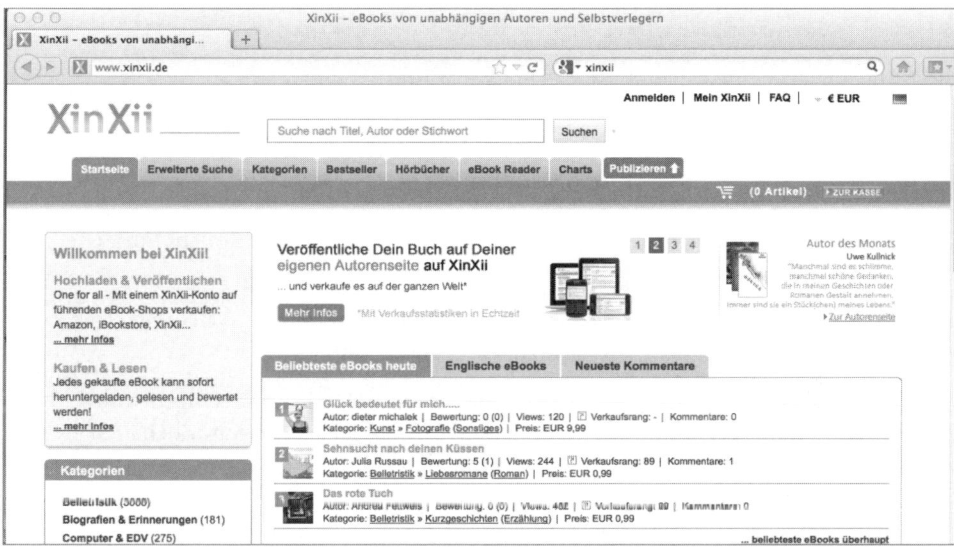

Bild 2.13: Man sollte immer am Umfeld prüfen, ob das eigene Buch dazu passt

In den Basis-Formaten für Ihre Datei ist XinXii nicht wählerisch. Die Plattform akzeptiert MS-Office-Formate (xls, doc, ppt), Openoffice (ods, odt, odp und deren Vorgängerversionen), pdf, txt, rtf und natürlich ePUB.

Ausbezahlt wird erst ab einem Verdienst von mehr als 25 Euro und generell nur per PayPal.

2.4.7 Grin

Grin hat sich in den letzten Jahren bereits einen Namen für die unkomplizierte Veröffentlichung von wissenschaftlichen Arbeiten gemacht. Nun hat das »Grinsen« den allgemeinen E-Book-Markt entdeckt und möchte sich verstärkt auch als Anbieter von Leistungen für Autoren rund ums E-Book positionieren. Ein weiterer, »klassischer« Vermittler auf dem

E-Book-Markt, der sich in erster Linie auf E-Books und Print-on-Demand-Bücher konzentriert.

Bild 2.14: Bisher vor allem bei Studenten beliebt: Grin

2.4.8 Lulu

Lulu veröffentlicht Ihr Buch als Print- oder E-Book-Version. Print ist nicht Voraussetzung für Ihr E-Book auf dieser Plattform.

Hochgeladene Formate für E-Books können pdf, doc, docx und ePUB sein. Der Lulu-Marktplatz unterstützt zudem die Formate rtf, jpg, png und gif.

Sie können entweder eine Gratis-ISBN von Lulu bekommen oder Ihre eigene mitbringen. Der Vertrieb erfolgt als E-Book nur über den Lulu-Marktplatz, der Autor behält allerdings alle Rechte und kann selbst auch anderswo publizieren.

Die Autorenmarge von Lulu für E-Books liegt derzeit bei 80 %.

Nach Aussage von Europa-PR-Chef AJ McDonald brauchen Sie für eine Veröffentlichung bei Amazon und Apple über Lulu keine ITIN/EIN, wenn Sie in einem Land Ihre Steuern (etwa als deutscher Staatsbürger) bereits bezahlen.

Alle oben beschriebenen Bedingungen und Preise können sich von heute auf morgen verändern. Oder neue Anbieter mischen die Szene auf. In jedem Fall gilt: Lesen Sie auch das Kleingedruckte, die Verkaufsbedingungen, genau, bevor Sie sich für ein Portal entscheiden.

Und nun sehen wir uns die Geräte an, auf denen Leser in Ihrem Buch schmökern können.

Bild 2.15: Ein etwas gewöhnungsbedürftiger Name für einen Bookstore: Lulu

2.5 Die Hardware: Smartphones und Tablets

Auf ePUB basierende E-Books erlauben eine dynamische Anpassung des Textes an die jeweilige Bildschirmgröße des Lesegeräts und eignen sich damit insbesondere für die Ausgabe auf Handhelds. Im Gegensatz dazu wird der Text von PDFs fixiert wie in einem gedruckten Buch angezeigt. Bei kleinen Ausgabegeräten jedoch kann eine derartig limitierte Anpassung für den Leser unbefriedigend sein, wenn er bei einer ihm individuell angenehmen Anzeigegröße des Textes häufig hin- und herscrollen muss.

Zur Begriffsverwirrung trägt bei, dass der Ausdruck E-Reader zwar meist für die Hardware, für die Geräte benutzt wird, aber manchmal eben auch für die Software auf den Geräten, mit der man E-Books lesen kann. Wir kümmern uns jetzt einmal um die Hardware.

2.6 E-Reader (Hardware)

E-Reader gibt es wie Sand am Meer. Zumindest, was deren Vielfalt betrifft. Allein einen Überblick über die Variationen der Amazon-Kindle-Geräte zu behalten, ist nicht einfach: da gibt es die Uraltversion, die schwarzweiße Version etwas neuerer Bauart und die Farbversion mit Internet und Feuer (Fire). Von Nook gibt es die erste Generation, dann den Nook Touch und selbst beim iPad fast halbjährlich das neueste Tablet. Jeweils technisch anders, mit mehr Funktionen, und teurer sowieso.

Sehr unterschiedliche Bildschirme – auch in Auflösung und Größe – sehen wir, wenn wir die Android-Geräte betrachten, aber auch bei den größeren Tablets, angeführt vom Marktführer iPad.

Bei den Geräten kommen immer wieder neue hinzu, daher finden Sie eine aktuelle Liste hier: *http://en.wikipedia.org/wiki/Comparison_of_e-book_readers*

und hier, nach Bildschirmgröße in Zoll sortiert: *http://wiki.mobileread.com/wiki/E-book_Reader_Matrix*

Falls Sie sich von der Vielfalt erschlagen fühlen, wenn Sie ans Testen denken: Zumindest bei den Marktführern sollten Sie sicherstellen, dass Ihr E-Book so dargestellt wird, wie Sie sich das vorstellen. Und wenn dann ein unzufriedener Leser sich beschwert, dass es auf seinem Exoten nicht so toll aussieht, muss man sehen, wie groß der Aufwand wäre und ob die Anpassung dafür gemacht werden soll.

2.7 E-Reader (Software)

Wie schon erwähnt, ist der Ausdruck E-Reader zweideutig: Manchmal bezieht er sich auf die Geräte, auf die Hardware, auf denen das Buch gelesen wird. Das kam noch von den ersten Amazon-Kindle-Geräten, die nichts anderes konnten, als Bücher darzustellen.

Bei Geräten wie dem iPad ist Bücherlesen aber nur eine Funktion von vielen, die sogar vielleicht von manchem Besitzer nur wenig oder gar nicht genutzt wird. Sie ist aber vorhanden, und das Programm dazu nennt sich ebenfalls E-Reader bzw. iBooks. Die Software-Reader zur Installation auf dem Computer oder Tablet sind meist kostenfrei im Internet herunterladbar. Eine bessere Bezeichnung wäre vielleicht (E-Book-)Viewer. Andererseits lassen sich mit den meisten auch E-Books aus dem Netz laden oder kaufen. Also können sie doch mehr als nur darstellen …

2.7.1 Apple iBooks App

Wir beginnen mal mit der Oberklasse. Die App namens iBooks gibt es für alle neueren Apple-Geräte, egal ob mobil oder Desktop. Sie liefert den Zugang zum iBookstore, aus dem der User Bücher als ePUBs auf sein Gerät laden kann. Um Bücher aus dem Kindle-Store von Amazon zu lesen, gibt es eine weitere App namens »kindle«. Für andere Bookstores gibt es zusätzliche Apps – einfach unter iBooks suchen. Und damit lassen sich auch auf Apple-Geräten die Bücher anderer Stores lesen. Dass deren Apps nicht so komfortabel in der Anwendung sind wie iBooks – und man damit einen Ferrari schiebt statt fährt – ist eine andere Sache.

Bild 2.16: Apples iBooks auf dem iPhone

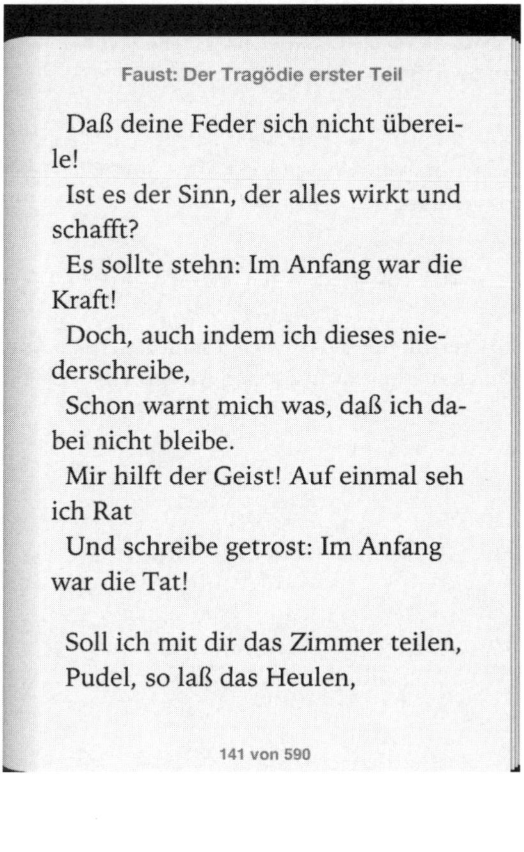

Bild 2.17: Den Faust auf dem iPhone lesen, fast wie im realen Buch, mit Apples iBooks

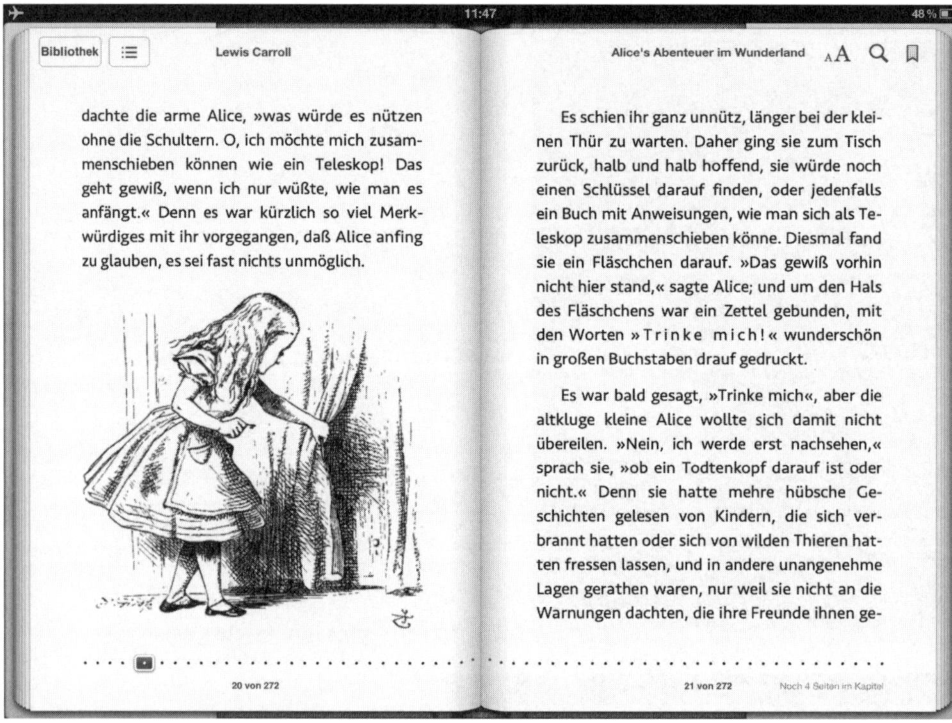

Bild 2.18: Alice im Wunderland des iBooks auf dem iPad

iBooks konnte von Anfang an Audio und Video abspielen und sogar Scripts (JavaScript). Mittlerweile ist die App erneut führend und kann auch viele der HTML5- und CSS-Features bereits umsetzen von den Definitionen von ePUB3.

2.7.2 Kindle Reader

Auf allen Amazon-Kindle-Geräten ist er selbstverständlich das Fenster zum Leser. Als App für alle Apple-Geräte und PCs erschließt er auch diesen Markt für den Amazon Bookstore.

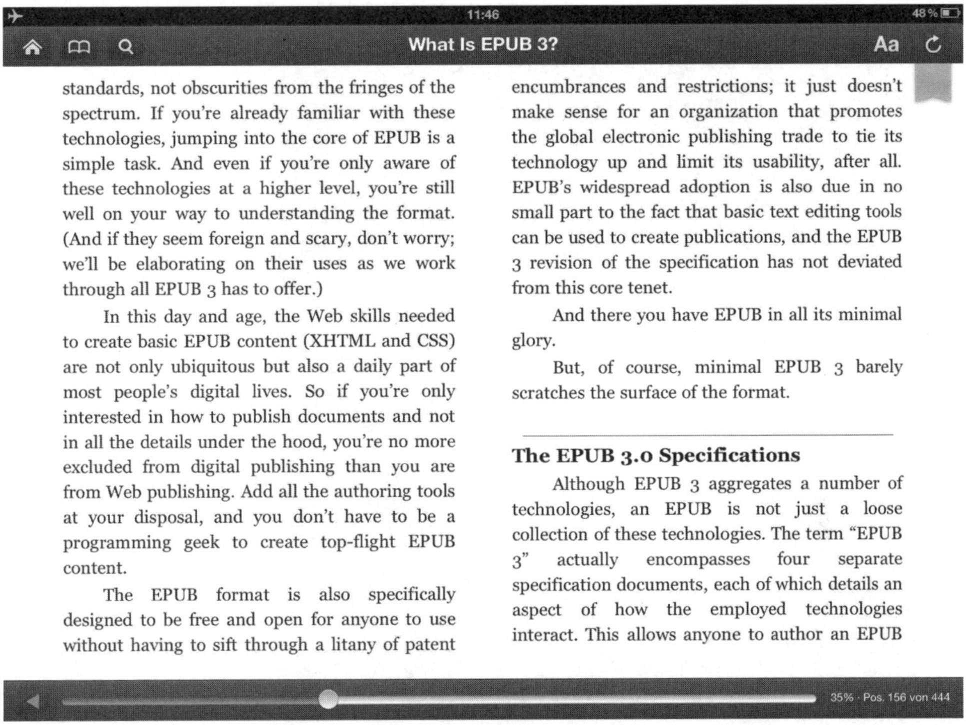

standards, not obscurities from the fringes of the spectrum. If you're already familiar with these technologies, jumping into the core of EPUB is a simple task. And even if you're only aware of these technologies at a higher level, you're still well on your way to understanding the format. (And if they seem foreign and scary, don't worry; we'll be elaborating on their uses as we work through all EPUB 3 has to offer.)

In this day and age, the Web skills needed to create basic EPUB content (XHTML and CSS) are not only ubiquitous but also a daily part of most people's digital lives. So if you're only interested in how to publish documents and not in all the details under the hood, you're no more excluded from digital publishing than you are from Web publishing. Add all the authoring tools at your disposal, and you don't have to be a programming geek to create top-flight EPUB content.

The EPUB format is also specifically designed to be free and open for anyone to use without having to sift through a litany of patent encumbrances and restrictions; it just doesn't make sense for an organization that promotes the global electronic publishing trade to tie its technology up and limit its usability, after all. EPUB's widespread adoption is also due in no small part to the fact that basic text editing tools can be used to create publications, and the EPUB 3 revision of the specification has not deviated from this core tenet.

And there you have EPUB in all its minimal glory.

But, of course, minimal EPUB 3 barely scratches the surface of the format.

The EPUB 3.0 Specifications

Although EPUB 3 aggregates a number of technologies, an EPUB is not just a loose collection of these technologies. The term "EPUB 3" actually encompasses four separate specification documents, each of which details an aspect of how the employed technologies interact. This allows anyone to author an EPUB

Bild 2.19: Hat mehr den Charme eines Buches als ein PDF-Dokument: ePUB im Kindle Reader auf dem iPad

2.7.3 Reader für Android

Das Angebot hinkt etwas hinter den Reader-Apps für Apple-Geräte her. Der Kindle Reader (Nook for Android) funktioniert auch auf Android, ebenso Bluefire, den es neben der Android-Version auch für Apple gibt. Weiter Apps, die zurzeit am Markt sind: Blio, Moon+, Aldiko, Cool Reader, FBReader, Azardi …

Über die Features der einzelnen Reader wollen wir uns hier nicht im Detail auslassen, da diese sich von Tag zu Tag ändern und hoffentlich mehr werden. Es gilt die Faustregel: Ansehen. Herunterladen. Ausprobieren. Entscheiden.

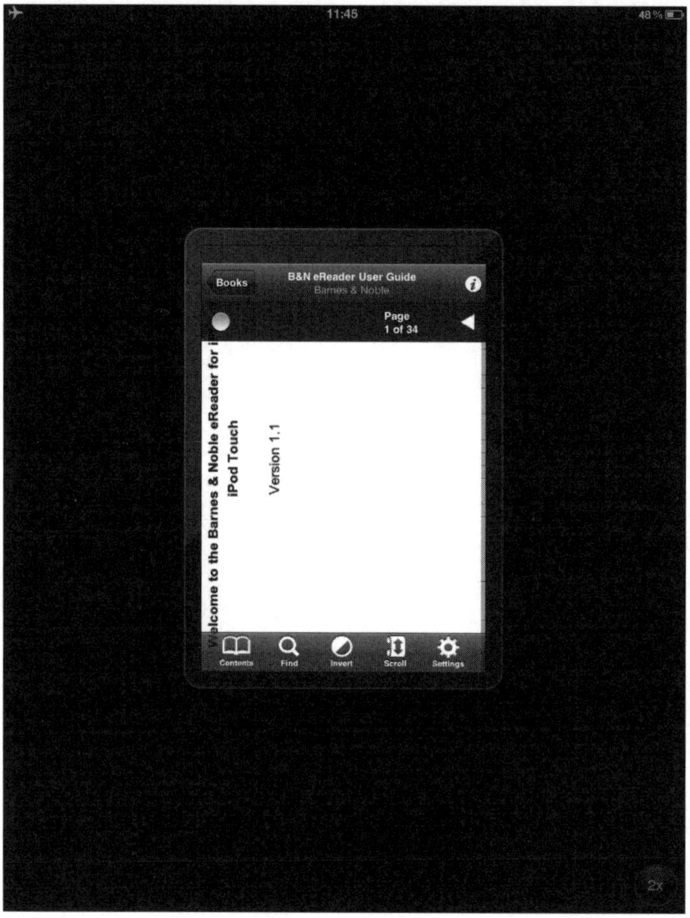

Bild 2.20: B&N Reader: Nicht wirklich überzeugend – in iPhone-Größe auf dem iPad

Barnes & Noble beginnt gerade erst, hierzulande Fuß zu fassen, ebenso Google Play. Einfach mal auf dem eigenen Gerät suchen und sehen, welcher Reader einem am besten zusagt. Von der Funktionalität liegen sie vermutlich noch länger alle unter der von iBooks, aber wenn das Buch superspannend ist, der Inhalt ein Pageturner, dann braucht man vielleicht auch nicht jeden Schnickschnack, der technisch möglich ist.

2.7.4 ePUBReader (Firefox-Add-on)

Den wollen wir erwähnen, da Firefox in der Zahl der Anwender ein würdiger Nachfolger des guten alten Netscape geworden ist. Sogar viele Apple User bevorzugen den kostenfreien Browser aufgrund seiner Funktionalität und vielen Add-Ons(PlugIns).

ePUBReader ist eines dieser kleinen nützlichen Add-Ons. Zur Installation in Firefox auf Extras/Add-ons klicken.

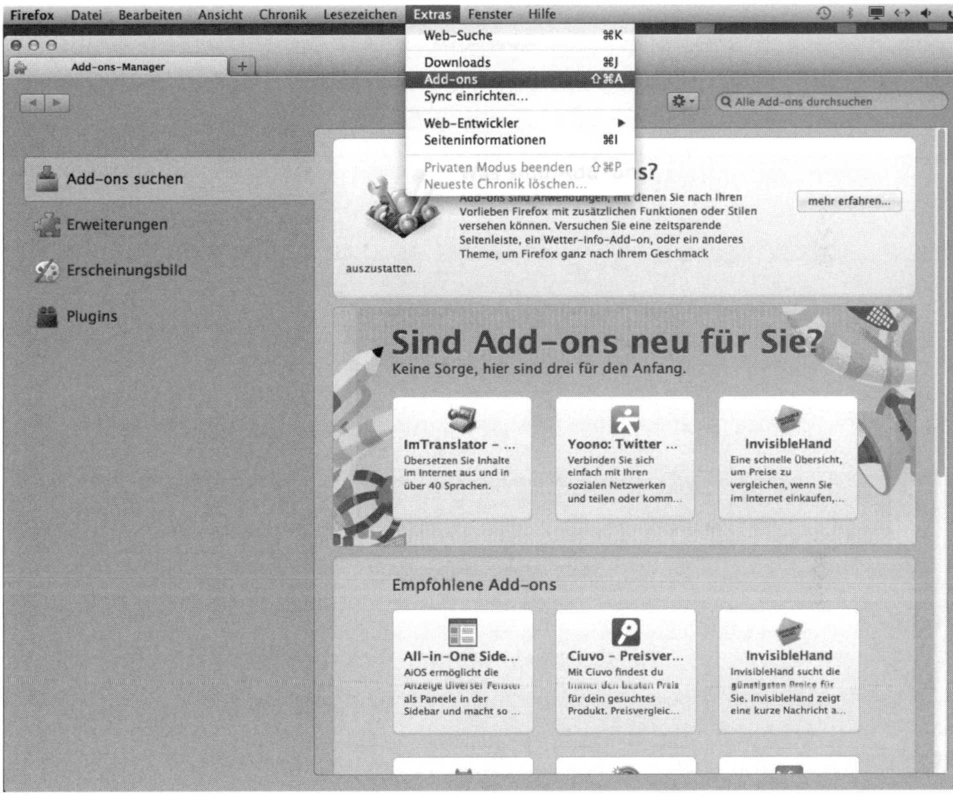

Bild 2.21: Auch die Suche nach Add-ons findet sich bei Firefox unter *Extras*

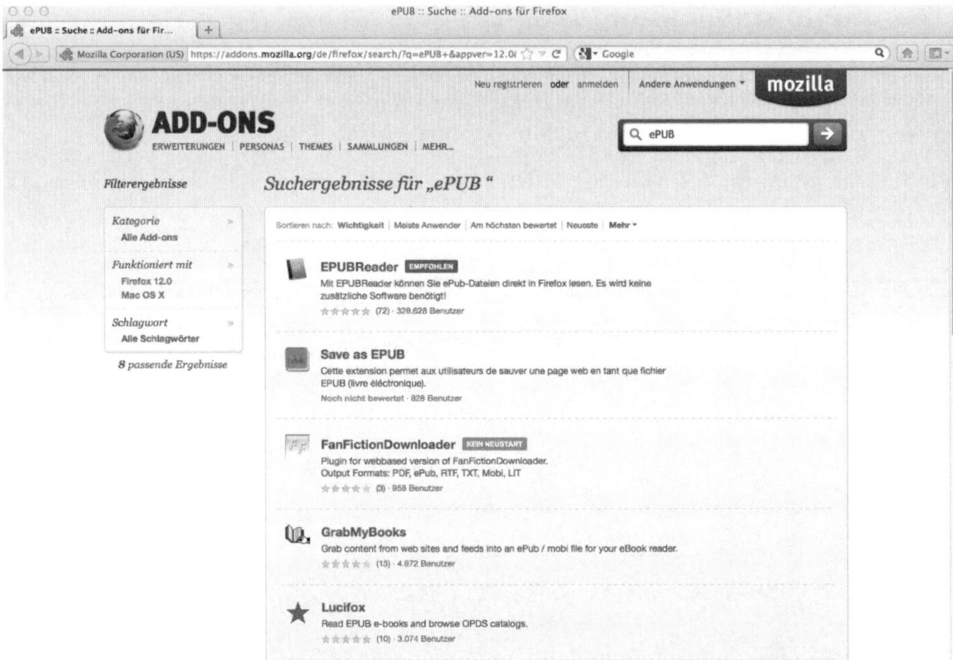

Bild 2.22: Die Suche nach ePUB ergibt auch so manches andere nützliche Add-on

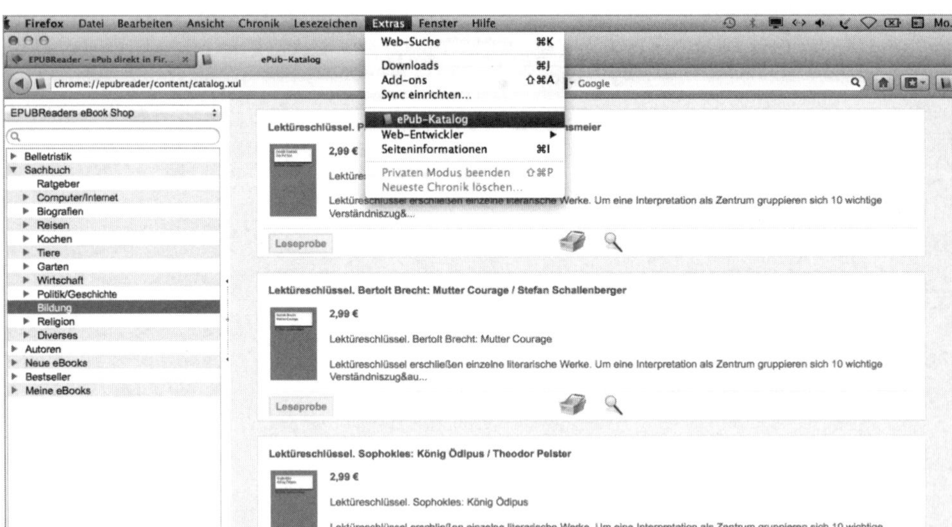

Bild 2.23: Große Auswahl im Online-Buchladen: Und wo ist Ihr Buch?

Nach der Installation finden Sie den Eintrag :»ePub-Katalog« im Menü »Extras«.

2.7.5 Adobe Digital Editions

Diese Software stammt von Adobe und kann neben ePUBs auch PDFs lesen. Und ganz speziell, wenn die Dateien mit dem Adobe-eigenen Sicherheitsschutz DRM versehen sind. Wer auch sonst mit Adobe-Produkten (InDesign, Acrobat, Photoshop ...) arbeitet, für den ist das sicher der bevorzugte Reader – mit der noblen edelschwarzen Oberfläche.

Adobe DE ist übrigens ein reiner Reader, damit kann man nichts mehr verändern, etwa beim Autor (von *Unknown* auf *Ich bin der Autor*), und auch keine eigenen Tags hinzufügen (*superspannend* bis *Löschen ASAP*).

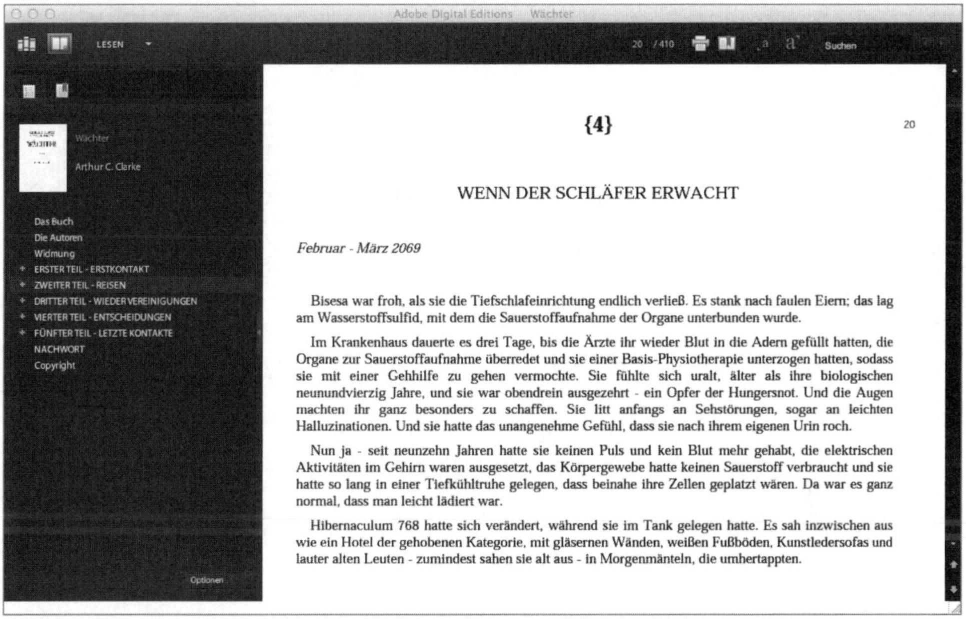

Bild 2.24: Edel tiefschwarz wie die Nacht versinkt der DE-Reader hinter dem weißen Buchtext ...

2.7.6 Ibis Reader

Für Lesen-in-der-Cloud-Fans ist das die Lösung. Der Ibis Reader (Hersteller Threepress) funktioniert als Browser, mit dem man Bücher auf einem Internetserver, in der »Cloud«, lesen kann. Einmal downgeloaded, ist das Buch offline ebenfalls verfügbar. Man kann auch eigene Bücher hochladen.

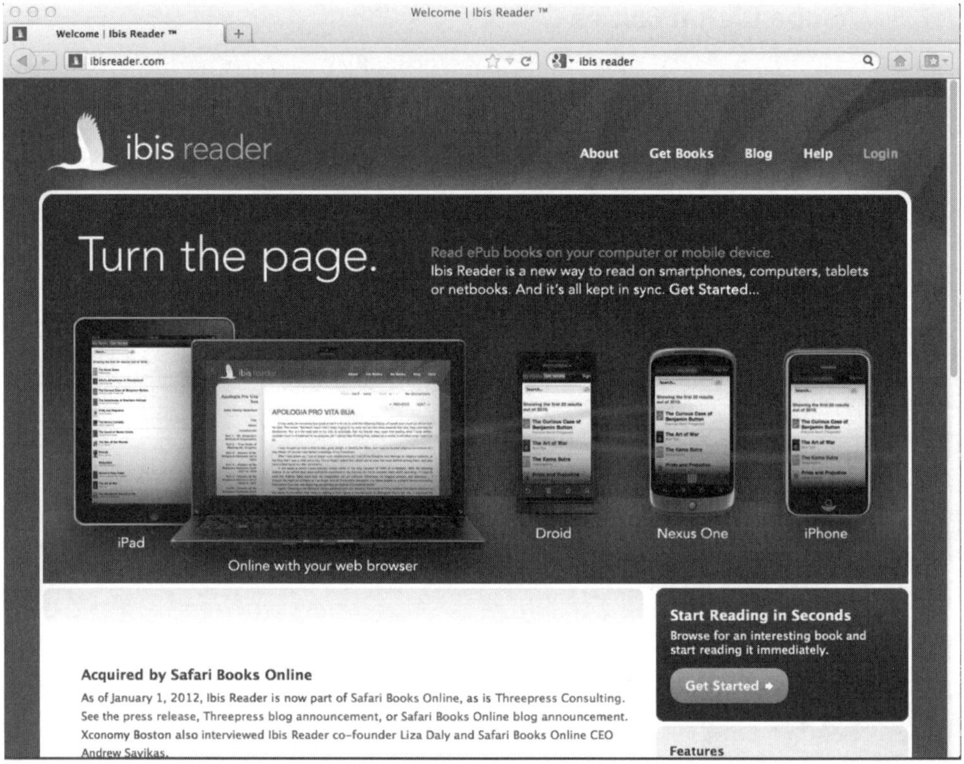

Bild 2.25: Online lesen mit Ibis Reader

Wissen kompakt

Der Aufwand (Art und Kosten) ist unterschiedlich, ob Sie auf Ihrer eigene Website publizieren oder in einem Online-Bookstore.

Auch die Bookstores sind unterschiedlich bezüglich ihrer Anforderungen und Leistungen. Es will sorgfältig gewählt sein, was zum eigenen Buch und zu den eigenen Zielvorstellungen passt.

Fürs Publizieren auf amerikanischen Online-Bookstores benötigen Sie eine amerikanische Steuernummer (für Ausländer). Davon gibt es zwei Arten: die EIN und die ITIN.

Und noch mehr Auswahl als an Bookstores findet der Leser bei den (Buch-)Lesegeräten (E-Reader) und deren Software (ebenfalls als E-Reader bezeichnet) vor. Auf welchem Lesegerät Ihr Buch perfekt lesbar sein soll, ist Ihre Entscheidung …

3 Was steckt hinter einem Text?

3.1 Formatvorlagen und mehr

Wenn Sie bisher hauptsächlich Briefe oder andere, kurze Texte geschrieben haben, dann haben Sie sich vermutlich noch nicht näher mit Formatvorlagen befasst. Diese kommen erst zum Einsatz, wenn der Text etwas länger ausartet, in Richtung Broschüre oder Buch, oder etwa firmeninterne Vorgaben zur Formatierung von Schriften berücksichtigt werden müssen.

Und um es gleich vorwegzunehmen: Der E-Reader, also das Softwareprogramm zum Lesen unseres späteren E-Books, hält sich nicht an die ausgewählten Schriften und verwendet die vorhandenen. So hat Apples iBooks beispielsweise Schriften wie Athelas, Charter, Georgia, Iowan, Palatino, Seravek und Times New Roman zur Auswahl.

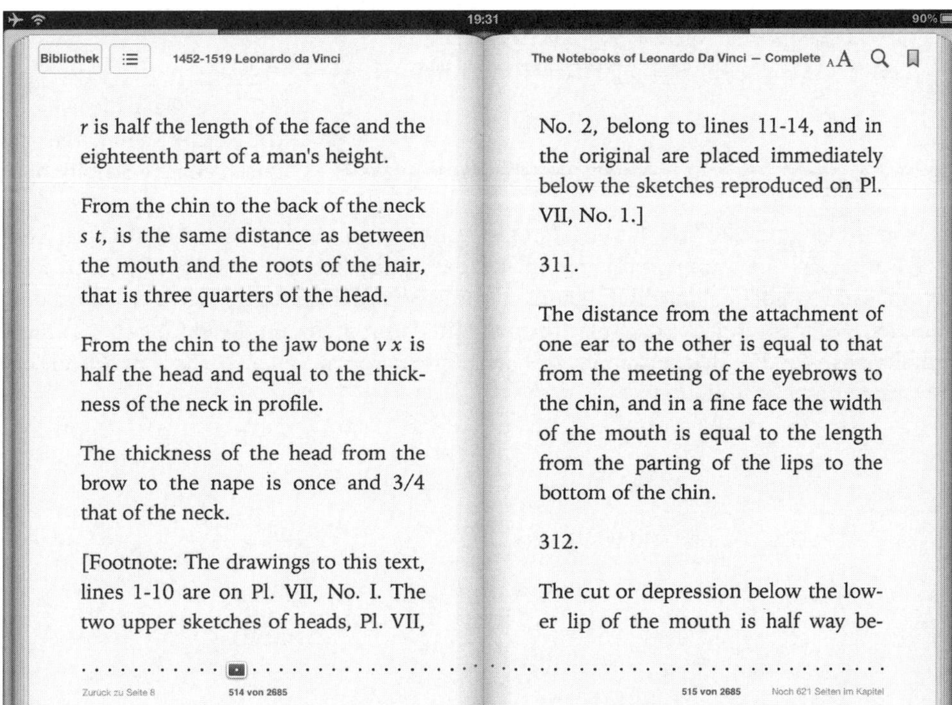

Bild 3.1: Da Vinci, wie es dem Leser gefällt – dieselbe Textstelle aus den Notizen des Künstlers ...

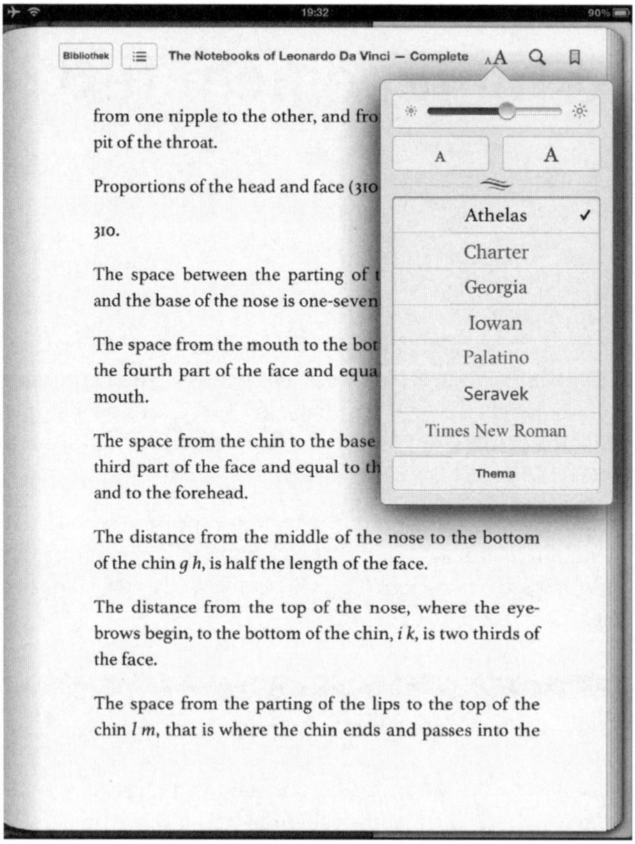

Bild 3.2: ... wie in diesem Bild – gleiche Schrift, aber unterschiedliche Schriftgröße

Die von Ihnen gewählte Schrift wird dann vom Reader mit einer möglichst ähnlichen ersetzt. Natürlich kann man nun für einen E-Reader optimieren und wenn Sie Ihr Buch etwa im iBookstore anbieten möchten, kann man die Schriften dafür gezielt auswählen und einbetten. Bei mehreren Verkaufsplattformen und damit mehreren Readern sieht es schon diffiziler aus. Welche Möglichkeiten Sie haben, einzugreifen, sehen wir uns im Detail bei der Umsetzung in Teil II an.

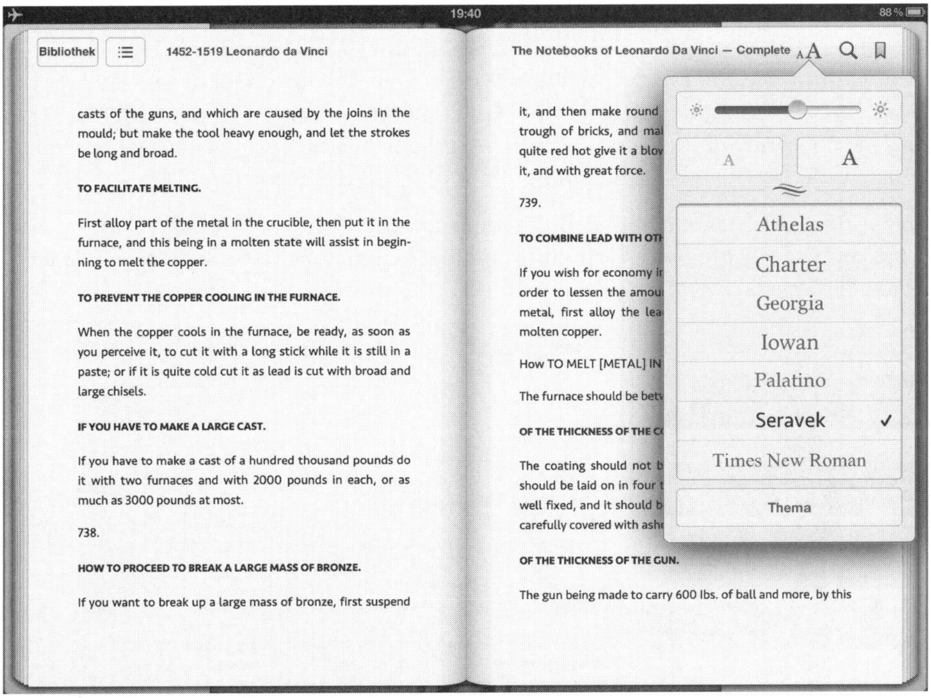

Bild 3.3: Erneut eine Seite aus da Vincis Notizen, einmal in der Tagesansicht ...

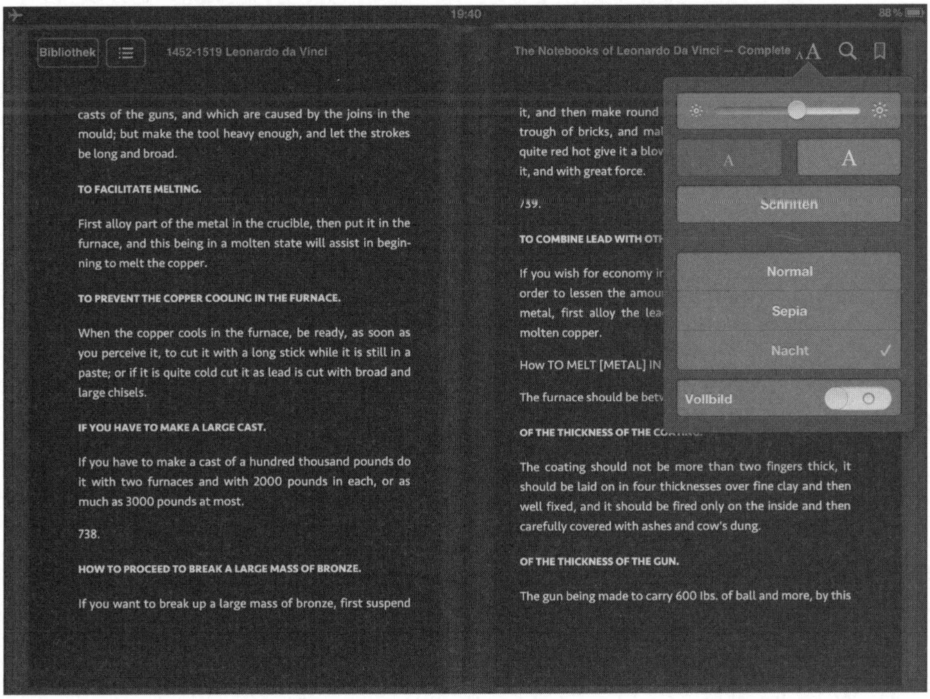

Bild 3.4: ... und hier in der Nachtdarstellung.

Warum wir uns nun genauer bereits mit Formatierungen im Textprogramm befassen, hat einen anderen Grund: Wenn wir das im Textprogramm (Word) erstellte Buch nicht in ein DTP-Programm wie InDesign oder QuarkXPress zum Layout importieren, müssen wir beim ePUB-Erstellungsprozess über eine Konvertierung in eine Standard-HTML-Datei gehen. Und dabei tun wir uns umso leichter, je einheitlicher und professioneller das Dokument bereits bei der Texterfassung mit Formatierungen versehen wurde.

Sehen wir uns zum besseren Verständnis einmal an, wie eine Textseite aufgebaut ist. Man liest und liest (oder schreibt und schreibt) und macht sich üblicherweise wenig Gedanken, was da strukturell dahinter steckt.

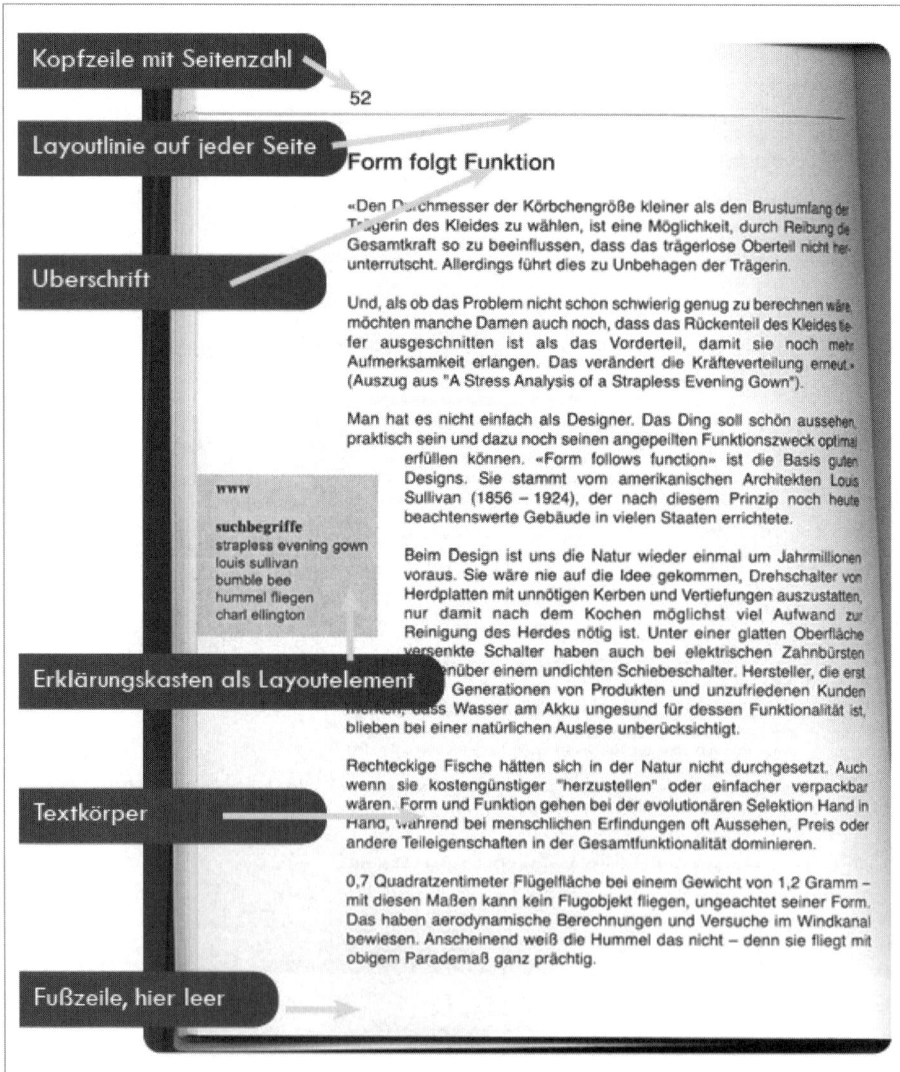

52

Form folgt Funktion

«Den Durchmesser der Körbchengröße kleiner als den Brustumfang der Trägerin des Kleides zu wählen, ist eine Möglichkeit, durch Reibung die Gesamtkraft so zu beeinflussen, dass das trägerlose Oberteil nicht herunterrutscht. Allerdings führt dies zu Unbehagen der Trägerin.

Und, als ob das Problem nicht schon schwierig genug zu berechnen wäre, möchten manche Damen auch noch, dass das Rückenteil des Kleides tiefer ausgeschnitten ist als das Vorderteil, damit sie noch mehr Aufmerksamkeit erlangen. Das verändert die Kräfteverteilung erneut.» (Auszug aus "A Stress Analysis of a Strapless Evening Gown").

Man hat es nicht einfach als Designer. Das Ding soll schön aussehen, praktisch sein und dazu noch seinen angepeilten Funktionszweck optimal erfüllen können. «Form follows function» ist die Basis guten Designs. Sie stammt vom amerikanischen Architekten Louis Sullivan (1856 – 1924), der nach diesem Prinzip noch heute beachtenswerte Gebäude in vielen Staaten errichtete.

www

suchbegriffe
strapless evening gown
louis sullivan
bumble bee
hummel fliegen
charl ellington

Beim Design ist uns die Natur wieder einmal um Jahrmillionen voraus. Sie wäre nie auf die Idee gekommen, Drehschalter von Herdplatten mit unnötigen Kerben und Vertiefungen auszustatten, nur damit nach dem Kochen möglichst viel Aufwand zur Reinigung des Herdes nötig ist. Unter einer glatten Oberfläche versenkte Schalter haben auch bei elektrischen Zahnbürsten ... gegenüber einem undichten Schiebeschalter. Hersteller, die erst ... Generationen von Produkten und unzufriedenen Kunden ... dass Wasser am Akku ungesund für dessen Funktionalität ist, blieben bei einer natürlichen Auslese unberücksichtigt.

Rechteckige Fische hätten sich in der Natur nicht durchgesetzt. Auch wenn sie kostengünstiger "herzustellen" oder einfacher verpackbar wären. Form und Funktion gehen bei der evolutionären Selektion Hand in Hand, während bei menschlichen Erfindungen oft Aussehen, Preis oder andere Teileigenschaften in der Gesamtfunktionalität dominieren.

0,7 Quadratzentimeter Flügelfläche bei einem Gewicht von 1,2 Gramm – mit diesen Maßen kann kein Flugobjekt fliegen, ungeachtet seiner Form. Das haben aerodynamische Berechnungen und Versuche im Windkanal bewiesen. Anscheinend weiß die Hummel das nicht – denn sie fliegt mit obigem Parademaß ganz prächtig.

Bild 3.5: Der Textinhalt ist originär auf jeder Seite, die Struktur der Seite nicht

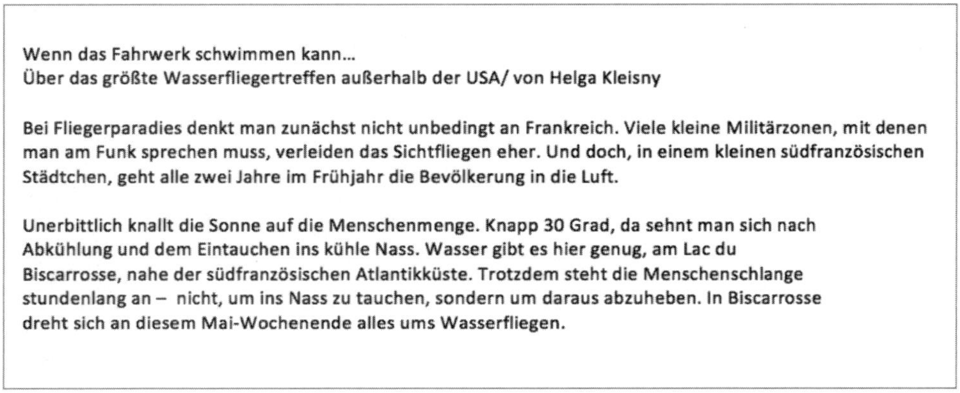

Wenn das Fahrwerk schwimmen kann...
Über das größte Wasserfliegertreffen außerhalb der USA/ von Helga Kleisny

Bei Fliegerparadies denkt man zunächst nicht unbedingt an Frankreich. Viele kleine Militärzonen, mit denen man am Funk sprechen muss, verleiden das Sichtfliegen eher. Und doch, in einem kleinen südfranzösischen Städtchen, geht alle zwei Jahre im Frühjahr die Bevölkerung in die Luft.

Unerbittlich knallt die Sonne auf die Menschenmenge. Knapp 30 Grad, da sehnt man sich nach Abkühlung und dem Eintauchen ins kühle Nass. Wasser gibt es hier genug, am Lac du Biscarrosse, nahe der südfranzösischen Atlantikküste. Trotzdem steht die Menschenschlange stundenlang an – nicht, um ins Nass zu tauchen, sondern um daraus abzuheben. In Biscarrosse dreht sich an diesem Mai-Wochenende alles ums Wasserfliegen.

Bild 3.6: Als Ausgangsbasis ein Text in der voreingestellten Standardschrift

Dies kann man mit simpler, einfacher Markierung und einem Klicken auf F wie »Fett« in der Formatierungsleiste etwas auffrischen. Mit der Veränderung der Schriftgröße und einer anderen Schriftart für die Überschrift geht es weiter. Die Eingabe- oder Return-Taste liefert einen neuen Absatz und, wenn Sie am Anfang eines Absatzes den Text einrücken möchten, gibt es die Tabulatortaste links auf der Tastatur. Alles Basis und schon ewig bekannt? Gut, dann legen wir einen Zahn zu und automatisieren das Ganze.

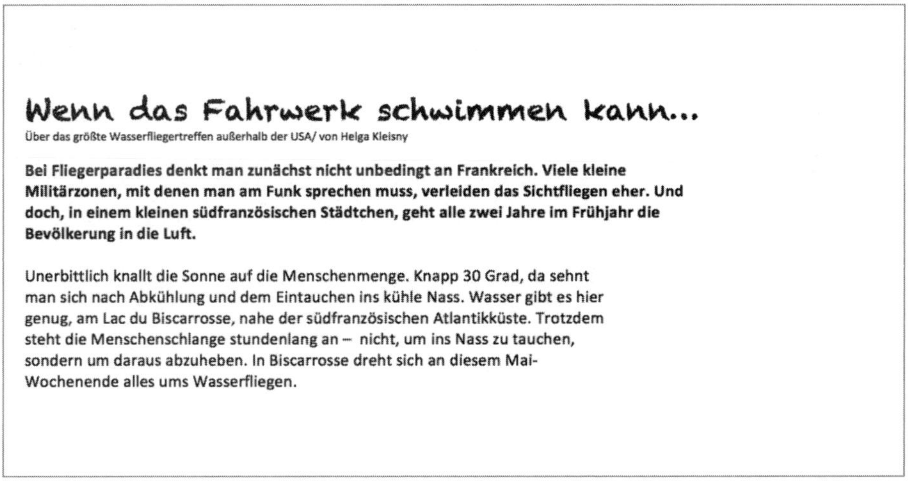

Wenn das Fahrwerk schwimmen kann...
Über das größte Wasserfliegertreffen außerhalb der USA/ von Helga Kleisny

Bei Fliegerparadies denkt man zunächst nicht unbedingt an Frankreich. Viele kleine Militärzonen, mit denen man am Funk sprechen muss, verleiden das Sichtfliegen eher. Und doch, in einem kleinen südfranzösischen Städtchen, geht alle zwei Jahre im Frühjahr die Bevölkerung in die Luft.

Unerbittlich knallt die Sonne auf die Menschenmenge. Knapp 30 Grad, da sehnt man sich nach Abkühlung und dem Eintauchen ins kühle Nass. Wasser gibt es hier genug, am Lac du Biscarrosse, nahe der südfranzösischen Atlantikküste. Trotzdem steht die Menschenschlange stundenlang an – nicht, um ins Nass zu tauchen, sondern um daraus abzuheben. In Biscarrosse dreht sich an diesem Mai-Wochenende alles ums Wasserfliegen.

Bild 3.7: Sinnvolle und optisch gefällige Einteilung von Schriftarten und -größen

So sieht der Text doch gleich ein wenig strukturierter aus. Bei längeren Texten kann das manuelle Einstellen von Textzeilen allerdings schnell unprofessionell wirken, falls die Abstände, Einzüge, Schriftarten oder Schriftgrößen irgendwann nicht ganz übereinstimmend sind. Die konsequente Umsetzung gleichartiger Textteile wird schon bei mehreren Seiten anstrengend, ganz zu schweigen von 300 Seiten. Es ist sinnvoll, die Formatierung zunächst manuell einmal für alle Überschriften oder Auflistungen als Voreinstellung festzulegen und dann mit einem Klick auf die Formatvorlage auszuwählen.

Bevor wir nun die Formatierung des Textes automatisieren können, müssen wir unsere Vorgaben für die Schriften eingeben. Klicken Sie unter Ansicht/ Toolbox: Formatvorlagen. Da öffnet sich folgendes Fenster für die Formatvorlagen:

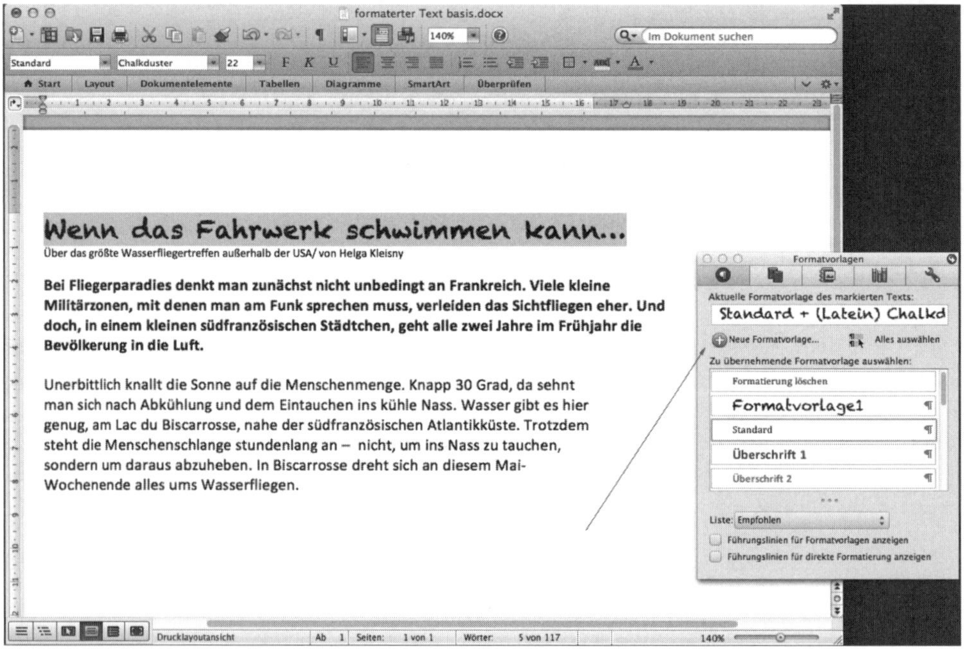

Bild 3.8: Definition der Überschrift als Formatvorlage: Überschrift-Artikel

Ein Klick auf das grüne Pluszeichen: *Neue Formatvorlage* öffnet folgendes Fenster:

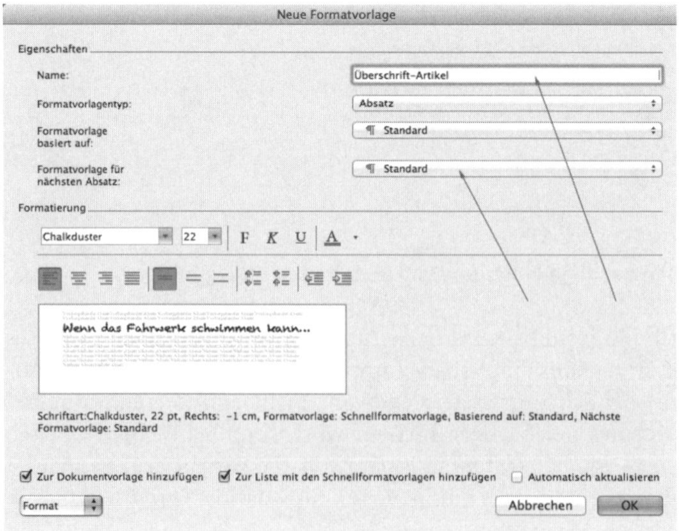

Bild 3.9: So sieht es bei Word aus, bei anderen Programmen funktioniert es ähnlich

Praktisch ist es, hier gleich zwei Häkchen zu setzen: bei *Zur Dokumentvorlage hinzufügen* und bei *Zur Liste mit den Schnellformatvorlagen hinzufügen.* Ebenso sollte die Formatvorlage für den nächsten Absatz ausgewählt sein: Diese ist in der Regel die Standard-Vorlage. Unter *Name* geben Sie Ihre zutreffende Bezeichnung ein. Eine Bezeichnung, die auch beim nächsten Öffnen des Dokumentes einen Sinn ergibt.

Formatieren Sie in Ihrem Text jede neue Schriftart oder Schriftgröße beim ersten Auftreten im Text.

Tipp: Verwenden Sie möglichst wenig unterschiedliche Schriften. Eine Basisschrift für den Text und Definitionen für die jeweiligen Überschriften, ihrer Hierarchie entsprechend, sind eine gute Ausgangsbasis.

Wenn wir nun die nächste Überschrift tippen, dann öffnen wir wieder das Formatvorlagenfenster auf dem Mac unter dem Obermenü: Toolbox) und selektieren einfach unsere *Überschrift-Artikel* oder wie immer Sie Ihre definierte Schriftvorlage genannt haben.

Bild 3.10: Nach der Definition lässt sich die Schrift im Fenster *Formatvorlagen* auswählen

Wenn wir uns konsequent daran halten, immer nur Text zu tippen und dann eine Formatvorlage der jeweiligen Texteinheit zuzuweisen – im Fließtext eines Romans wird das nicht oft nötig sein –, dann entsteht ein sauber formatiertes Dokument, aus dem sich in null Komma nichts ein ePUB erstellen lassen sollte.

Das war der ungefähr siebte Hinweis bezüglich des Sinns einer automatisierten Formatierung. Auch wenn es langweilig wird – es ist die Essenz.

3.2 HTML-Text: die nächste Stufe der Formatierung

Bei einem Word-Dokument ist die Formatierungsinformation üblicherweise unsichtbar im Dokument enthalten.

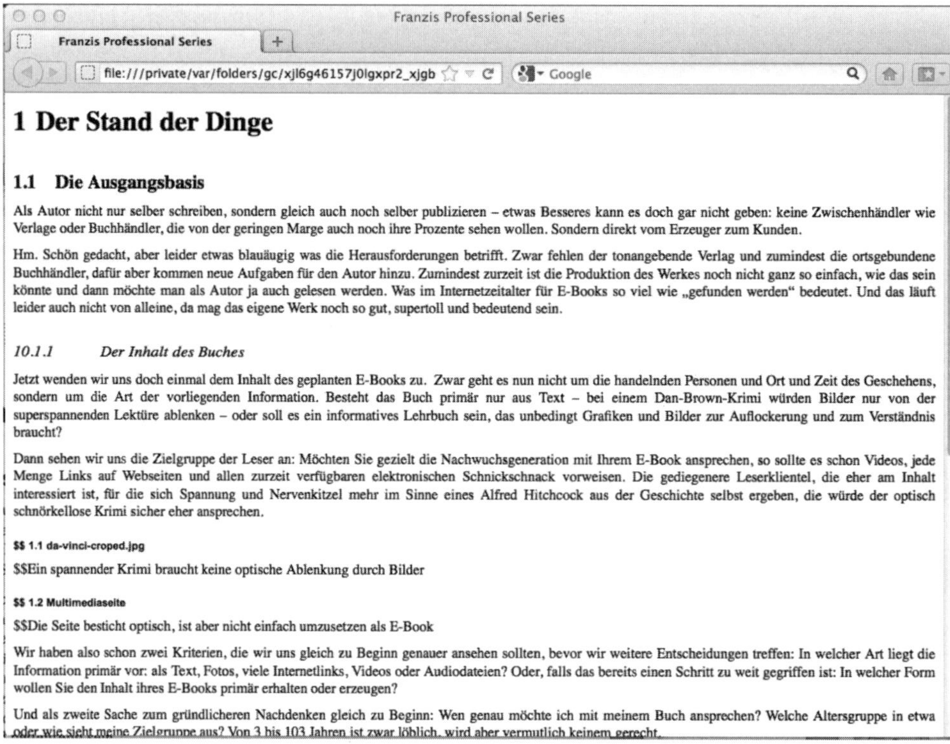

Bild 3.11: In Word unter *Datei/Webseitenvorschau* anklicken zeigt die Datei als Website

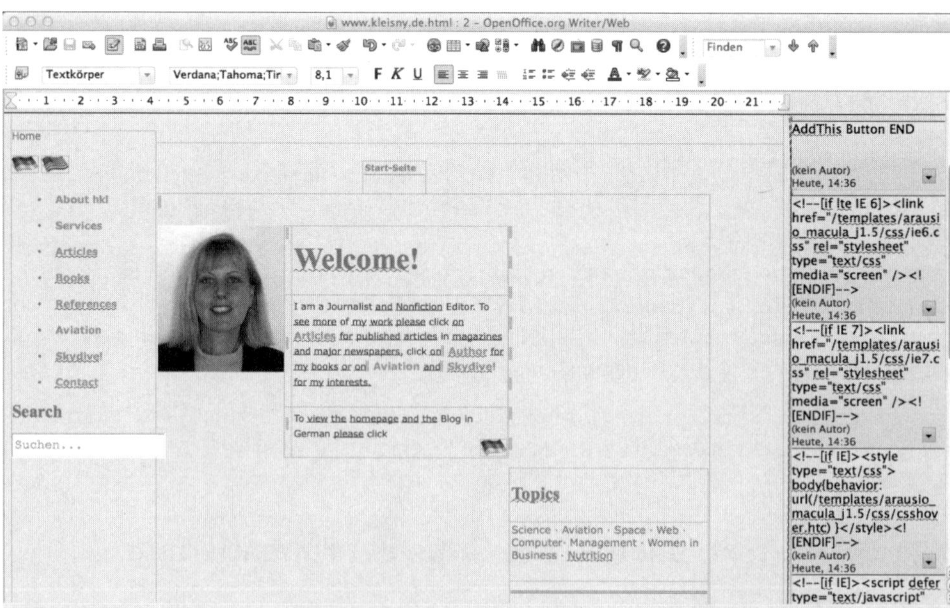

Bild 3.12: Sieht nicht so gut aus wie in einem Webbrowser, aber interessant

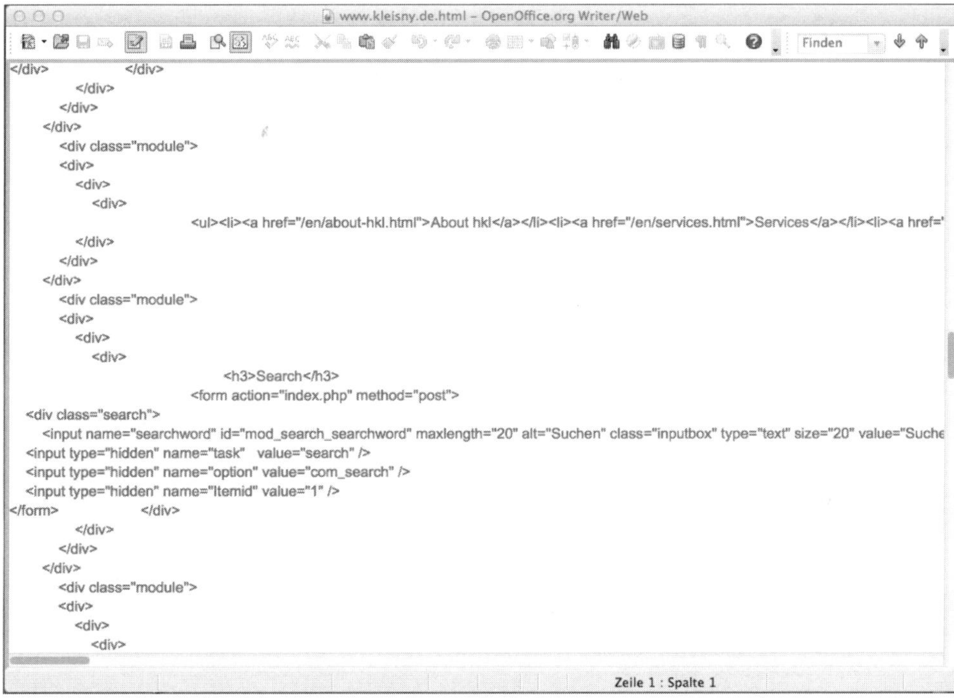

Bild 3.13: Quellcode einer HTML-Datei in OpenOffice

Die vom Text getrennte Formatierung eines .doc-Dokumentes können Sie sich wie folgt ansehen:

- Bei Word unter *Datei/Webseitenvorschau* anklicken. Bei NeoOffice Writer bitte *File/ Preview in Webbrowser* klicken und bei Openoffice.org Writer bitte *Datei/Vorschau im Webbrowser* klicken. Dann öffnet sich die Datei in Ihrem Standardbrowser. Weiter geht es gleich mit dem letzten Punkt.
- Bei manchen anderen Schreibprogrammen muss man die Datei zunächst unter: »Speichern unter« als Website speichern/exportieren oder im HTML-Format abspeichern und dann diese Datei entweder mit dem gleichen Schreibprogramm oder mit einem Webbrowser öffnen. Weiter fortfahren mit dem letzten Punkt dieser Liste.
- Pages und Bean öffnen eine zuvor aus einem anderen Programm abgespeicherte HTML-Datei gleich im Quellcode. Ansehen und fertig!

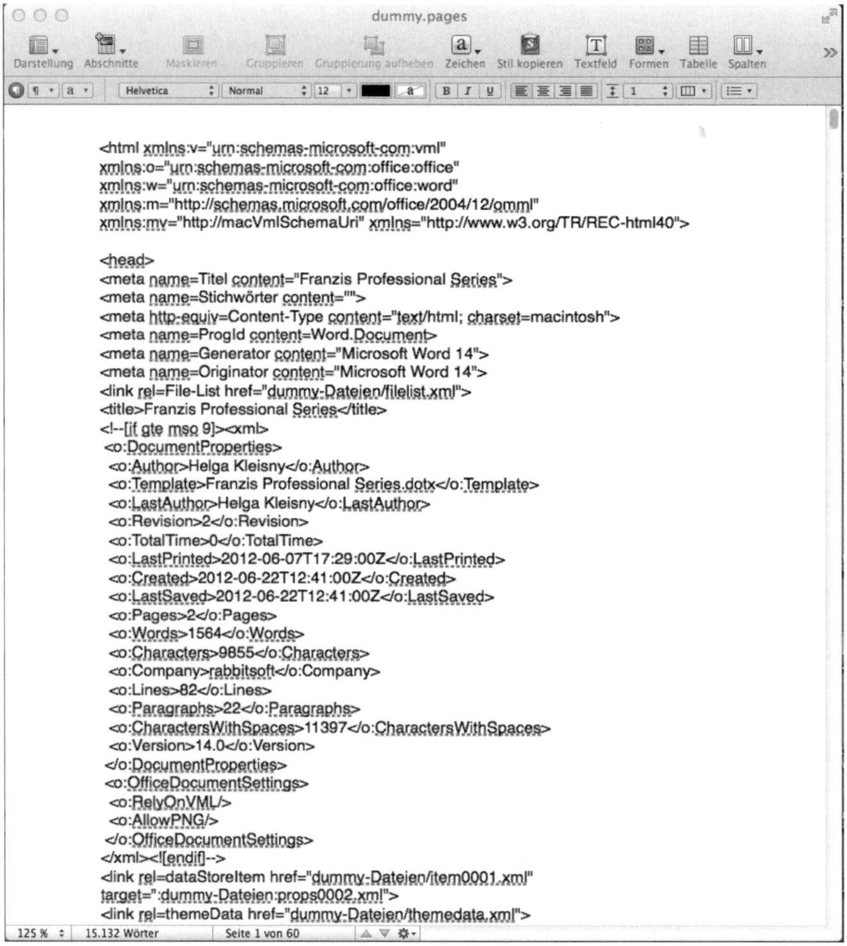

```
<html xmlns:v="urn:schemas-microsoft-com:vml"
xmlns:o="urn:schemas-microsoft-com:office:office"
xmlns:w="urn:schemas-microsoft-com:office:word"
xmlns:m="http://schemas.microsoft.com/office/2004/12/omml"
xmlns:mv="http://macVmlSchemaUri" xmlns="http://www.w3.org/TR/REC-html40">

<head>
<meta name=Titel content="Franzis Professional Series">
<meta name=Stichwörter content="">
<meta http-equiv=Content-Type content="text/html; charset=macintosh">
<meta name=ProgId content=Word.Document>
<meta name=Generator content="Microsoft Word 14">
<meta name=Originator content="Microsoft Word 14">
<link rel=File-List href="dummy-Dateien/filelist.xml">
<title>Franzis Professional Series</title>
<!--[if gte mso 9]><xml>
 <o:DocumentProperties>
  <o:Author>Helga Kleisny</o:Author>
  <o:Template>Franzis Professional Series.dotx</o:Template>
  <o:LastAuthor>Helga Kleisny</o:LastAuthor>
  <o:Revision>2</o:Revision>
  <o:TotalTime>0</o:TotalTime>
  <o:LastPrinted>2012-06-07T17:29:00Z</o:LastPrinted>
  <o:Created>2012-06-22T12:41:00Z</o:Created>
  <o:LastSaved>2012-06-22T12:41:00Z</o:LastSaved>
  <o:Pages>2</o:Pages>
  <o:Words>1564</o:Words>
  <o:Characters>9855</o:Characters>
  <o:Company>rabbitsoft</o:Company>
  <o:Lines>82</o:Lines>
  <o:Paragraphs>22</o:Paragraphs>
  <o:CharactersWithSpaces>11397</o:CharactersWithSpaces>
  <o:Version>14.0</o:Version>
 </o:DocumentProperties>
 <o:OfficeDocumentSettings>
  <o:RelyOnVML/>
  <o:AllowPNG/>
 </o:OfficeDocumentSettings>
</xml><![endif]-->
<link rel=dataStoreItem href="dummy-Dateien/item0001.xml"
target="./dummy-Dateien/props0002.xml">
<link rel=themeData href="dummy-Dateien/themedata.xml">
```

Bild 3.14: Quellcode einer HTML-Datei im Programm Pages

- Letzter Punkt der Liste:
  HTML-Datei mit Ihrem Standard-Internet-Browser öffnen. Da sollte der Text zunächst so schön formatiert aussehen wie Sie ihn unter Word erstellt hatten. Irgendwo gibt es im Browsermenü den Klick auf das Menü, der zum Quellcode führt: *als Quellcode ansehen, Seitenquellcode anzeigen* oder so ähnlich.

  Bei manchen Browsern ist dies auch unter *Extras/ Web-Entwickler* versteckt. So etwa bei Firefox, Klick auf: *Extras/ Web-Entwickler/ Seitenquellcode anzeigen.* Unter Safari geht es am schnellsten und funktioniert logisch: *Darstellung/ Quelltext anzeigen.*

  Und nun sehen wir die Trennung von Text und Formatierung in Reinkultur.

Wenn Sie bei Word mit Formatvorlagen arbeiten, dann wird das Dokument sinnvollerweise als *.docx*-Dokument abgespeichert, damit diese ebenso gespeichert werden. Und diese *.docx*-Datei ist eigentlich eine gezippte Datei, ein gepacktes Format, bestehend aus mehreren Dateien. Und das sehen wir uns jetzt einmal genauer an.

Kopieren Sie irgendeine Ihrer *.docx*-Worddateien. Dann benennen Sie sie um in *»name«.zip*. Unter »name« bitte irgendeinen Namen einsetzen. Bei einem Doppelklick auf dem Mac oder dem Öffnen unter Windows mit einem Entpackprogramm sehen Sie einen Ordner mit weiteren Unterordnern und sogar mindestens einer CSS-Formatierungsdatei. Das sieht doch auf den ersten Blick schon fast wie eine Website-Struktur aus.

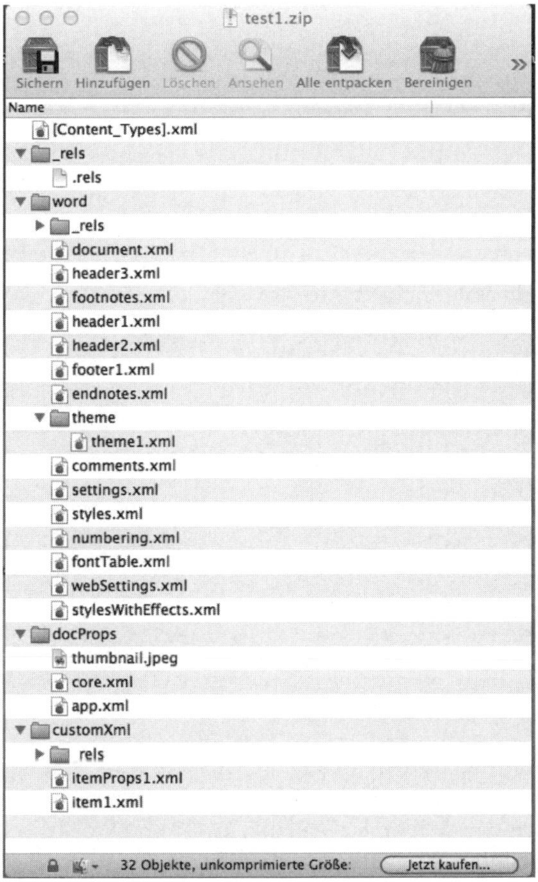

Bild 3.15: Die Word-Datei: test1.docx in test1.zip umbenannt und entzippt

Auf die Spitze getrieben wird die Trennung von Formatierung und Text bei der Erstellung von Internetseiten mittels CMS (Content Management Systemen, Redaktionssystemen): Hier sind Text und Seitenaufbau sogar in unterschiedlichen Dateien abgespeichert. Und damit haben wir bereits einen weiteren Schritt zum Verständnis, wie ein Text im ePUB-Format aufgelöst wird.

Quelltext von: file:///private/var/folders/gc/xjl6g46157j0lgxpr2_xjgb40000gr/T/TemporaryItems/Word%20Work%20Fil...

```
    mso-tstyle-rowband-size:0;
    mso-tstyle-colband-size:0;
    mso-style-noshow:yes;
    mso-style-priority:99;
    mso-style-parent:"";
    mso-padding-alt:0cm 5.4pt 0cm 5.4pt;
    mso-para-margin:0cm;
    mso-para-margin-bottom:.0001pt;
    mso-pagination:widow-orphan;
    font-size:12.0pt;
    font-family:Cambria;
    mso-ascii-font-family:Cambria;
    mso-ascii-theme-font:minor-latin;
    mso-hansi-font-family:Cambria;
    mso-hansi-theme-font:minor-latin;}
</style>
<![endif]--><!--[if gte mso 9]><xml>
 <o:shapedefaults v:ext="edit" spidmax="1026"/>
</xml><![endif]--><!--[if gte mso 9]><xml>
 <o:shapelayout v:ext="edit">
  <o:idmap v:ext="edit" data="1"/>
 </o:shapelayout></xml><![endif]-->
</head>

<body lang=DE style='tab-interval:35.4pt'>

<div class=WordSection1>

<p class=MsoNormal style='margin-right:-1.0cm'><span style='font-size:22.0pt;
font-family:Chalkduster'>Wenn das Fahrwerk schwimmen kann…<o:p></o:p></span></p>

<p class=MsoNormal style='margin-right:-80.0pt;mso-pagination:none;tab-stops:
113.35pt 141.7pt 170.05pt 198.4pt 255.1pt 283.45pt 311.8pt 340.15pt;mso-layout-grid-align:
none;text-autospace:none'><span style='font-size:10.0pt;font-family:Calibri;
mso-ascii-theme-font:major-latin;mso-hansi-theme-font:major-latin;mso-bidi-font-family:
Helvetica'>Über das größte Wasserfliegertreffen außerhalb der USA/ von Helga
Kleisny<o:p></o:p></span></p>

<p class=MsoNormal style='margin-right:-80.0pt;mso-pagination:none;tab-stops:
113.35pt 141.7pt 170.05pt 198.4pt 255.1pt 283.45pt 311.8pt 340.15pt;mso-layout-grid-align:
none;text-autospace:none'><span style='font-size:10.0pt;font-family:Helvetica;
mso-bidi-font-family:Helvetica'><o:p> </o:p></span></p>

<p class=MsoNormal style='margin-right:-80.0pt;mso-pagination:none;tab-stops:
113.35pt 141.7pt 170.05pt 198.4pt 255.1pt 283.45pt 311.8pt 340.15pt;mso-layout-grid-align:
none;text-autospace:none'><b style='mso-bidi-font-weight:normal'><span
style='font-size:14.0pt;font-family:Calibri;mso-bidi-font-family:Helvetica'>Bei
Fliegerparadies denkt man zunächst nicht unbedingt an Frankreich. Viele kleine
Militärzonen, mit denen man am Funk sprechen muss, verleiden das Sichtfliegen
eher. Und doch, in einem kleinen südfranzösischen Städtchen, geht alle zwei
Jahre im Frühjahr die Bevölkerung in die Luft. <o:p></o:p></span></b></p>
```

Bild 3.16: HTML-Quellcode: die Beschreibung von Text und Formatierung

In der modernen Webseitenprogrammierung werden heute üblicherweise sogenannte Style Sheets eingesetzt, in denen alle Formatierungsvorgaben für den Seitenaufbau abgelegt sind. Bei Content-Management-Systemen wie Joomla, Drupal, TYPO3 und WordPress gibt es Webseiten-Aufbau-Vorlagen, sogenannte Templates, die über den verwendeten Text gestülpt werden und mit ihren Vorgaben auch den Aufbau einer Seite komplett verändern. WordPress ist das gängige System für Blogs. Folgende zwei Bilder sind nur durch einen Klick des Webseiten-Administrators voneinander entfernt. Es dauert nur Sekunden vom Aufbau des einen Layouts bis zum Umschalten auf das zweite. Der Textinhalt bleibt gleich. Nur die Formatierung ändert sich, damit aber der gesamte optische Eindruck für den Betrachter.

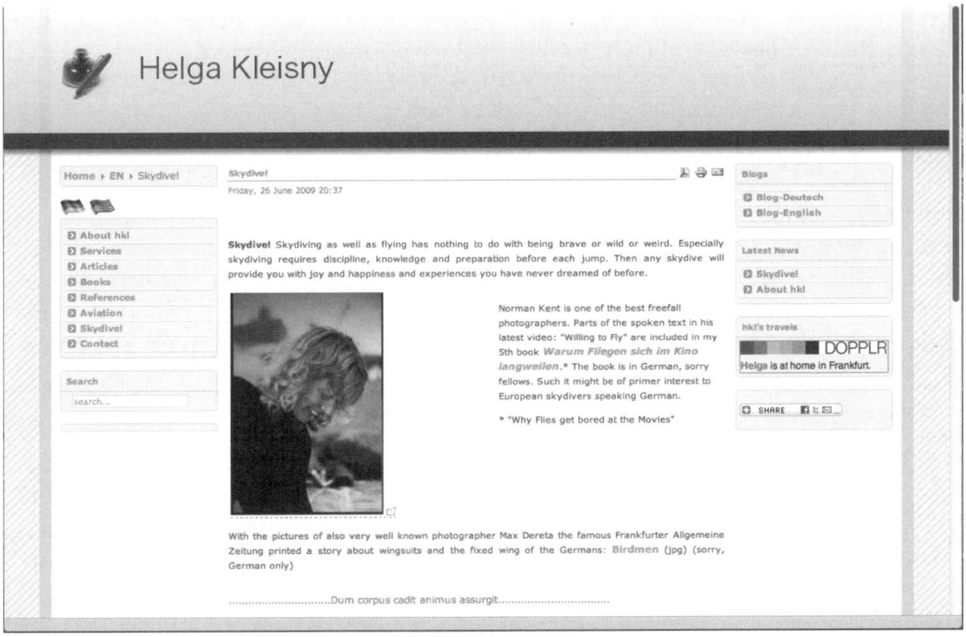

Bild 3.17: Erstes Template mit dem gleichen Webseiteninhalt wie das nächste Bild

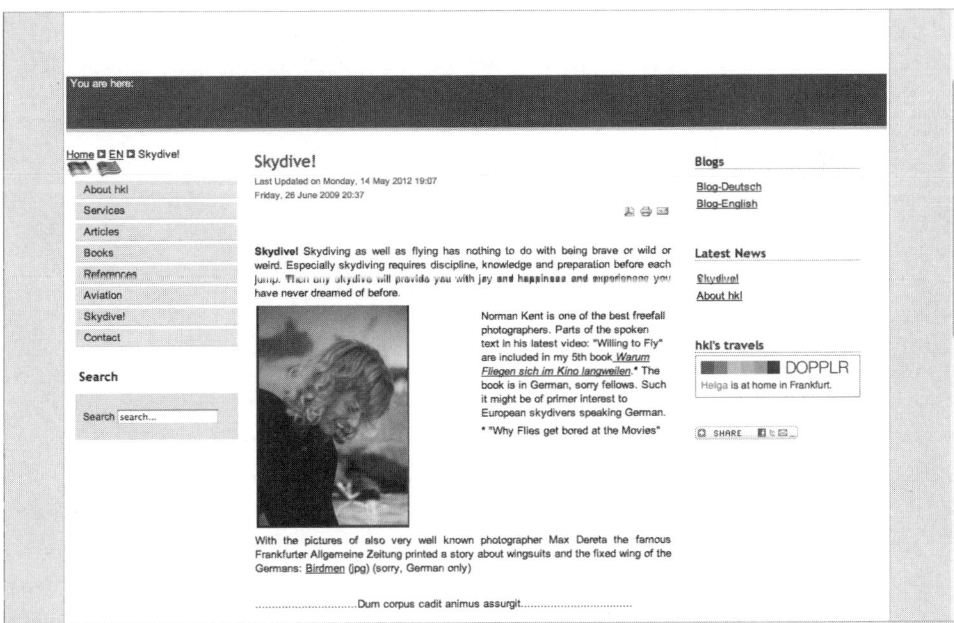

Bild 3.18: Nur einen Klick entfernt: das zweite Template

Dokumenterstellungsprogramme, bei denen man den Text als HTML-Code oder ePUB exportieren kann, gehen in diese Richtung bei der Exportierung des Dokumentes. Bis in allen gängigen Textprogrammen die Bucherstellung automatisiert, standardisiert und problemlos für alle Endgeräte abläuft, wird es wohl noch einige Zeit dauern.

3.3 Warum das alles fürs E-Book so wichtig ist

Beim ePUB-Format – was das genau ist, sehen wir in einem der nächsten Kapitel – ist der Text von der Formatierung getrennt, genauso wie auch schon bei den Style Sheets der Webseiten. Während bei Word oder ähnlichen Texterfassungsprogrammen eine Formatierung mittels Vorlagen ein »Nice-to-have«-Feature ist, das bei großem Seitenumfang recht praktisch werden kann, ist diese strikte Trennung die Basis des ePUB-Formats eines E-Books.

Wissen kompakt

Mit manuell individuell formatierten Dokumenten ohne einheitliche Formatvorlagen kommt man nicht weit bei der E-Book-Erstellung. Egal welches Programm Sie zur Erstellung Ihres E-Books verwenden, Formate von Text und, wenn es geht, auch die Grafik müssen als Vorlage fürs gesamte Dokument erstellt und auch so angewendet werden.

Leerzeilen müssen raus und durch die Absatz-Formatierung (Abstand vor oder nach dem Absatz) ersetzt werden.

Die Automatisierung der Formatierung ist zurzeit leider noch ein Grundsatz für heutige Programme und Standards und wer dies nicht beachtet, kommt spätestens bei der ersten Fehlermeldung in der Produktion darauf zurück.

4 Buchformatvorlagen erstellen

4.1 PDF oder ePUB?

Das ist eine grundlegende Entscheidung, die Sie am besten schon vor der Texterfassung, und auf jeden Fall vor der Formatierung treffen sollten. Zumindest wenn Sie von der Basis eines Textprogrammes (Word …) ausgehen und nicht von einem grafikorientierten Programm wie InDesign oder QuarkXPress.

Wenn man weiß, was dahinter steckt und was man selbst will, ist die Entscheidung sonnenklar. Darum sehen wir uns zunächst an, was hinter den beiden Formaten steckt. Während schon der Ausdruck »ePUB« eher befremdlich anmutet, hat vermutlich jeder schon mal ein Dokument oder Bild als PDF abgespeichert.

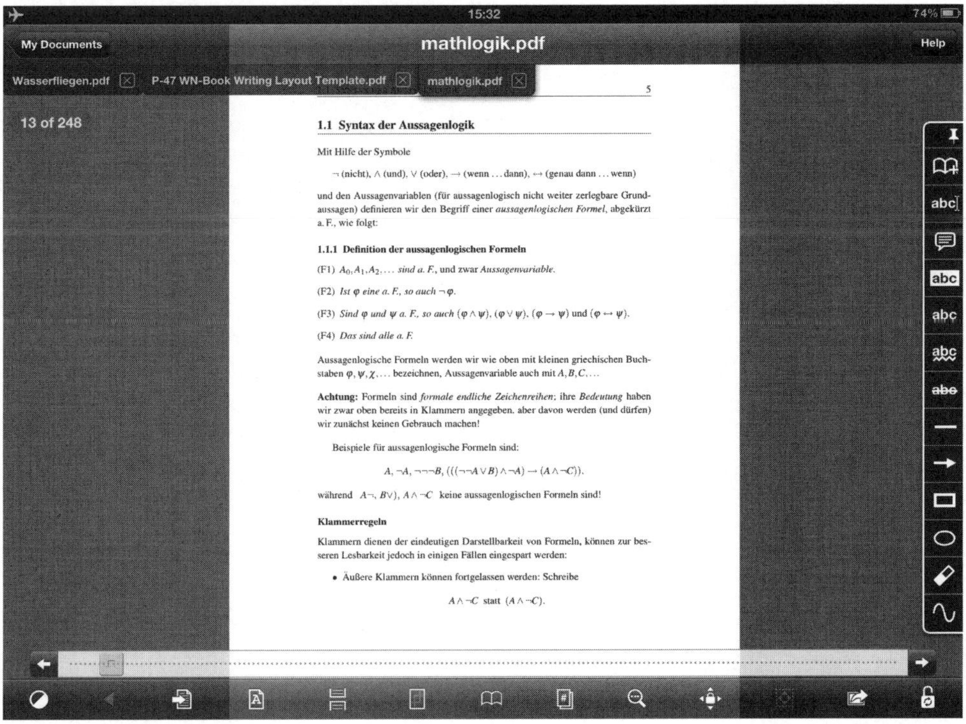

Bild 4.1: Das Vorlesungsskript ist als PDF besser publiziert

(Skriptum zur Vorlesung: Mathematische Logik von Prof. Dr. Klaus Gloede, Mathematisches Institut der Universität Heidelberg)

Die Vorteile des Abspeicherns oder Exportierens einer Datei als PDF sind bestens bekannt: Die Formatierung bleibt auch beim Transport quer über den Planeten im Internet genau so, wie sie der Sender abgeschickt hat.

Für die Entscheidung, welches Format Sie für Ihre Veröffentlichung wählen, muss bekannt sein, woraus die Daten bestehen (nur Text oder viele großformatige Bilder; sind Videodateien ein Muss oder gar nicht vorhanden) und wie (Computer, Pads, Phones) Sie Ihre Leser damit erreichen wollen.

Ein PDF ist vergleichbar mit einer Sammlung von Fotos Ihrer Textseiten. Jeder Textseite entspricht genau eine PDF-Seite. Man kann hineinzoomen, vergrößern, verkleinern, aber alles entspricht nur einer elektronischen Lupe auf ein Foto. Ein ePUB ist etwas dynamisches, ähnlich einer Website, die sich, siehe letztes Kapitel, bezüglich des Layouts im Zweifelsfall mit einem Klick komplett umgestalten lässt – und der textliche Inhalt ist dabei unverändert.

Bleiben wir zunächst beim PDF. Diese Foto-Ähnlichkeit legt auch schon nahe, dass das PDF-Format ein Endformat ist. Eines, in das man Daten umwandelt, und dann bleibt die Information für den Anwender in diesem Format. Eine Abspeicherung als PDF als Zwischenschritt auf dem Weg zum ePUB oder zu einem anderen Format ist wenig sinnvoll. Man kann aus einem PDF weiterarbeiten, aber dies setzt entsprechende Software und Kenntnisse voraus und bedeutet eine Menge Arbeit. Automatisch funktioniert da wenig.

Tipp: Möchten Sie also Ihr Buch als PDF und als ePUB anbieten, so sollte man sich das bereits eine Stufe vor der PDF-Erstellung überlegen und von dort aus (QuarkXPress, InDesign, Textverarbeitungsprogramm) bereits unterschiedliche Versionen exportieren.

Im PDF bleibt eine Seite eine Seite. Sogar genau dieselbe Seite. Was auf Seite 4 steht, bleibt auf Seite 4. Da verrutscht nichts und da verändert sich nichts. Unabhängig, auf welchem Computer und mit welcher Software Sie das PDF ansehen. (Die Software muss natürlich ein PDF lesen können.) Das kann auf kleinen Geräten wie Smartphones unpraktisch sein und zur Unleserlichkeit eines Dokumentes führen, weil dieses etwa große Grafikschaubilder hat, deren Inhalt nun nicht mehr überschaubar ist.

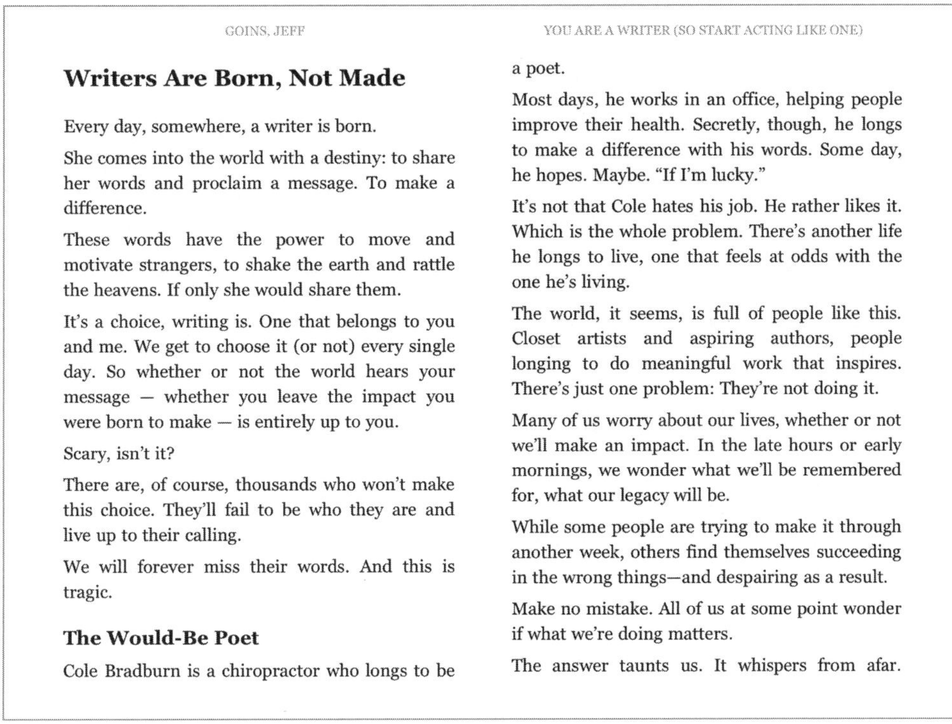

GOINS, JEFF

YOU ARE A WRITER (SO START ACTING LIKE ONE)

Writers Are Born, Not Made

Every day, somewhere, a writer is born.

She comes into the world with a destiny: to share her words and proclaim a message. To make a difference.

These words have the power to move and motivate strangers, to shake the earth and rattle the heavens. If only she would share them.

It's a choice, writing is. One that belongs to you and me. We get to choose it (or not) every single day. So whether or not the world hears your message — whether you leave the impact you were born to make — is entirely up to you.

Scary, isn't it?

There are, of course, thousands who won't make this choice. They'll fail to be who they are and live up to their calling.

We will forever miss their words. And this is tragic.

The Would-Be Poet

Cole Bradburn is a chiropractor who longs to be a poet.

Most days, he works in an office, helping people improve their health. Secretly, though, he longs to make a difference with his words. Some day, he hopes. Maybe. "If I'm lucky."

It's not that Cole hates his job. He rather likes it. Which is the whole problem. There's another life he longs to live, one that feels at odds with the one he's living.

The world, it seems, is full of people like this. Closet artists and aspiring authors, people longing to do meaningful work that inspires. There's just one problem: They're not doing it.

Many of us worry about our lives, whether or not we'll make an impact. In the late hours or early mornings, we wonder what we'll be remembered for, what our legacy will be.

While some people are trying to make it through another week, others find themselves succeeding in the wrong things—and despairing as a result.

Make no mistake. All of us at some point wonder if what we're doing matters.

The answer taunts us. It whispers from afar.

Bild 4.2: Quer: Vergrößerung und Leserichtung passen sich beim ePUB dem Bildschirm an.

Dieselbe Seite auf dem iPad, je nachdem wie der Bildschirm gehalten wird.

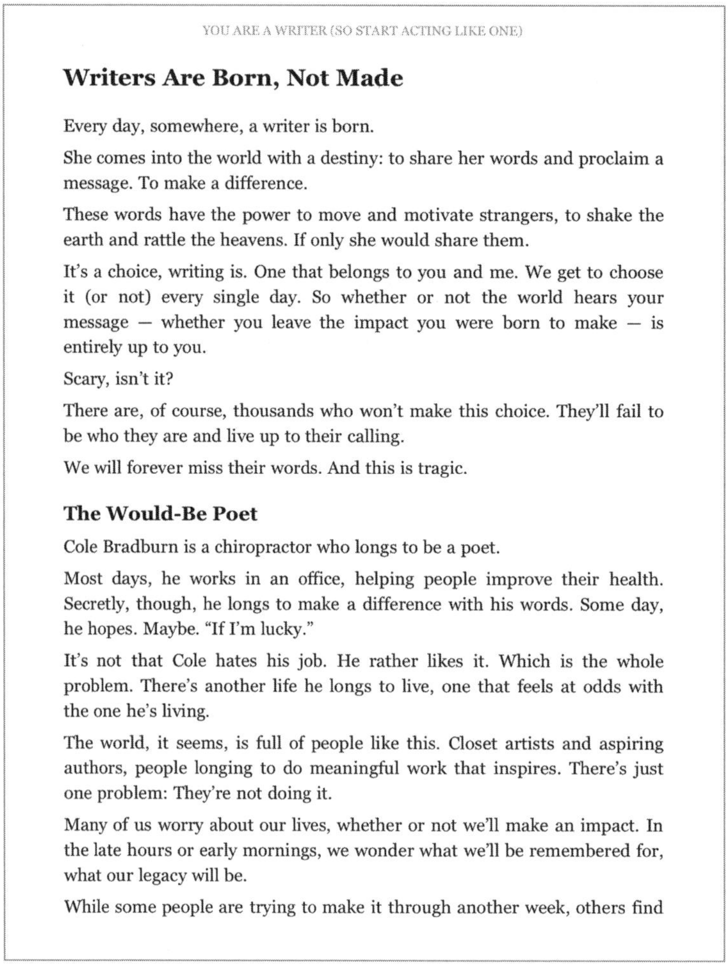

YOU ARE A WRITER (SO START ACTING LIKE ONE)

Writers Are Born, Not Made

Every day, somewhere, a writer is born.

She comes into the world with a destiny: to share her words and proclaim a message. To make a difference.

These words have the power to move and motivate strangers, to shake the earth and rattle the heavens. If only she would share them.

It's a choice, writing is. One that belongs to you and me. We get to choose it (or not) every single day. So whether or not the world hears your message — whether you leave the impact you were born to make — is entirely up to you.

Scary, isn't it?

There are, of course, thousands who won't make this choice. They'll fail to be who they are and live up to their calling.

We will forever miss their words. And this is tragic.

The Would-Be Poet

Cole Bradburn is a chiropractor who longs to be a poet.

Most days, he works in an office, helping people improve their health. Secretly, though, he longs to make a difference with his words. Some day, he hopes. Maybe. "If I'm lucky."

It's not that Cole hates his job. He rather likes it. Which is the whole problem. There's another life he longs to live, one that feels at odds with the one he's living.

The world, it seems, is full of people like this. Closet artists and aspiring authors, people longing to do meaningful work that inspires. There's just one problem: They're not doing it.

Many of us worry about our lives, whether or not we'll make an impact. In the late hours or early mornings, we wonder what we'll be remembered for, what our legacy will be.

While some people are trying to make it through another week, others find

Bild 4.3: Hoch: Vergrößerung und Leserichtung passen sich beim ePUB dem Bildschirm an.

Im ePUB-Format passt sich die Seitengröße des Dokumentes an die Größe des Gerätes an. Das ist zwar beim Lesen praktisch, das Schaubild wird aber vielleicht allerdings nicht in der logischen Trennung dargestellt, die Sie als Autor gerne hätten. Wieder einmal ein Beispiel, dass es die optimale Entscheidung nicht gibt. Nur auf die Situation und die vorliegenden Fakten bezogen lässt sich hier eine für den Leser optimale Entscheidung treffen.

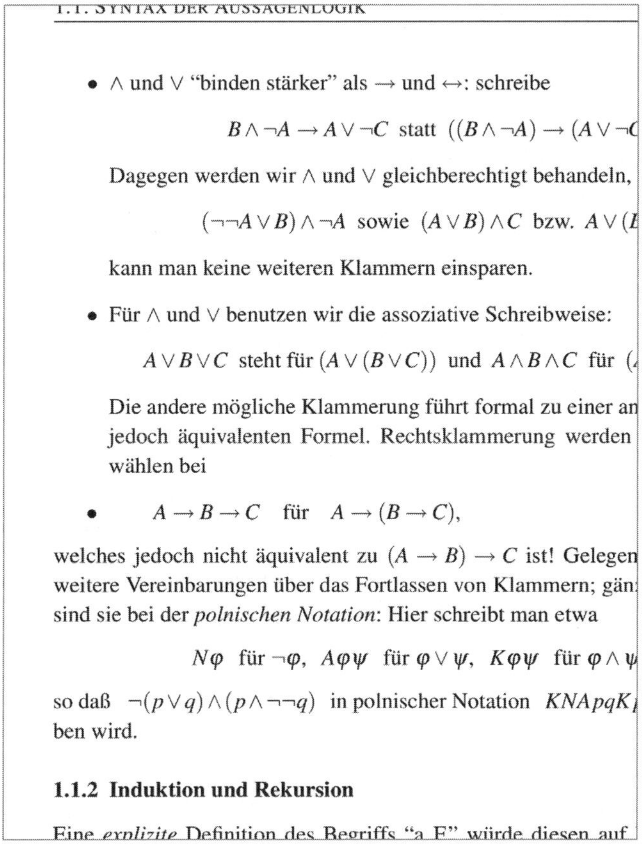

1.1. SYNTAX DER AUSSAGENLOGIK

- $\wedge$ und $\vee$ "binden stärker" als $\rightarrow$ und $\leftrightarrow$: schreibe

$$B \wedge \neg A \rightarrow A \vee \neg C \text{ statt } ((B \wedge \neg A) \rightarrow (A \vee \neg C$$

Dagegen werden wir $\wedge$ und $\vee$ gleichberechtigt behandeln,

$$(\neg\neg A \vee B) \wedge \neg A \text{ sowie } (A \vee B) \wedge C \text{ bzw. } A \vee (B$$

kann man keine weiteren Klammern einsparen.

- Für $\wedge$ und $\vee$ benutzen wir die assoziative Schreibweise:

$$A \vee B \vee C \text{ steht für } (A \vee (B \vee C)) \text{ und } A \wedge B \wedge C \text{ für } (A$$

Die andere mögliche Klammerung führt formal zu einer an jedoch äquivalenten Formel. Rechtsklammerung werden wählen bei

- $A \rightarrow B \rightarrow C$ für $A \rightarrow (B \rightarrow C)$,

welches jedoch nicht äquivalent zu $(A \rightarrow B) \rightarrow C$ ist! Gelegen weitere Vereinbarungen über das Fortlassen von Klammern; gän sind sie bei der *polnischen Notation*: Hier schreibt man etwa

$$N\varphi \text{ für } \neg\varphi, \quad A\varphi\psi \text{ für } \varphi \vee \psi, \quad K\varphi\psi \text{ für } \varphi \wedge \psi$$

so daß $\neg(p \vee q) \wedge (p \wedge \neg\neg q)$ in polnischer Notation $KNApqK$ ben wird.

1.1.2 Induktion und Rekursion

Eine *explizite* Definition des Begriffs "a F" würde diesen auf

Bild 4.4: Die Vergrößerung passt sich im PDF nicht dem Bildschirm an.

Die »Foto«-artige Wiedergabe beim PDF schließt auch mit ein, dass jegliche Formatierung vor dem Export als PDF gemacht werden muss. Danach gibt es keinerlei grafische Anpassung mehr. Und wer sich schon mit dem PDF-Export größerer Dokumente oder Bücher befasst hat, weiß, dass auch hier nicht alles per se glattgeht. Schriften müssen korrekt sein und eingebettet werden, der Einsatz von Formatvorlagen liefert relativ gute Chancen, dass es auf Anhieb klappt.

4.2 ePUB mit fixiertem Layout

Vermehrt tritt nun der Begriff »ePUB mit fixiertem Layout« auf. Was zunächst wie ein fliegendes Pferd klingt – gibt es auch, zumindest in der Mythologie –, ist der Versuch, die Vorteile eines PDFs mit denen eines ePUBs zu verbinden. Apple war wieder einmal der Vorreiter und führte die Funktionalität bereits 2010 bei iBooks ein. In ePUB3 ist fixiertes Layout nun als Funktionalität enthalten.

Bei Büchern mit fixiertem Layout (»Bilderbücher«) ist zwar die Seitengröße über Pixel definiert. Sie können aber Schriften einbetten, Textgrößen vorgeben und genau bestimmen, wo ein Bild platziert werden soll. Interessant auch die Funktionalität, ein zweiseitiges Layout (Doppelseite) vorzugeben, das fürs Zoomen wie eine einzige Seite auf dem Tablet oder Phone wirkt. iBooks findet dabei selbstständig die optimale Größe der Doppelseite fürs iPad.

Von der Funktionalität – wie sie den Inhalt darstellen – ähneln ePUBs mit fixiertem Layout mehr einem PDF als einem normalen ePUB, vergrößern funktioniert wie beim Zoomen eines Fotos. Vom technischen Aufbau her sind es allerdings 100-prozentige ePUBs und keine PDFs.

Ob für Ihr Vorhaben nun ein PDF, ein ePUB mit fixiertem Layout oder ein freies ePUB mit allem interaktiven Multimediaschnickschnack besser geeignet ist, hängt vom Inhalt und Ihren Entscheidungen ab.

Tipp: Es ist einfacher, aus der Basis für das PDF zusätzlich ein ePUB zu erstellen, als das fertige PDF in ein fixed Layout ePUB umzuwandeln. Obwohl die Erbegnisse sich ähnlich sehen, ist die Technik dahinter komplett verschieden.

Es gibt auch Tools für die Umwandlung von PDFs in Fixed Layout ePUBs. Das macht aber so viel Sinn wie einen Pullover zu stricken und dann sofort wieder aufzutrennen, um ein Jäckchen aus der gleichen Wolle zu stricken.

Noch ein Punkt für die Entscheidung zwischen PDF und ePUB mit fixiertem Layout. Auch wenn es ähnlich aussieht für den Anwender – für den Apple iBooks-Store gibt es einen großen Unterschied: Der akzeptiert nämlich keine PDFs, sondern nur ePUBs. Mit fixiertem Layout oder normal.

Und der kleine Wermutstropfen zum Schluss: Zurzeit gibt es ePUB mit fixed Layout nur beim Hochladen auf den iBooks-Store. Alle anderen Anbieter haben in dieser Hinsicht nichts Angebot.

4.3 Die Entscheidung

Entscheiden Sie sich für ein PDF, dann muss die Textdatei vor dem Export als PDF schon alle Schriftformatierungen (Größe, Schriftart …) und Layoutgestaltungen beinhalten. Im PDF erscheint alles genau so, wie Sie es festgelegt haben.

Bei einem ePUB – egal im Moment, ob mit fixiertem oder freiem Layout – kann die endgültige Zuweisung von Schrift und Formatierung erst nach dem Erstellen des ePUBs erfolgen oder wird zumindest dann erst im CSS angepasst, perfektioniert.

Deshalb ist für die Erstellung das ePUB mit fixiertem Layout ähnlicher einem ePUB und nicht dem PDF, auch wenn es für den Anwender später wie Letzteres aussieht.

Die Texterfassungsdatei (Word …) soll in jedem Fall strukturiert formatiert sein: das bedeutet, dass Schriften über Formatvorlagen definiert sein müssen. Dies erleichtert später das Umwandeln beim Export aus der Texterfassungsdatei. (Und schult das Verständnis für strukturiertes Formatieren.)

Die folgenden Schritte sind daher für einen Export als PDF zwingend notwendig. Für den Export als ePUB werden wir uns die Formatierungsvorlagen später im HTML-Format erneut ansehen.

4.4 Das ideale Layout finden

Je nach eigener Arbeitsweise können Sie natürlich zunächst den Text wie gewohnt, einfach herunterschreiben und sich erst am Ende eines Kapitels oder sogar des Buches um dessen Formatierung kümmern. Das birgt allerdings die Gefahr, dass selbst der Autor beim Schreiben mangels optischer Orientierung den Überblick verliert. Schlimmer noch, erneut zu Fett/Bold oder größerer Schrift einfach durch Anklicken und Auswählen in der oberen Leiste übergeht.

Besser und im Ganzen gesehen zeitsparender ist es, sich bereits vor dem ersten geschriebenen Wort die Formatierung der einzelnen Schriftvorlagen zu überlegen, wie im letzten Kapitel gezeigt. Nehmen wir zunächst den einfachsten Fall: Das Buch enthält nur Text, bezeichnen wir dieses Beispiel einfach einmal als Kriminalroman.

Um ein ePUB für den Kriminalroman zu erzeugen, brauchen Sie im Textprogramm nicht viel mehr vorzugeben als die Formatierung von Kapitelüberschriften und die des Fließtextes. Alles weitere, wie ein für das gesamte Dokument sauber festgelegtes Seitenlayout (Wie breit sollen die Ränder oben, unten, links und rechts sein? Steht in der Fußleiste oder in der Kopfzeile eine Information und möchten Sie vielleicht doch noch die Kapitelüberschrift auf jeder Seite eingeblendet haben?), definieren Sie zwar für Ihre Texterfassung – was der Leser jedoch sieht, wird im ePUB oder im E-Reader festgelegt.

Tipp: Die Definition von Seitenzahlen, einem Inhaltsverzeichnis, dem Index und Fuß- und Kopfzeilen brauchen Sie im Textdokument für den Export als ePUB nicht durchführen. Genauso das Seiten- und Dokumentlayout. All dies wird beim Export zum ePUB ignoriert. Für den späteren Export als PDF müssen diese Angaben – falls Sie diese im PDF-Dokument später haben wollen – bereits in dem File definiert sein, aus dem Sie das PDF erstellen.

Mit der Formatierung für das ePUB-Format werden wir uns im Teil II ausgiebig befassen. Hier sei nur so viel gesagt: Je weniger Formatierung sie aus dem Word-File mitbringen und je kompakter diese ist, umso fehlertoleranter ist die weitere Konvertierung. Alles Weitere in diesem Kapitel ist dafür gedacht, dass Sie Ihr Werk (auch) als PDF formatieren können.

Ihre Formatierungsvorgaben können Sie in sämtlichen gängigen Texterfassungsprogrammen wie Word, NeoWord, OpenWord, Pages, AbiWord und Bean für das gesamte Dokument festlegen. Gegen Computerabstürze, zur Sicherung der eigenen Arbeit und zum besseren Handling empfiehlt es sich, für jedes Kapitel eine eigene Datei zu spendieren und gegebenenfalls erst ganz zum Schluss alle zu einer Datei zusammenzuführen. Auch das Titelblatt sollte eine eigene (einseitige) Datei sein. Egal wie Sie die einzelnen Formatierungen wählen, alle Formatvorlagen sollten unbedingt in allen Dateien gleich sein. Sonst haben wir schon den Grundstein für die erste Fehlerquelle bei der späteren E-Book-Erstellung gelegt.

Im Folgenden sehen Sie nun erneut Screenshots von Word. Wenn Sie ein anderes Texterfassungsprogramm verwenden, dann gelangen Sie vermutlich über ein anderes Menü zur gleichen Thematik. Im Zweifelsfall die Hilfe ihres Programmes aufrufen und dort nach der Überschrift des Kapitels suchen. Sie sollten dann zu einem zumindest inhaltlich ähnlichen Menü kommen und analog Ihre Werte einstellen können. Die Reihenfolge der Kapitel bleibt gleich, egal, welches Programm Sie verwenden.

4.5 Seitenlayout erstellen

Zunächst legen wir unter *Datei/Seite einrichten* fest, ob Sie eher Hoch- oder Querformat für das gesamte Buch bevorzugen.

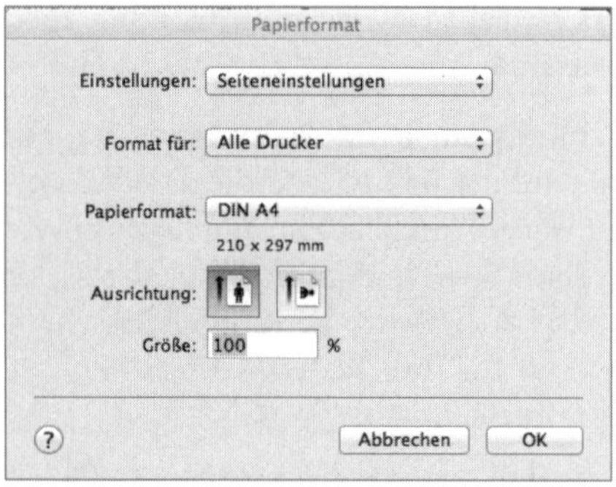

Bild 4.5: Ob Hoch- oder Querformat lässt sich im Seitenlayout bestimmen

Wählen wir unter Papierformat (steht meist auf DIN-A4) den letzten Punkt ganz unten: Eigene Papierformate, dann öffnet sich ein weiteres Fenster:

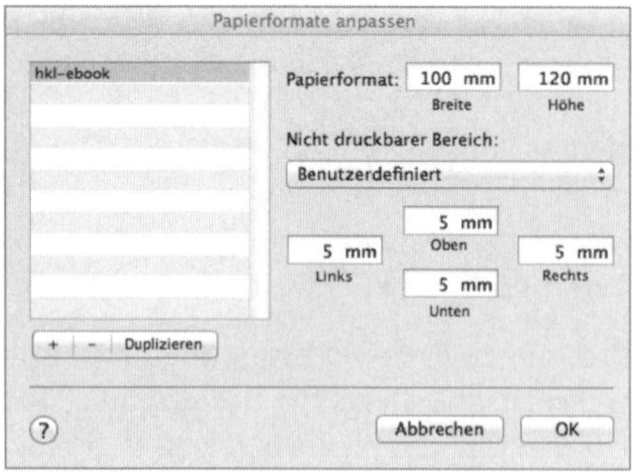

Bild 4.6: Hier können Sie die Seitenränder dokumentweit festlegen

In diesem Fenster lassen sich erstens eigene Werte für Breite und Höhe des Dokumentes individuell festlegen. Zudem können Sie hier auch schon die Größe der unbedruckten Randbereiche links, rechts, oben und unten für das gesamte Dokument bestimmen.

Dann sollten wir links unsere gewählten Einstellungen unter einem eigenen Namen abspeichern. (Wir haben für dieses Beispiel »hkl-E-Book« gewählt.) So brauchen Sie beim Öffnen des Worddokuments für das nächste Kapitel unter Papiereinstellungen nur mehr Ihren gewählten Formatnamen suchen und anklicken.

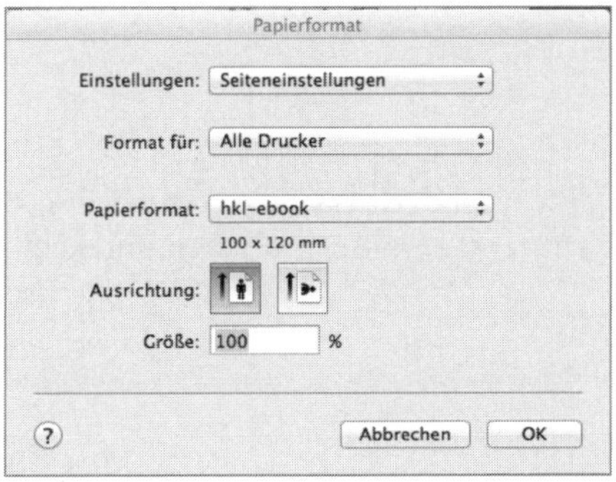

Bild 4.7: Nun lässt sich das voreingestellte Papierformat auswählen

Teenager laden durchaus ihre Lieblingsbücher auf ein Smartphone und lesen sie da – die »Biss zu jeder Tageszeit«-Vampirgeschichten von Stephenie Meyer sind ein gutes Beispiel dafür. So manches Mädchen möchte auch unterwegs stets ihren Edward und ihre Bella dabei haben, das ergab eine Untersuchung eines österreichischen E-Book-Verlages. Am bequemsten ist das Lesen von Büchern natürlich auf dem iPad, dem Vater aller mobilen Multimediageräte. Dazwischen in der Bildschirmgröße liegt der Amazon Kindle. Nutzergewohnheiten ändern sich, auch durch die Neu- und Weiterentwicklung der Lesegeräte und ihrer Bildschirme.

Welche Werte Sie für die Breite und Höhe Ihres E-Books wählen, ist Ihre Wahl. Während man sich bei einem gedruckten Buch da sogar überlegt, wo das sinnvolle Papierformat fürs Postporto liegt – ist das Gewicht des Buches nun schon knapp über der nächsten Portogrenze? –, spielen derartige Überlegungen bei einem E-Book keine Rolle.

4.5.1 Ein Beispiel in Werten

Kuchen zu backen ist sinnvoller, als Abtipprezepte für einzelne Kuchen zu verteilen – zumindest für denjenigen, der es ernst meint mit seinen Lernabsichten.

Manchmal aber hilft als Ansatzpunkt ein konkretes Beispiel, das man dann selbst abwandeln kann. Und darum hier einige konkrete Vorschläge:

Vorschlag für den Standardsatz

Man kann es nicht immer allen recht machen und ein Eins-für-alles-Format gibt es nicht – zumindest nicht, wenn dieses optimal passen soll. Trotzdem versuchen wir, hier einige Vorgaben zu geben.

Tipp: Sinnvolle Werte für PDFs aus der Praxis:

A4-Format, Schriftgröße 24 pt, Seitenränder 1 cm. Dann ist der Fließtext eines PDFs auch auf einem 5-Zoll-Reader gut lesbar.

Oder: A5-Format, Schriftgröße 20 pt, Seitenränder 0,8 cm.

Vorschlag für Schriften

Der Unterschied in der Schriftgröße zwischen Fließtext und Überschrift kann ruhig 6 Punkt sein. Auch hier gilt: Das sind Vorschläge als Startpunkt zum Ausprobieren und keine Vorgaben.

Bild 4.8: Ein brauchbarer Einstieg: Zwei Schriften, einmal mit und einmal ohne Serifen

Standardschriften, die auf jedem Computer und den gängigen Betriebssystemen vorhanden sein sollten:

- Serifenlos: Verdana, Tahoma, Trebuchet
- Mit Serifen: Garamond, Baskerville, Didot

Viele moderne Schriften sind auf den ersten Blick serifenlos und haben erst beim genaueren Hinsehen den leichten Touch einer Serife: Ein Beispiel dafür ist die Schrift Caslon. Sie sind ein Mittelding, eher auf der Seite serifenlos, also Nachfolger der früher so beliebten Arial- und Helvetica-Schriftschnitte.

Ein Programm, bei dem sich vorab testen lässt, wie das Layout auf einem bestimmten Gerät aussehen wird, ist Adobe Device Central CS 5.5, Teil der Adobe Design Creative Suite. Ab Adobe Creative Suite 6 ist dieses Programm leider nicht mehr enthalten. Und damit sind auch keine Updates mehr verfügbar für neue Geräte in der Gerätebibliothek. Angeblich arbeitet Adobe an einem Nachfolgeprogramm.

Mit Device Central können Sie Inhalte für Mobilgeräte von vielen verschiedenen Herstellern erstellen und anzeigen. Das Programm zeigt in einer Emulation an, wie die Geräte aussehen und wie Ihre Inhalte auf Geräten aus einer umfangreichen Gerätebibliothek angezeigt oder selbst neu erstellt werden.

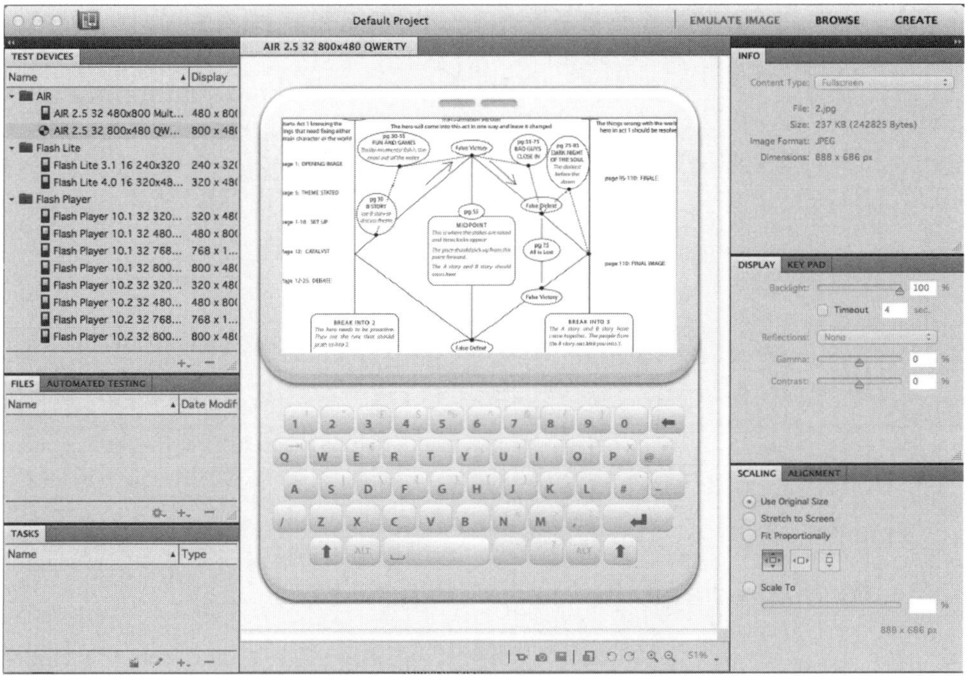

Bild 4.9: Device Central lässt Sie Geräte nach Profil aus einer Bibliothek auswählen

4.6 Dokumentlayout

Ein layoutorientiertes Programm wie InDesign oder QuarkXPress unterscheidet nicht zwischen Textteilen und Grafik. Primäre Schreibprogramme aber kommen bei grafischen Mätzchen schnell an ihre Grenzen, und wenn Sie die normal.dot-Datei bei jedem Aufruf neu anlegen müssen, bringt das auch nicht wirklich Freude. Abgesehen von der späteren E-Book-Erstellung, die mit dem Ausreizen der letzten Möglichkeiten eines Programmes fehleranfälliger wird. (War das schon Nummer acht der Erwähnung?)

Nur fürs ePUB: Vergessen Sie die Seitenzahl, die wird je nach Schriftgröße und Größe eines Bildschirms vom E-Reader später automatisch eingesetzt. Auch einen Index oder ein Inhaltsverzeichnis zu erstellen, ist bei einem E-Book im ePUB-Format überflüssig. Dazu gibt es beim Lesen die Suchfunktion und das dynamische (= an die Seitengröße angepasste) Inhaltsverzeichnis des ePUB.

Ein Bundsteg ist auch nur bei Printbüchern wichtig. Erreichen diese einen bestimmten Seitenumfang, dann kann man etwa bei einer Klebebindung alles, was nahe der Mitte des Buches steht, kaum mehr lesen, weil es in den Falz gerät. Bei unserem E-Book (PDF und ePUB) hat der Bundsteg ausgedient und muss nicht mehr berücksichtigt werden. Null Zentimeter sind optimal.

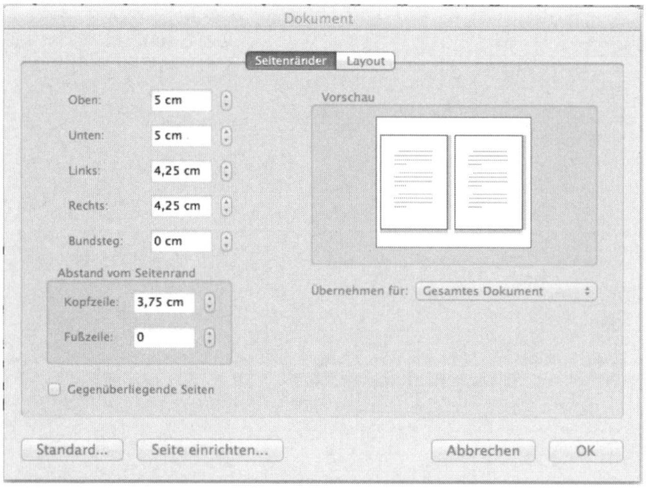

Bild 4.10: E-Books brauchen keinen Bundsteg

4.7 Formatvorlage

Jetzt geht es endlich ans Eingemachte. Während die oberen Punkte vielleicht mehr oder weniger bereits bekannt waren, ist der Einsatz von Formatvorlagen für Schriften bei den üblichen, einseitigen Worddokumenten oft verpönt als: zu umständlich, zu fehleranfällig, bis hin zu »ich mag sie einfach nicht«.

Bei einem Buch, eigentlich bei allen mehrseitigen Dokumenten, die einen professionellen Eindruck erzeugen sollen, sind Formatvorlagen in ihrem Element. Da kommen die Vorzüge – einmal festlegen und damit ist der Standard für alle Textstellen festgeklopft – so richtig zur Geltung.

Formatvorlagen gehen schon in Richtung von modernem Webseitendesign: mit Trennung von Textinhalt und Textformatierung bei der Erstellung.

Wer weiterdenkt, sein Buch grafisch gerne peppiger hätte und sowieso das Layout mit einem Programm wie InDesign oder QuarkXPress erstellen möchte – nur zu. Wir kommen in späteren Kapiteln wieder zusammen. Sich fürs erste Buch extra ein Programm wie InDesign oder QuarkXPress zu kaufen, ist viel zu aufwendig. Dafür sind der Aufwand und die Fehlerquellen durch die komplett andere Denkweise bei der Bearbeitung mit diesen Programmen zu groß und zu unterschiedlich. Wenn aber ein versierter Grafiker nun endlich sein erstes E-Book erzeugen möchte und etwa InDesign, seit es auf den Markt kam, täglich einsetzt, dann sollte er solch ein Programm erwerben. Er braucht aber keine Zweiseitenerklärung, wie man darin ein Dokument formatiert. Nur ein Hinweis an dieser Stelle: Auch hier müssen alle Formatierungen mittels Vorlagen einheitlich festgelegt werden. Aber ein seriöser, erfahrener Grafiker macht das sowieso auch ohne erhobenen Daumen. Bis später in Teil II.

Ein wenig Optik wäre aber vielleicht auch in unserem Texterfassungsprogramm passend, und dazu ist Word durchaus geeignet.

Tipp: Was sich als Schrift-Formatvorlage erfassen lässt, sollten wir auch so anlegen. Listen, Tabellen, Zitate, Schriften für besondere Blöcke oder Einzüge.

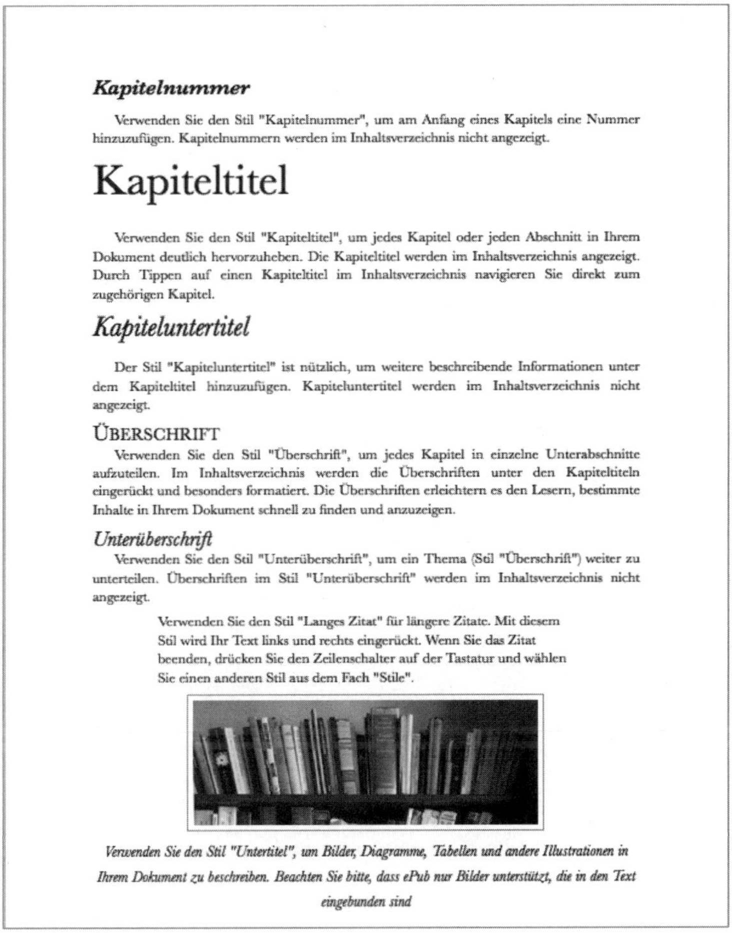
Kapitelnummer

Verwenden Sie den Stil "Kapitelnummer", um am Anfang eines Kapitels eine Nummer hinzuzufügen. Kapitelnummern werden im Inhaltsverzeichnis nicht angezeigt.

Kapiteltitel

Verwenden Sie den Stil "Kapiteltitel", um jedes Kapitel oder jeden Abschnitt in Ihrem Dokument deutlich hervorzuheben. Die Kapiteltitel werden im Inhaltsverzeichnis angezeigt. Durch Tippen auf einen Kapiteltitel im Inhaltsverzeichnis navigieren Sie direkt zum zugehörigen Kapitel.

Kapiteluntertitel

Der Stil "Kapiteluntertitel" ist nützlich, um weitere beschreibende Informationen unter dem Kapiteltitel hinzuzufügen. Kapiteluntertitel werden im Inhaltsverzeichnis nicht angezeigt.

ÜBERSCHRIFT

Verwenden Sie den Stil "Überschrift", um jedes Kapitel in einzelne Unterabschnitte aufzuteilen. Im Inhaltsverzeichnis werden die Überschriften unter den Kapiteltiteln eingerückt und besonders formatiert. Die Überschriften erleichtern es den Lesern, bestimmte Inhalte in Ihrem Dokument schnell zu finden und anzuzeigen.

Unterüberschrift

Verwenden Sie den Stil "Unterüberschrift", um ein Thema (Stil "Überschrift") weiter zu unterteilen. Überschriften im Stil "Unterüberschrift" werden im Inhaltsverzeichnis nicht angezeigt.

> Verwenden Sie den Stil "Langes Zitat" für längere Zitate. Mit diesem Stil wird Ihr Text links und rechts eingerückt. Wenn Sie das Zitat beenden, drücken Sie den Zeilenschalter auf der Tastatur und wählen Sie einen anderen Stil aus dem Fach "Stile".

Verwenden Sie den Stil "Untertitel", um Bilder, Diagramme, Tabellen und andere Illustrationen in Ihrem Dokument zu beschreiben. Beachten Sie bitte, dass ePub nur Bilder unterstützt, die in den Text eingebunden sind

Bild 4.11: Vorschläge zur Formatierung in Pages fürs iBook

Für Bilder gibt es in Textprogrammen keine Formatvorlagen, und damit bilden sie schon die nächste potenzielle Fehlerquelle. Fehler in dem Sinn, dass im späteren E-Book der Seitenumbruch auf unterschiedlichen Geräten nicht gleich erfolgt, wodurch große Lücken auf manchen Lesegeräten entstehen. Stellen wir uns eine fürs iPad angelegte Seite vor, die auf dem kleineren Bildschirm eines Smartphones anders umbrochen und dargestellt wird, und schon sehen wir, woran es haken kann.

Bisher galt (und für alle älteren Geräte gilt das noch immer): Für Bilder auf dem iPad hat sich eine Größe von 21 x 30 Zentimeter (600 x 860 Pixel) bewährt, das wäre ein ganzseitiges Bild, oder wenn es kleiner sein soll, dann die Hälfte mit 21 x 15 Zentimeter (600 x 430 Pixel). Apple behauptet zwar, dass die Größe des Bildes keine Rolle spielt, da sie in Ihrem E-Reader (iBooks) an die Bildschirmgröße angepasst wird. Das ist aber mehr Wunsch als

Realität. Zu große Bilder werden auch in iBooks gnadenlos aufgesplittert. Ein gut darstellbares Verhältnis von Breite zu Höhe eines Bildes ist 16 : 25.

Tipp: Bilder können Probleme verursachen, auch wenn Apple oder andere Softwareprovider anderes behaupten. Zumindest fürs iPad scheint ein Größenverhältnis von 16 : 25, 600 x 860 Pixel, Breite im Verhältnis zu Höhe, am besten zu funktionieren. Ohne dass Bilder aufgeteilt und umbrochen werden.

Einige Werte im Vergleich: Der iPhone4-Bildschirm hat eine Größe von 960 x 640 Pixel bei 326 ppi. Das erste iPhone hatte vergleichsweise dazu 480 x 320 Bildpunkte (bei 163 ppi).

Das iPad3 hat eine Auflösung von 2048 x 1536 Pixeln bei 264 ppi, während sich das iPad1 noch mit 1024 x 768 Bildpunkten zufriedengab. iPad1, iPad2 und iPad mini haben die gleiche Auflösung.

Das Retinadisplay (ab iPhone4 und iPad3) mit der augenschonenden Darstellung hat auch Konsequenzen für die E-Book-Produktion. Apple setzte immer schon Standards, und die Branche folgte gehorsam. Damit E-Books auch auf den neuen, hoch auflösenden Bildschirmen entsprechend gut aussehen, fordert Apple seit August 2012 eine Mindestgröße von 1400 Pixeln Breite für das Buchcover, zuvor (siehe oben) waren es nur 600 Pixel. Storeanbieter wie Smashwords ziehen für ihr gesamtes Angebot nach und verlangen 1600 Pixel in der Breite und 2400 in der Höhe. Bücher mit ansprechendem Design haben meist ein Seitenverhältnis von etwa 1,3 bis zu 1,6. Amazon schlägt als Verhältnis 1,6 vor bei einer Höhe von 2500 Pixeln.

Bilder und andere Objekte dürfen für ein späteres Abspeichern der Datei als ePUB nicht im Text an einer bestimmten Stelle fixiert sein, sondern müssen in den Text eingebunden sein, damit sie mit der Textstelle mitwandern, wenn die Seite vergrößert oder verkleinert wird.

Wenn also Bilder enthalten sein müssen, dann ist mit mehr Aufwand zu rechnen. Ob die Blumen auf dem Bild nun bunt oder schwarzweiß sind, ist dabei egal; nur die Größe und die Art (Format) des Bildes spielen eine Rolle, die zu unterschiedlichen Ergebnissen führen kann.

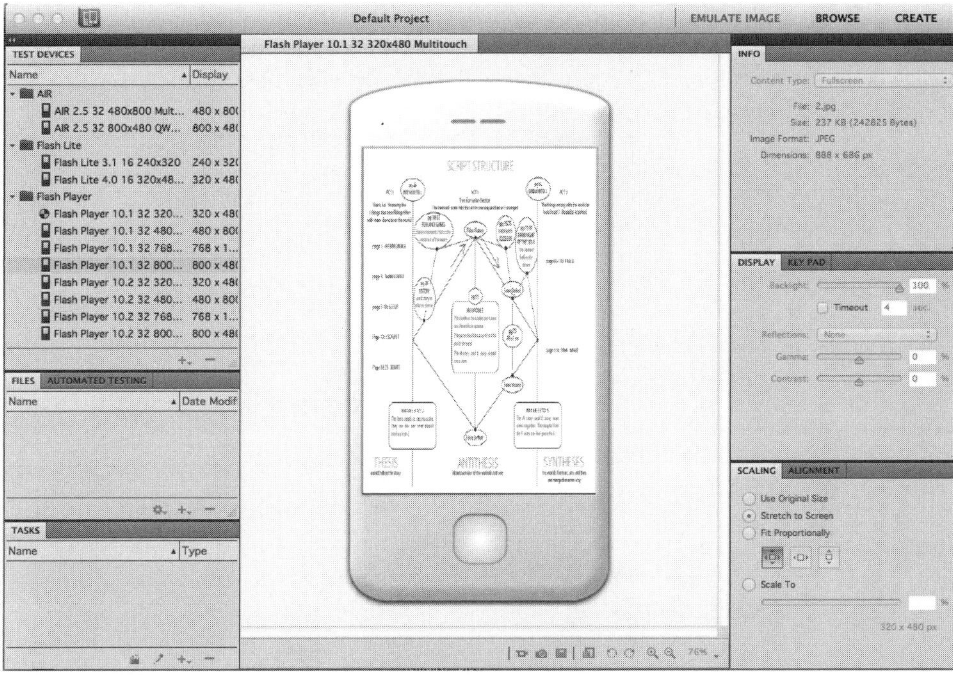

Bild 4.12: So langgezogen sähe das Schaubild nicht gut aus.

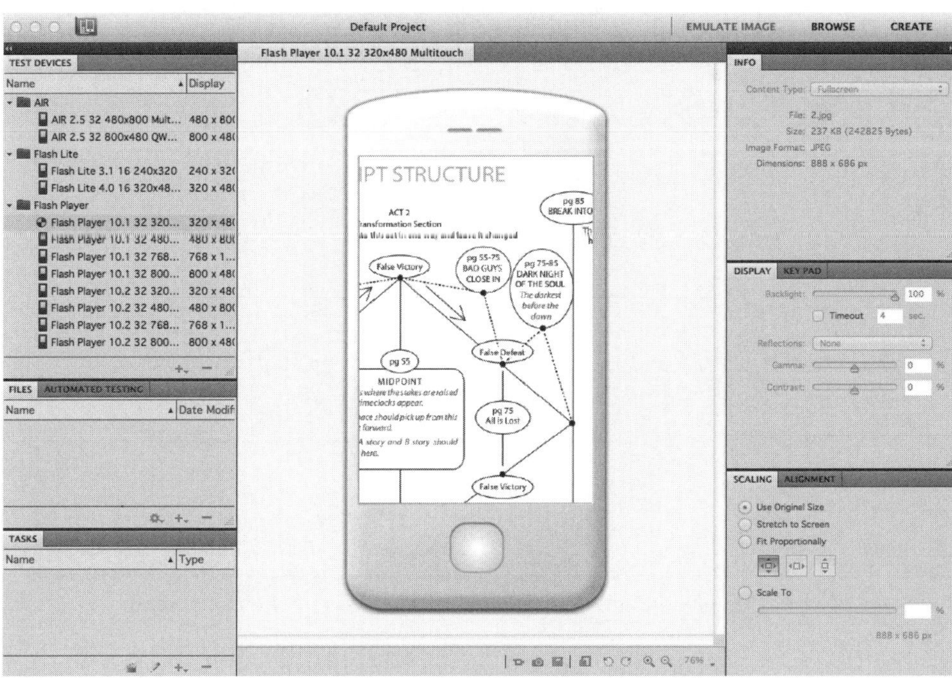

Bild 4.13: Die Wahl auf dem kleinen Display: Ausschnitt oder unleserlich

Eine Sonderform gerade für technische Bücher sind Diagramme und Kästen, in denen einzelne Punkte oder Themen herausgehoben und separat definiert sind – oder, wie in Magazinen üblich, als Einschub ein Interview in den ansonsten fließenden Text.

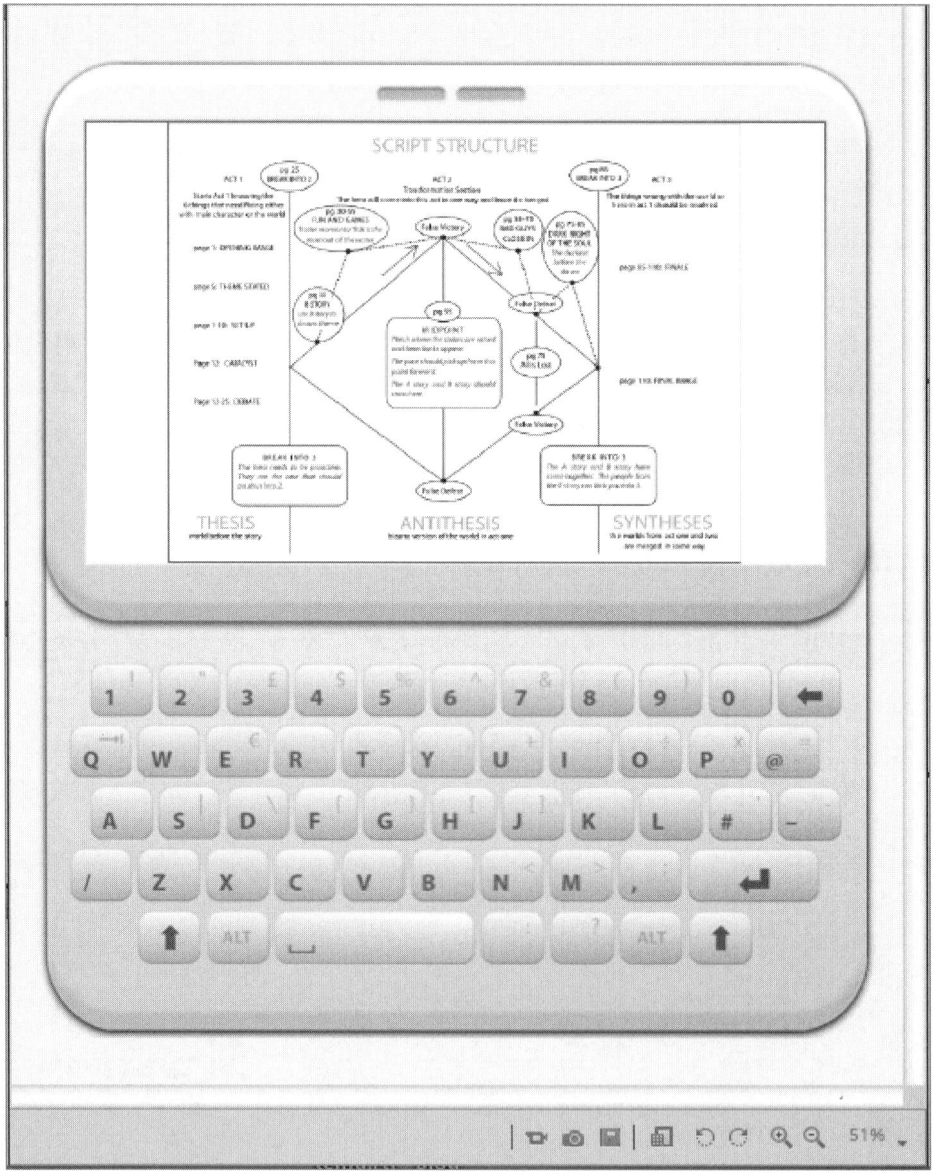

Bild 4.14: Sind Bildschirm und Grafik beide quer, dann passt es auf diesem Gerät.

Mit all diesen Herausforderungen befassen wir uns in der Praxis im Teil II dieses Buches.

Tipp: Schaubilder oder grafische Darstellungen kann man natürlich in Word oder einem ähnlichen Textprogramm erstellen. Möchten Sie sichergehen, dass es so zusammenhängend wirkt, wie Sie es erstellt haben, ist es für ein E-Book fehlersicherer, daraus ein Bild (jpeg, tiff ...) zu machen und dies in den Text einzufügen.

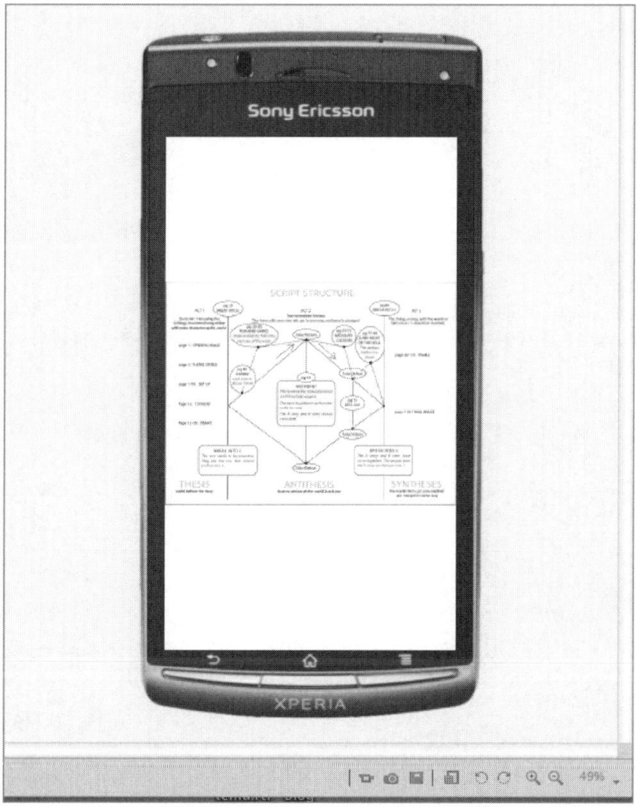

Bild 4.15: Viel Leerraum oberhalb und unterhalb der kleinen Grafik, aber im Ganzen dargestellt

4.8 Das Titelblatt

4.8.1 Designgrundlagen

Das Titelblatt Ihres Buches ist seine Visitenkarte. So steht es gut sichtbar im Buchregal des iBookstores und anderen Onlinestores, für die Sie es publizieren. Es sollte sowohl gut in Briefmarkengröße als Icon aussehen als auch etwa bei Amazon in normaler Größe.

Guten Lesestoff aus dem Netz für die Formatierung und zur der Erstellung des Titelblatts finden Sie unter folgender Adresse:

https://www.createspace.com/en/community/community/resources/

Auch wenn sich jeder Grafikdesigner beim folgenden Schnellschuss-Überblick die Haare rauft, möchten wir trotzdem in aller Kürze die wichtigsten generellen Grundsätze für gutes Design hier erwähnen. Dass es für grafisch Unbedarfte ratsam ist, das Layout des Buches von einem professionellen Designer erstellen oder vorgeben zu lassen, ist klar. Dass die Praxis leider zu oft anders aussieht, ebenso. Und darum ein Hinweis auf die vier Prinzipien, die den Unterschied zwischen »igiiitt!« und gutem Design ausmachen:

```
Kontrast
Die Idee beim Kontrast ist es, ein "fast-gleiches" Aussehen zu vermeiden.
Wenn Elemente wie Bilder oder Schriften (etwa Überschrift und Textkörper)
nicht gleich sind, dann sollten sie sehr unterschiedlich sein. Der
Unterschied kann sich in Schrifttype (verschnörkelt versus gerader Strich),
Farbe, Schriftgröße, Strichdicke (fine oder bold), breit gezogen oder eng
gesetzt ausdrücken.

Sich Wiederholende Elemente
Visuelle Elemente sollten sich auf der Seite wiederholen. Der Leser soll sich
in einer geordneten Umgebung wiederfinden. Dazu verhelfen ihm Farben, die
Anordnung von Text und grafischen Elementen.
Optisch soll klar erkennbar sein, wann ein neues Kapitel beginnt - auch
wenn die Kapitel nicht durchnummeriert sind. Gleichwertige Überschriften
sollen immer gleich aussehen, Zitate als solche zu erkennen sein und so
weiter. Genau dafür legen wir ein dokumentweit gültiges Layout an.

Ausrichtung
Zufälliges Durcheinander bringt Unruhe und sieht sehr unprofessionell aus.
"Wirkt selbstgestrickt" wäre da noch eine höfliche Umschreibung. Die
Elemente sollten zueinander sichtbar in Verbindung stehen. Wenn der Buchtitel
und der Autor nicht genau untereinander genannt sind, dann tritt die
Kontrastregel in Kraft.

Struktur
Die optische Gewichtung auf einer Seite sollte ansprechend sein. Wie ein
hübsch gedeckter Tisch oder ein nett verpacktes Geschenk ist nichts zufällig
arrangiert oder gesetzt, sondern bewusst angeordnet.
Dazu kann durchaus auch absichtlich gestalteter Leerraum zählen, der die
Seite optisch auflockert. Alles in allem sollte der geneigte Leser nicht den
Eindruck bekommen, dass die Seite nach oben, links oder rechts zu überladen
wirkt.
Ein strukturiertes Layout hilft dem Leser sich zurechtzufinden und reduziert
Unordnung und Zufälligkeiten.
```

Schlechtes Design verstößt mit Sicherheit gegen einen der vier hier beschriebenen Grundsätze.

Vieles kann der Leser selber beim Format eines E-Books im ePUB-Format verändern, wenn er es möchte. Das Titelblatt meist nicht. Dafür sollten wir die obigen Grundsätze in jedem Fall anwenden und auch als Basis für die Formatierung bei der Erstellung.

Beim Definieren der Schriftvorlagen für das Titelblatt erinnern wir uns an den Kontrast: Zwei Schriften auf einer Seite sollten nie zu ähnlich sein, sondern sich optisch grundlegend in mindestens einem der folgenden Werte unterscheiden:

- Schrifttype (flapsig: verschnörkselt versus gerader Strich, fachlich: Serifen versus Schrift ohne Serifen, exemplarisch: Times versus Helvetica),
- Farbe,
- Schriftgröße,
- Strichdicke (fine oder bold),
- Schriftschnitt: breit gezogen oder eng gesetzt.

Auch Geheimnisse hinterlassen Spuren ...

Am 28. Januar 1959 brachen zehn sehr erfahrene Langläufer zu einer Expedition im Ural auf. Einer verletzte sich ziemlich bald, Igor Dyatlov, und war damit der einzige, der der Nachwelt berichten konnte, was sich bis dahin auf dem mysteriösen Ausflug zugetragen hatte.

Bild 4.16: Grafisch korrekt, auch wenn es vielleicht nicht allen gut gefällt

Auch Geheimnisse hinterlassen Spuren ...

Am 28. Januar 1959 brachen zehn sehr erfahrene Langläufer zu einer Expedition im Ural auf. Einer verletzte sich ziemlich bald, Igor Dyatlov, und war damit der einzige, der der Nachwelt berichten konnte, was sich bis dahin auf dem mysteriösen Ausflug zugetragen hatte.

Bild 4.17: Dies dürfte aber bei jedem ein unbehagliches Gefühl auslösen

In allen anderen Fällen hilft es, sich mit den Schriftarten auf Ihrem Computer auseinanderzusetzen; vielleicht sollten Sie doch einen Grafiker um einen Vorschlag zu bitten und dann erst die Standardschrift für das E-Book zu wählen. Die Auswahl ist groß – und die Möglichkeit des Irrtums auch.

Bei einer Mischung einer dieser modernen Schriften mit einer anderen Schrift im Text muss der Kontrast dann umso mehr durch Farbe oder Schriftweite oder Schriftschnitt (kursiv, schmal ...) betont werden. Es ist ähnlich wie mit den Farben einer Kleidung: Schwarz und Neongrün lassen sich leichter kombinieren als zwei kaum unterschiedliche Rottöne.

Tipp: Die beste Lösung, wenn das Buch optisch aufwendiger gestaltet sein soll, ist, einen Grafiker zu beauftragen. Wenigstens zur Erstellung einer grafischen Vorlage für das Buch. Sonst kann das Ergebnis schnell hausgemacht wirken.

Ist kein Grafiker verfügbar, sollte sich der Autor ein wenig Zeit nehmen, um sich mit den Basisprinzipien von gutem Design – auch in der Praxis – vertraut zu machen (siehe oben), bevor er an das erste eigene Layout geht.

Bild 4.18: Dieses Buchcover wurde trotz Selbstverlag von einer Grafikerin gestaltet

Wissen kompakt

Der Text muss für die ePUB-Erstellung mit Dokument-, Seiten- und Formatvorlagen sauber und einheitlich definiert werden, durchgängig für das gesamte E-Book.

Jegliche Einbindung von Bildern, Tabellen und anderen singulären Grafikelementen kann zu verschiedenen Resultaten auf unterschiedlichen Abspielgeräten führen: ob Smartphones unterschiedlicher Hersteller mit verschiedenen Betriebssystemen und Programmen oder Tablets mit der gleichen Vielfalt.

5 Gedrucktes Buch und E-Book

5.1 Statische und dynamische Inhalte

Die Optik einer gedruckten Buchseite ändert sich nicht, egal wie wir das Buch halten oder drehen. Vielleicht gibt es das Buch mit festem Einband als Hardcover und als eselsohrfreudige Taschenbuchausgabe, aber das sind dann auch schon zwei unterschiedliche Bücher.

Ein E-Book ist in seinem Aussehen wandelbar. Je nach Gerät und Software sollte sich die Buchseite im Quer- oder Hochformat aufbauen, wenn wir das Gerät (als »unsere Buchstütze«) drehen. Auch die Schriftgröße kann der Leser selbst bestimmen, und in begrenztem Umfang sogar die Schriftart. Eine Seite ist damit nicht mehr eine definierte Seite mit gleicher Zeilenanzahl. Das E-Book hat wie eine moderne Webseite einen dynamischen Aufbau im Gegensatz zur statischen Optik beim Printbuch.

So weit, so gut. Was beim Text wünschenswert ist (der an den Bildschirm angepasste Umbruch) oder zumindest nicht schadet, ist bei einem Foto schon schwieriger. Ein halbes Foto auf der einen Seite und die untere Hälfte auf der nächsten macht keinen Sinn. Bei Tabellen wirkt sich dies noch schlimmer aus. Bei schlampigen Formatierungen während des Exports einer Datei als E-Book ist es durchaus üblich, dass Bilder erst Seiten später auftauchen als vom Autor geplant, ohne jeglichen inhaltlichen Zusammenhang mit der Textstelle. Das kann bei einem gedruckten Buch nicht vorkommen.

Und noch einen pekuniären Unterschied gibt es zwischen Print und E-Book in Deutschland: Gedruckte Bücher werden nur mit 7 % Mehrwertsteuer belegt, E-Books und Apps (als Software) mit 19 %. Da wird sich der Gesetzgeber noch einiges einfallen lassen müssen, wenn die Grenzen derart verschwimmen.

5.2 Der Herstellungsprozess

In der Produktion unterscheiden sich Printbücher und E-Books grundlegend. Das liegt darin begründet, dass es sich zum einen um ein reales Buch (Print) und zum anderen um eine gezippte Datei (E-Book) handelt.

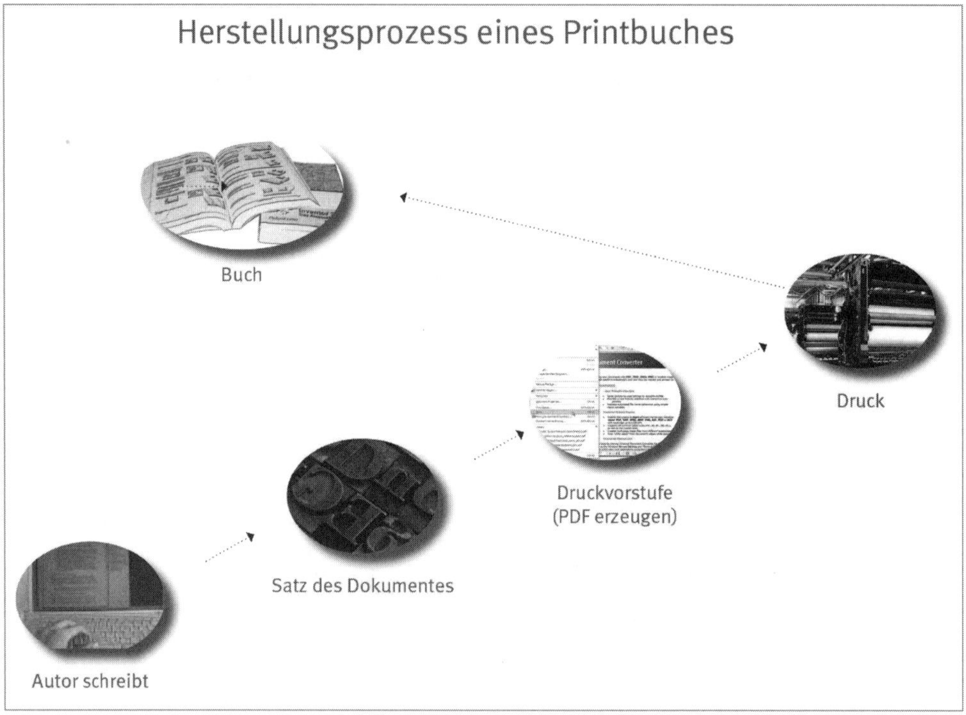

Bild 5.1: Herstellungsprozess eines Printbuches

Die Schaubilder sind mit ein wenig Humor zu betrachten. Der Bleisatz hat in der täglichen Produktion schon lange ausgedient und ist durch Computerprogramme ersetzt. Und dass Sie bereits mit Ihrem ersten E-Book reich und berühmt werden (falls Sie es nicht schon sind), wünschen wir Ihnen von Herzen.

Das Korrekturlesen durch eine oder vielmehr mehrere Personen empfehlen wir dringend. Wer immer nur im eigenen Saft schmort, übersieht leicht Buchstabendreher, Wiederholungen oder andere Ausrutscher. Wenn ein professionelles Lektorat finanziell zu aufwendig ist, dann helfen auch Freunde und Bekannte aus dem Lebensumkreis, am besten jene, die sich durch Genauigkeit und Korrektheit auszeichnen. Wenn der/die Herzallerliebste vor Begeisterung über den Inhalt nicht mehr auf die Buchstaben schaut, ist er/sie dazu nicht geeignet.

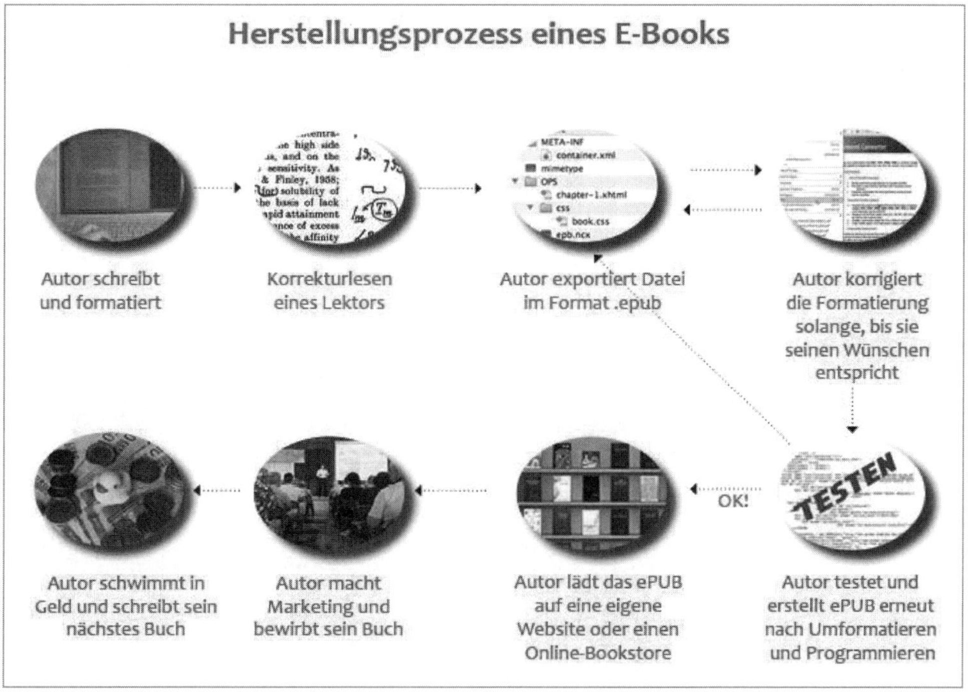

Bild 5.2: Herstellungsprozess eines ePUBs

Natürlich können Sie ein E-Book auch als Printversion anbieten und manche Publikationen gibt es in beiden Varianten im gleichen Bookstore. Dazu bedarf es jedoch eines renommierten Verlags, der sich für das Manuskript interessiert und es verlegt, oder Sie publizieren es im Selbstverlag, etwa bei libri/BOD. Beide Wege können hier allerdings nicht abgehandelt werden, das würde den Rahmen sprengen.

Ein Autor, der ein E-Book selbst publiziert, sollte sich jedenfalls bewusst sein, dass es mit dem Schreiben allein nicht getan ist. Auch die technischen Kenntnisse über die Produktion des digitalen Buches, die Sie unter anderem hier finden, genügen nicht. Ohne Marketing und weitere Anstrengungen nach der Veröffentlichung des Buches kommen Sie nicht weit. Schließlich wollen Sie gesucht, gelesen und gefunden werden in den Weiten des großen Netzes. Und das passiert leider nicht von selbst. Damit befassen wir uns in den nächsten Kapiteln.

5.3 Von Rechten und Pflichten

Nein, wir möchten nicht in die Diskussion einsteigen: Sollen alle Inhalte im Internet nun frei verfügbar sein, oder nicht? Einiges ist jedoch nach der derzeitigen Rechtslage zu beachten, wenn Sie ein E-Book publizieren möchten.

5.3.1 Die Rechte der anderen

Folgende Aspekte sollten Sie in jedem Fall berücksichtigen, sonst kann es ein teures Unterfangen werden.

Vermutlich erinnern Sie sich noch an die öffentliche Diskussion über einige Politiker, denen man problemlos nachweisen konnte und kann, dass sie Texte fremder Publikationen für die eigene Dissertation verwendeten. Die Textüberprüfung können heute schon Programme automatisch erledigen und zwar sehr genau. Bei Bildern ist die Automatisierung noch nicht ganz so weit fortgeschritten. Noch ...

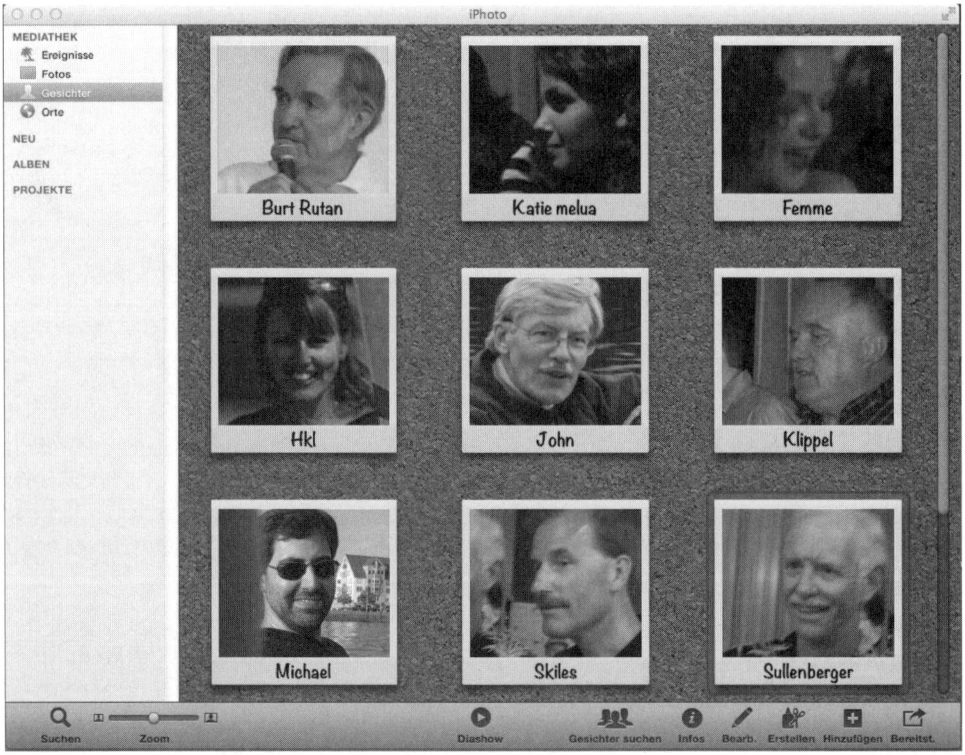

Bild 5.3: Die Suche nach Personen in Bildern kann heute schon iPhoto

Wer mit dem Fotoprogramm iPhoto auf Apple-Computern arbeitet, kennt das Feature: Faces. Ein automatischer Suchlauf über die Fotos sortiert Fotos mit wiederkehrenden Gesichtern in Ordner. iPhoto ist lernfähig und mit der Zeit wird die Erkennung von bestimmten Gesichtern erstaunlich gut. Geheimdienste arbeiten schon länger mit der Gesichtserkennungssoftware, und es ist nur eine Frage der Zeit, bis jeder auch so nach Fotos im Internet suchen kann.

Bei der Google-Bildsuche kann man ein Beispielbild vorschlagen, und die Suchmaschine findet dann andere, die in ähnlicher Umgebung veröffentlicht wurden. Das entspricht noch nicht ganz der Suche, die wir oben beschreiben, aber die Richtung stimmt. Facebook erwarb für 80 bis 100 Millionen Dollar im Sommer 2012 face.com. Dahinter steckt eine israelische Firma, die sich auf Gesichtserkennungssoftware spezialisiert hat …

Das Internet vergisst nichts, und auch die erwähnten Doktorarbeiten wurden schon vor Jahrzehnten an der Uni eingereicht, als sich kaum jemand die heutigen Möglichkeiten der automatischen weltweiten Textsuche vorstellen konnte.

Bei ePUBs sind die Rechte der im Style Sheet vom Autor eingebetteten Schriften zu beachten. Die Nutzung einer Schrift, egal ob für Print-, Web-, App- oder E-Book-Anwendung, hat ihren Preis. Verfügen Sie über die Lizenz, die eingebetteten Schriften in Ihrer ePUB3-Publikation zu verwenden?

Mit kostenfreien Schriften, die es in großen Mengen, aber leider nicht immer in der von einem Grafiker geforderten Qualität gibt, spart man da gutes Geld. Zu jeder Schriftart gehört ein Read-Me-Ordner mit den Kontaktdaten des Autors, den man um die Verwendung der Schrift bitten kann. Gibt es keine Read-Me-Datei, sollten Sie in der Schriftart selbst (.ttf-Datei.) die Daten des Autors finden können.

Was bedeutet kostenlos bei Lizenzhinweisen?

1) Wenn die Lizenz besagt, dass sie nur für die private Nutzung ausgelegt ist, darf sie nur privat genutzt werden.

2) Der Hinweis Linkware bedeutet, dass der Eigentümer eine Gegenleistung für die Nutzung erwartet, meist einen Link auf seine Seite.

3) Der Hinweis Donationware bedeutet, dass die Schrift zwar kostenlos ist, der Autor aber eine kleine Spende erwartet.

4) Der Hinweis E-Mailware bedeutet, dass die Schriftart zwar kostenfrei genutzt werden darf, es jedoch einer E-Mail vor der Benutzung bedarf.

5) Der Hinweis Shareware bedeutet, dass die Schrift erst nach Bezahlung eingesetzt werden darf.

6) Der Hinweis Demoware bedeutet, dass die Schrift nur für Testzwecke nutzbar ist.

Auch bei den Schriften wird über die Rechtslage heftig diskutiert. Bei der klassischen Buchproduktion musste der Autor (beim Selbstverlag) oder der Verlag die im Buch verwendete Schrift kaufen oder eben eine kostenfreie wählen, damit war dann aber alles geregelt. Aus einem gedruckten Buch kann kein Leser Schriften extrahieren und sie dann auf seinem Rechner installieren und weiterverwenden. Bei einem E-Book ist dies jedoch denkbar.

Dass dies vermutlich kaum einer macht, interessiert nicht. Die Möglichkeit genügt schon. Nur, wie lässt sich messen, wie viele E-Book-Käufer eine bestimmte Schrift aus Ihrem Buch downloaden und nutzen? Um dieses Problem zu lösen, muss noch einiges überdacht werden.

InDesign verschlüsselt eine Schrift bei der Einbettung in ein Dokument. Damit ist die Rechtslage geklärt, so wie bei einem PDF, bei dem die Schrift auch nicht so einfach extrahiert werden kann. Aber InDesign stammt auch von Adobe und dieser Hersteller ist mit seinem Programm Acrobat der Marktführer bei der kommerziellen PDF-Erstellung.

Gleich kommt die nächste Einschränkung aus der Praxis: Manche Hardware mag die Verschlüsselung noch weniger als der Autor und streikt dann eben bei der Wiedergabe des Buches. Man kann auch bei InDesign die Verschlüsselung umgehen, dann hat man aber wieder mit den Lizenzproblemen zu kämpfen. Irgendwie gleicht das der Wahl zwischen Erhängen oder Erschießen. Auf der Adobe-Website *http://blogs.adobe.com/digitalpublishing/supported-devices* finden Sie die Geräte aufgelistet, die mit der InDesign-Schriftverschlüsselung arbeiten können.

Nun bieten ePUBs endlich die Möglichkeit, weg von der Abhängigkeit zu teurer Software, auch mit einer Serie komplett frei verfügbarer Programme Bücher zu erstellen. Open Office Writer etwa ist zurzeit weiter in die ePUB-Welt vorgedrungen als Word. Zwar setzt die Arbeit damit Hingabe und fundierteres Computerwissen voraus. Aber es macht auch Spaß, sich diese Inhalte zu erarbeiten und sich mit Gleichgesinnten in Foren weltweit über die Probleme und Fortschritte am eigenen Werk auszutauschen. Auf dieser Basis sollte man dann aber auch kostenfreie Schriften einsetzen (siehe oben), denn keines der freien Programme bindet zurzeit Schriften verschlüsselt ein.

5.3.2 Die Rechte des Autors

Es ist Ihre Entscheidung, ob Sie das mühsame Werk Ihrer letzten Wochen und Monate kostenfrei und für jeden zugänglich zur Verfügung stellen. Dann wäre dieses Kapitel für Sie hier beendet. Weitere Ausführungen zum Thema Verkaufspreis finden Sie im Kapitel 7 »Marketing«.

Ein E-Book bietet darüber hinaus jedoch das sogenannte DRM.

5.3.3 Das Digital Rights Management (DRM)

Noch einen gravierender Unterschied existiert zwischen einem realen Buch, das ich in der Hand halten kann, verschenken, verkaufen oder ablegen, wo immer ich es möchte (und die »bessere Hälfte« nicht protestiert), und einem Ordner mit Dateien.

Was man mit dem digitalen Buch machen kann und darf, ist meist ziemlich eingeschränkt. Bereits die Portierung auf ein anderes Gerät – vom Tablet zum Smartphone oder vielleicht sogar auf den PC – ist oft nicht erlaubt. ePUB2 bietet die Möglichkeit, die Verwendung des digitalen Dokumentes zu lizenzieren, also das Kopieren oder die Mehrfachinstallation zu beschränken. Digitale Rechteverwaltung – Digital Rights Management (DRM) – nennt sich das.

DRM

Best ePUB DRM Removal freeware- ...

The first software to remove DRM protections from adobe digital editions with no quality losing.

Bild 5.4: Wozu Kunden verärgern, wenn sie das DRM leicht umgehen können?

Wir wollen hier keine prinzipielle Diskussion über den Kopierschutz anstoßen: Wenn ein Autor wochen- und monatelang seinen Ehrgeiz in ein Buch legt, hat er spätestens bei der Veröffentlichung sicher seine eigene Meinung darüber, ob diese Leistung zum Allgemeingut werden soll.

Noch gibt es drei große Player im DRM-Geschäft: Apple, Amazon und Adobe. Was aber nützt ein Kopierschutz, der in null Komma nichts geknackt ist und nicht mehr als eine kleine Stufe auf dem Weg zur illegalen kostenfreien Weitergabe ist? Zudem verärgert er die Kunden, die ihr gekauftes Buch auf mehreren Geräten lesen möchten.

Auch wir können hier keine Goldrandlösung anbieten, wie Sie zur Entlohnung für Ihre kreative Arbeit kommen. DRM wird dabei aber vermutlich keine tragende Rolle spielen.

Die Entscheidung für oder gegen eine Lizensierung ist also nicht so einfach.

Wissen kompakt

Die Herstellung eines Printbuches unterscheidet sich gravierend von der eines E-Books. Unterschiedliche Vertriebswege und -arten kommen hinzu.

Abkupfern lohnt nicht. Es kann zu Regressforderungen auch noch Jahre später kommen.

DRM ist als Feature schon in ePUB2 verfügbar.

6 Was ist ein ePUB?

ePUB (electronic Publication) ist ein internationaler offener Formatierungsstandard für elektronische Publikationen. Bücher, die auf diesem Standard basieren, haben die Dateiendung *.epub* und erlauben eine dynamische Anpassung des Textes an die jeweilige Bildschirmgröße des Lesegerätes. Der Inhalt von ePUBs ist in der Metasprache XML definiert.

6.1 XML

Was, verflixt nochmal, bedeutet XML nun wieder? Nur eine andere Schreibweise für HTML? Ein kurzer Exkurs zeigt den Unterschied zwischen HTML und XML. Wobei eigentlich schon der Vergleich hinkt, weil wir dabei Äpfel mit Obst vergleichen: XML ist die Metasprache.

XML ist eine Auszeichnungssprache für hierarchisch strukturierte Daten in Textdateien. XML hat sich als Sprache für den plattform- und implementationsunabhängigen Datenaustausch etabliert. Zu gut Deutsch: Man nehme eine Buchseite und zeige sie auf unterschiedlich großen und ausgestatteten Bildschirmen. Sie wird dann automatisch perfekt an die neue Größe angepasst. Soweit die Theorie, oder die Definition.

In der Praxis sind wir von dieser Idealvorstellung noch meilenweit entfernt. Zwar bietet XML-Codierung eine dynamische Portierung: Der Inhalt ist also anpassungsfähig in seinem Aussehen. Nur stimmt das, was am Ende herauskommt, (noch) nicht mit den Erwartungen überein: Wir »teleportieren« also beispielsweise ein Pferd, und am Zielplaneten kommt ein Elefant an, schlimmer noch, ein undefinierbares Tier mit einer Schwimmflosse, zwei Flügeln und einem Hasenfuß. Nur der Rumpf sieht noch aus wie ein Pferd.

Zunächst sehen XML-Dateien ähnlich aus wie die (gewohnten) HTML-Dateien: Sie enthalten sogenannte Tags, die wieder Attribute und einen Inhalt haben können. Jeder Tag selbst kann auch wieder neue Tags enthalten:

```
<?xml version="1.0" encoding="UTF-8" standalone="yes"?>
<verzeichnis>
<titel>Meine Hobbies</titel>
<eintrag>
<stichwort>Winter</stichwort>
<eintragstext>Schifahren und Skateboarden</eintragstext>    </eintrag>
<eintrag>
<stichwort>Sommer</stichwort>
<eintragstext>Hiken und Fallschirmspringen</eintragstext>
</eintrag>
</verzeichnis>
```

Eine Datei in XML enthält den Inhalt in strukturierter Form. Es wird also im obigen Beispiel der Inhalt *Sommer* dem Begriff *Stichwort* zugeordnet und *Sommer* damit als Tag `stichwort` klassifiziert. In welcher Schrift, Größe oder Farbe der Wert *Sommer* ausgegeben werden soll – darüber sagt XML nichts aus. Dazu ist zusätzlich zu XML eine andere Metasprache namens XSL notwendig, die in sogenannten Cascading Style Sheets (CSS) dann die Formatierung enthält.

6.1.1 XML und HTML

Während wir in der Metasprache XML alle Tags wie im obigen Beispiel `eintrag` oder `stichwort` selbst bestimmen können, liegen die Tags in HTML bekannterweise bereits fest.

HTML-Elemente dienen einer Standardformatierung des Textes, wie etwa zur Hervorhebung von Überschriften:

```
<h1>Dies ist eine Überschrift</h1>
```

In diesem Beispiel interpretiert der Browser das Element als `h1` und stellt dann das Element, den Text: »Dies ist eine Überschrift« in prominenter Schriftgröße dar. Wir können auch den Inhalt des Elementes fett oder kursiv setzen oder die Farbe wechseln. Wollen wir aber dem Tag `h1` bei jedem Auftreten eine gemeinsam definierte Formatierung geben – Macht es da »klick« bei Ihnen? Denken Sie mal in Richtung Formatvorlagen –, dann lässt sich das nicht im HTML-Dokument selbst machen. Aber immerhin wäre die Seite mit ein wenig Differenzierung des Textes darstellbar.

Erst mit CSS (Cascading Style Sheets) können Sie auch die Darstellung von HTML-Elementen allgemein definieren und so etwa ein für alle mal das Layout für sämtliche H1-Elemente in eine andere Schrifttype, Farbe oder Größe ändern.

In XML könnte das Beispiel folgendermaßen aussehen:

```
<ueberschrift>Dies ist eine Überschrift</ueberschrift>
```

Zwar sagt das Element »Dies ist eine Überschrift« noch nichts darüber aus, wie es dargestellt wird, es ist nur eine Zuweisung innerhalb der XML-Datei. Zur Formatierung ist als Ergänzung zwingend eine XSL-Datei gefordert, mit der sich dieses Element dann aber wie gewünscht formatieren lässt. Zudem könnten auch alle <ueberschrift>-Elemente gleich zu einem Inhaltsverzeichnis gesammelt werden.

Wozu der ganze Exkurs? Wir wollten uns ja eigentlich mit ePUBs beschäftigen. Um den Aufbau von ePUBs zu verstehen, benötigen wir allerdings ein Verständnis dafür, was XML ist und was es nicht leisten kann. Damit können wir in Teil II all das in der Formatierung nachholen, was in den derzeitigen Programmen zur ePUB-Erstellung noch nicht automatisch machbar ist. Für den Schwarz-Weiß-Krimi brauchen wir das vermutlich alles nicht. Für jegliche grafische Sondereinlagen wie Tabellen, ansprechend angeordnete Bilder und ein optisch ansprechendes Layout kommen wir derzeit nicht darum herum.

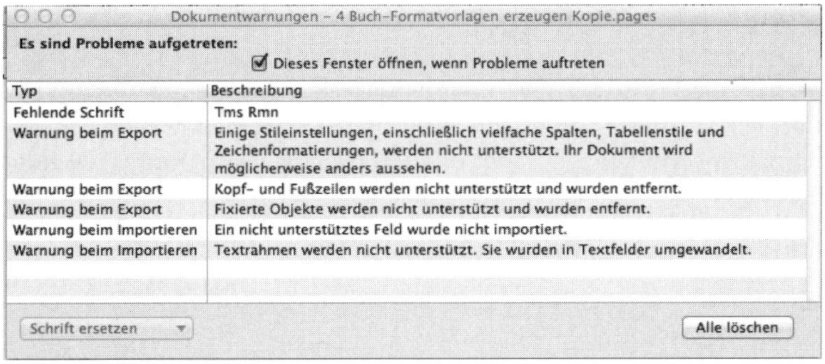

Bild 6.1: Fehlermeldung beim Testexport einer Datei als e-PUB in Pages

Da alle Inhalte des ePUBs standardisiert und XML-basiert sind, kann ein ePUB nach der Erstellung, ähnlich wie ein HTML-Dokument, validiert werden. Dabei wird überprüft, ob alle Regeln des ePUB- und der XML-Standards eingehalten wurden. Das ist sinnvoll, denn so können dumme Definitions- oder Syntaxfehler, Flüchtigkeitsfehler, die sich eingeschlichen haben, schnell eliminiert werden.

Hier finden Sie Validierungsprogramme:

- ePUB-Checker
  http://www.pagina-online.de/software/epub-checker/
- Epubcheck
  http://code.google.com/p/epubcheck/downloads/list
- ePubChecker App
  http://www.rainwater-soft.com/epubchecker/

Kostenfreie Validierungen bieten unter anderem auch Seiten von Online-Bookstores an. Anders gesagt sind sie Teil oder Voraussetzung des Hochladevorganges bei größeren Bookstores. Smashwords bietet eine recht brauchbare Zusammenfassung für die Fehlersuche nach missglückter Validierung:

- *http://www.smashwords.com/epubcheck*

Andere bewährte Programme zur Validation von XML-Dateien sind Calibre, Sigil oder – für Adobe-Fans – Digital Editions. DE liefert zwar keine brauchbaren Fehlermeldungen, ist aber recht pingelig, wenn etwas nicht korrekt formatiert ist. Also ein guter Hinweis, wenn ein Dokument vermutlich später auf einigen Readern auch nicht so perfekt funktioniert.

Auch die Website des International Digital Publishing Forums (idpf) lässt den hoffnungsvollen Autor sein Buch zur Validierung hochladen: *http://validator.idpf.org/*

Tipp: Alle größeren Online-Bookstores bieten ihren Kunden Validierungsprogramme. Zudem haben sie auf ihrer Website auch meist sehr nützliche Guidelines, worauf man besonders bei der Erstellung achten soll. Vieles ist universell für alle XML-Bücher unabhängig vom Bookstore anwendbar.

6.2 Wie baut sich ein ePUB auf?

Wir wissen ja bereits, dass die Formatierung vom Text getrennt ist in einem ePUB. Ein ePUB besteht also aus mehr als einer Datei. Sämtliche Teildateien werden in einer Zip-Archivdatei mit der Dateinamenserweiterung *.epub* zusammengefasst. Darin muss Folgendes mindestens enthalten sein:

- eine Datei mit dem Namen *mimetype* und dem Inhalt application/epub+zip,
- ein Verzeichnis *META-INF* mit einer Datei namens *container.xml*, die auf die Stammdatei des E-Books verweist,
- die Stammdatei,
- ein Inhaltsverzeichnis zum Navigieren im E-Book und
- mindestens eine Inhaltsdatei (= das Buch)

So könnte das Dateisystem einer minimalen ePUB-Datei aussehen:

- *mimetype*

Ordner *META-INF* enthält Datei *container.xml*

Die Dateien:

- *inhalt.opf*
- *inhalt.ncx*
- *inhalt.xhtml*

Schön wäre es, wenn es in der Praxis so einfach wäre. Welche Dateien in der Realität in der gezippten ePUB-Datei stehen und wie diese heißen, hängt vom Programm ab, mit dem wir das ePUB erstellt haben.

Zurzeit kann man noch nicht aus Word einen Text als ePUB exportieren oder abspeichern. In Apples Pages oder Open Office Writer (mit Plug-In) geht das. In Pages sieht ein frisch entpackter *.epub*-Ordner nach der Erstellung und dem Entzippen so aus:

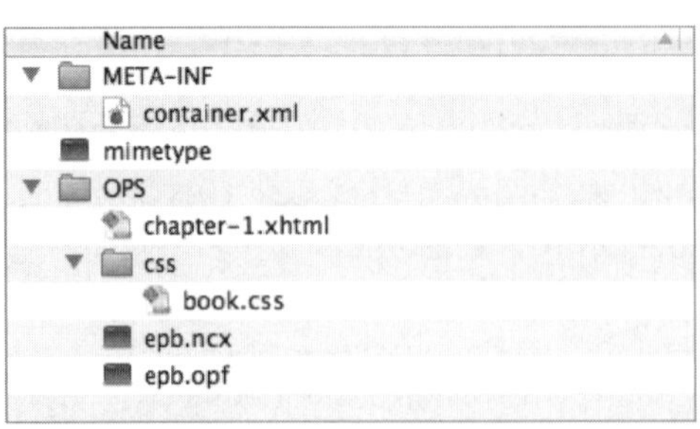

Bild 6.2: Beispiel des Inhalts des entzippten ePUB-Ordners in Pages

Wozu die einzelnen Dateien dienen und was sie enthalten, sehen wir uns nun genauer an:

Der Ordner *META-INF* mit der Datei *container.xml*

Im Ordner *META-INF*, der auch mehrere Dateien enthalten kann, sind programm- und gerätespezifische Informationen gespeichert. Auf diese greifen E-Reader zu, wenn sie den Inhalt dynamisch an eine bestimmte Hardware anpassen sollen.

Der Inhalt in unserem Beispiel von *container.xml*:

```
<?xml version="1.0" encoding="UTF-8"?>
<container version="1.0" xmlns="urn:oasis:names:tc:opendocument:xmlns:
container">
<rootfiles>
<rootfile full-path="OPS/epb.opf" media-type="application/oebps-package+xml"/>
</rootfiles>
</container>
```

Mimetype

Diese Datei informiert Betriebssystem und E-Reader, dass die folgenden Dateien zu einem ePUB gehören und somit Arbeit für den E-Reader bedeuten. Ohne sie kann kein E-Reader loslegen und daher ist der Inhalt, auch wenn er nur aus folgender Zeile besteht, funktionsnotwendig. Nichts daran darf verändert werden!

```
application/epub+zip
```

Der Ordner *OPS* (Open E-Book Publication Structure)

Im Ordner *OPS* (bei anderen Programmen auch *OEBPS*) liegen nun endlich alle Dateien, die den Inhalt unseres Buches ausmachen: Texte und Bilder. Im obigen Beispiel besteht das E-Book nur aus einem Kapitel: chapter-1.

Der Ordner *CSS* hier enthält den File *book.css*, in dem die Style Sheets mit ihren Formatdefinitionen abgelegt sind. Ein Ort, den wir uns später mit Änderungen und Ergänzungen vornehmen werden. In anderen Programmen steht die CSS-Datei allein da, ohne in einen extra Ordner gepackt zu sein – etwa bei einem Export des ePUBs aus InDesign. Das könnte sich ändern, wenn mehr und mehr Editoren auf ePUB3-Export aufrüsten.

Dazu kommen wieder zwei kryptisch lautende Dateien: *epb.ncx* und *epb.opf*

NCX ist ein offener Standard zur Erstellung von dynamischen Inhaltsverzeichnissen und daher brauchen wir die Datei *epb.ncx* für die Navigation im E-Book.

Stammdatei *inhalt.opf* [Bearbeiten]

```
<?xml version="1.0" encoding="UTF-8"?>
<package
  xmlns:xsi="http://www.w3.org/2001/XMLSchema-instance"
  xmlns:dc="http://purl.org/dc/elements/1.1/"
  xmlns:opf="http://www.idpf.org/2007/opf"
  xmlns="http://www.idpf.org/2007/opf"
  version="2.0"
  unique-identifier="BookId">
  <metadata>
    <dc:language xsi:type="dcterms:RFC3066">de-DE</dc:language>
    <dc:title>Hello World</dc:title>
    <dc:identifier id="BookId">id_Hello_World</dc:identifier>
  </metadata>
  <manifest>
    <item id="ncx" href="inhalt.ncx" media-type="application/x-dtbncx+xml"/>
    <item id="Datei_1" href="inhalt.xhtml" media-type="application/xhtml+xml"/>
  </manifest>
  <spine toc="ncx">
    <itemref idref="Datei_1"/>
  </spine>
</package>
```

Bild 6.3: Beispiel für eine *.opf*-Datei, hier als *Inhalt.opf* bezeichnet

Epb.opf bei Pages, oder auch *Inhalt.opf*, ist die Basisdatei für den dynamischen Erstellungsprozess des Buches. Zu Beginn werden die Metadaten des Buches definiert: Buchtitel, Autor, ISBN, Sprache und mehr. Danach sind im Teil `manifest` alle Dateien in der richtigen Reihenfolge aufgelistet, in der sie im Buch erscheinen werden. Also zunächst der File, der das Titelbild enthält. Ebenso müssen sich alle Bilder, HTML-Seiten und alles, was an Inhalt im Buch enthalten ist, hier wiederfinden.

Um die Verwirrung komplett zu machen: Obige Namen und Bezeichnungen sind nicht in Stein gemeißelt. In der Grunddefinition eines ePUBs lautet der Name der ncx-Datei *Inhalt.ncx* und die opf-Datei *Inhalt.opf*. Das ist der Nachteil, wenn jeder und damit auch jeder Programmhersteller die Metaelemente einer Sprache selbst wählen kann.

Bei InDesign enthält der Ordner *OEBPS* folgende Dateien:

Name1.html	Ihre Kapiteldatei1
Name2.html	Ihre Kapiteldatei2
....	
template.css	Das Style Sheet, die Formatierungsdatei css
content.opf	Metainfos, manifest (Auflistung der Dateien)
toc.ncx	Navigationsdatei
Images (Ordner)	enthält die Bilder, Videos des E-Books

Auch ein weiteres bekanntes ePUB-Bearbeitungsprogramm, mit dem wir uns später beschäftigen werden, Sigil, hat eine eigene Struktur im *OEBPS*-Ordner. Wer aber verstanden hat, worum es geht, findet sich auch bei anderen Programmen zurecht: So, wie wir in unterschiedliche Autos einsteigen und losfahren können. Auch wenn der Schalthebel anders aussieht oder das Armaturenbrett.

6.3 ePUB 3

Oft taucht das magische Wort ePUB3 in Zusammenhang mit E-Books auf. Was ist der Unterschied zu ePUB2, dem sonst gebräuchlichen ePUB, und welche Vorteile hat die Version drei?

Die XML-Definitionen von ePUB2 basieren auf einem antiquierten Standard aus den 90er-Jahren des letzten Jahrhunderts. Das ist Äonenjahre her im Internetuniversum. Damals hießen Browser Internet Explorer 5.0 oder Netscape Navigator, XHTML gab es gerade mal in der Version 1.1.

Von Vorteil ist das für alle, die sich schon zu jener Zeit im World Wide Web bewegt haben und noch immer handwerklich gute Webseiten programmieren können. Ohne What-you-see-is-what-you-get-WYSIWYG-Features. Nachteilig ist es, weil dadurch ePUB zwar ein guter Standard zum Anzeigen und Portieren von textlastigen Dokumenten ist, Bilder sollte man aber nur ab und zu einsetzen. Am besten gar nicht. Bildlastige Comicbücher oder Kinderbücher, die vor allem mit Zeichnungen ihre Leser faszinieren – nein, das geht gar nicht!

Auf der Frankfurter Buchmesse im Oktober 2011 war es dann so weit: Das IDPF präsentierte den neuen Nachfolge-Standard ePUB3 der Öffentlichkeit. Nun soll es endlich E-Books auch mit Multimediafeatures geben: eingebundene Audio- und Videoelemente sowie Skripte, die jedes Online-Spielerherz höher schlagen lassen. Das alles mit html5 und CSS3. Das Problem an der Sache ist nur, dass auch heute, ein Jahr später, noch kein E-Reader auf dem Markt ist, der ePUB3 in all seinen neuen Funktionen unterstützt.

Apples iBooks ließ auch schon bei ePUB2 durch die Hintertüre Scripts zu, in denen versierte Programmierer ihre Special Features einbauen konnten. Mehr als eine Bleiwüste und ein Titelbild. Nun ist dies alles offiziell und mit ePUB3 kann jeder scripten. Ganz offiziell.

Dass dies anderseits vielleicht zu viele Türen öffnet, steht auf einem anderen Blatt. Wer schon Javascript auf seinem Computer abstellt, wird nicht begeistert sein, wenn sein harmloses E-Book, das er eigentlich nur lesen möchte, ihm auf einmal interaktiv Angebote offeriert und er gar nicht weiß, dass er die Informationen dazu preisgegeben hat. Zukunftsmusik, o.k.: Abwarten. Die Game Freaks werden sich jedenfalls über die neue Scriptfähigkeit freuen.

Tipp: Weiterführende Informationen gibt es aktuell im Netz:

Infos des IDPF zu ePUB3 finden Sie online unter

http://idpf.org/epub/30/spec//epub30-overview.html#sec-nav-doc

Ein Blog, der sich speziell mit den neuen Layout-Formen im ePUB3 befasst:

Epubsecrets.com

Links zu ePUB-Ressourcen auf

http://epubsecrets.com/resources

6.3.1 Welche Features sind neu in ePUB3?

ePUB3 basiert auf XHTML5 und CSS3 und implementiert dadurch Video, Audio, SVG (zweidimensionale Vektorgrafik), Interaktivität mit dem Leser, Vertikalschrift und andere globale Sprachfeatures, MathML für die Formeldarstellung, und viele Erweiterungen im Layoutbereich. Dabei soll die neue Version abwärtskompatibel sein.

Die Navigationsdatei .ncx wird durch ein neues Navigationselement namens END ersetzt. (.ncx bleibt als Fallback für die Abwärtskompatibilität erhalten). Wer möchte, kann nun Kopfzeilen, Fußnoten oder Glossare verwenden. Man kann zudem auf eine Seitenzahl in einem anderen Buch referenzieren.

ePUB3 setzt sich für die Globalisierung ein: Auch ein Lesefluss in Sprachen, in denen man von rechts nach links liest und/oder Zeichenweise von oben nach unten, wird unterstützt. Für den deutschen Sprachraum ist es interessanter, dass Wort- und Satztrennungen besser steuerbar sind. Oder besser gesagt, überhaupt steuerbar.

Statt einem können nun mehrere Style Sheets existieren. Was zunächst einfach nur nach mehr Chaos aussieht, beinhaltet eine vielleicht bahnbrechende Funktionalität in sich. So lässt sich etwa für bestimmte Teile (Seiten) ein fixiertes Layout vorgeben, ohne dass das gesamte Dokument dadurch starr wie ein PDF wird. Es kann also ein Mitteldding geben zwischen dynamischen Seiten (ePUB2) und starren Seiten (pdf). Damit kann man nun größere Grafiken, Tabellen (begrenzt) oder auch andere Textteile vor ungewollter Aufspaltung schützen.

Über das mehrspaltige Layout freuen sich vermutlich Kochbuchautoren und andere, die möglicherweise bisher noch beim E-Book-Publizieren auf das fixierte Layout eines PDFs auswichen, weil sie das Format eben beidseitig benötigen.

Eine andere Anwendung ist ein eigenes Layout für Tag- und Nachtlicht. Klingt zunächst vielleicht etwas exaltiert. Für Menschen, die ihr mobiles Gerät aber häufig im Flugzeug einsetzen oder gerne im Bett lesen, kann das durchaus hilfreich sein. Man kann natürlich auch auf der Hardware die Helligkeit ändern, aber vielleicht kommt dann das Werk des Superdesigners nicht mehr so zur Geltung.

Zum Video-Standard: Schon der Ausdruck »Standard« klingt in diesem Zusammenhang zurzeit höhnisch. ePUB3 sieht MPEG-4 als Video-Format vor, lässt aber außer einer Empfehlung für die Codecs H.264 und/oder VP8 offen, welche Codecs verwendet werden sollen. Da MPEG-4 nur ein Container-Format ist, kann dies aufgrund der Lizenzfragen bei den Video-Codecs zu herstellerspezifischen Implementierungen führen. Sowohl Apple als auch Amazon schreiben für ihre Reader MPEG-4 mit AAC als Audio-Codec und H.264 als Video-Codec vor.

Der Wermutstropfen, wie erwähnt, ist, dass es nichts nutzt, ein noch so schönes E-Book mit allen Bells und Whistles zu erzeugen, das keiner ansehen und lesen kann, weil es keine universellen E-Reader dafür auf dem Markt gibt. Oder zumindest der Reader auf der eigenen, teuer gekauften Hardware nicht geeignet ist.

Neue Features von ePUB3 in der Übersicht

Einbindung von Multimedia:

- Audio als MP3 und MP4
- Images als: GIF, JPEG, PNG, SVG
- Video als: MPEG-4, H.264 und VP8

Mehr Unterstützung für Sprachen:

- etwa Satzaufbau von rechts nach links und Zeilen von oben nach unten

Layout:

- Mehrspaltiges Layout
- Trennstrich für sinnvolle Worttrennung
- Fixed Layout Definition für Teile der Publikation

Scriptfähigkeit für Interaktivität (Grafiken, Spiele)

Textdatei-Hierarchien können vor dem Leser verborgen werden, sind aber trotzdem navigierbar (hidden attributes)

Verlinkung auf Seiten in anderen Büchern möglich

Abwärtskompatibilität zu ePUB2

Auch ist die Mehrzahl der derzeitigen Hardware, vom jeweils neuesten iPad in der Endausbaustufe abgesehen, viel zu langsam und hat zu wenig Speicher, um die Multimediafeatures perfekt umsetzen zu können. Video- und Audiocodices (= Formate, = Dateiendung) sind noch immer nicht plattformübergreifend standardisiert. Man produziert also für ein Gerät, und für das nächste muss es eine weitere, andere Abspeicherung des Multimediainhaltes geben, soll das multimediale E-Book auch dort fehlerfrei laufen. Wer sich schon mal mit der Videoportierung und -Bearbeitung auf unterschiedlichen Geräten beschäftigt hat, weiß ein Lied davon zu singen, was alles nicht funktioniert.

Für den Autor kommt es noch schlimmer: Auch die zahlreichen Editoren fehlen (noch), aus denen man wählen kann, die ePUB3 bereits umsetzen können.

6.3.2 Webapps: interessante Alternativen zu ePUB3

Mit den Standards für ePUB3 geht ein ePUB schon stark in die Richtung einer interaktiven App. Genau besehen ist da, wenn die Multimediafunktionen bei ePUB3 ausgereizt sind, kein Unterschied mehr. Apps haben allerdings den Nachteil, dass man sie programmieren muss: Über diese Spezialkenntnisse verfügt der durchschnittliche Autor nicht unbedingt.

Webapps sind eine Sonderform einer App im Webbrowser, die ebenso wie Apps in einem der großen AppStores plattform- und geräteunabhängig Inhalte und Services anbieten können. Sie sind im Browser angezeigte Websites, die sich aber in Aussehen und Bedienung nicht von herkömmlichen Apps unterscheiden, auch E-Books lassen sich als Webapp veröffentlichen.

Wir stellen hier eines der ersten Programme dieser Art vor. Ob es sich am Markt auch auf lange Sicht durchsetzt, wird man sehen, die Konkurrenz wird auf jeden Fall folgen. Wenn der Erste die Tanzfläche betritt, dann wagen es auch andere – und schwupps – befinden sich auf einmal viele Menschen auf dem Tanzparkett. Das Programm namens P5 HTML5 Publisher basiert auf HTML5 und CSS3.

Laut Hersteller Data Becker sind damit sogar PDF-Dateien in ein voll funktionsfähiges E-Book umwandelbar. Etwas, das technisch bisher große Herausforderungen beinhaltet hat, weil PDF ein eher abgeschlossenes Format ist. PDF eignet sich gut für ein Endprodukt, aber weniger, um daraus Dateien in weitere Formate umzuwandeln.

Das Programm bietet neben dem Editor auch ein komplettes Vertriebssystem mit Paywall und Kundenmanagement an. So können Sie den Kunden Ihre auf HTML5 basierenden E-Books auf der eigenen Website anbieten. Das kostet natürlich und ist mit einem Preis von mehr als 1000 Euro nicht immer die beste Lösung für jeden Autor, der selbst publiziert.

Wissen kompakt

ePUB3 ist eine Weiterentwicklung des relativ alten Standards ePUB2, der zurzeit großflächig im Einsatz ist.

So schön die neuen Multimedia- und Layoutfeatures sind: Bis großflächig auf allen Betriebssystemen Editoren, E-Reader und Hardware auswählbar sind, die das Ganze Realität werden lassen, wird noch einiges Wasser den Rhein hinabfließen – ein zäher Prozess.

Und damit stecken wir realistisch betrachtet bei der Erzeugung eines E-Books noch im Format ePUB2 fest.

Außer wir beschränken uns bei der Veröffentlichung auf die Apple-Plattform iBooks. Die beherrschte Multimediafeatures und damit alles, was die ePUB3-Welt so schön glitzern und leuchten lässt, bereits vorher. Apple lässt mit seinen Apps zunehmend die Grenzen zwischen Buch und Online-Game verschwimmen.

Wann der Markt – die Geräte der Leser und die Software auf den Geräten – flächenmäßig von ePUB3 durchsetzt sein wird, ist noch nicht in Sicht.

7 Marketing

7.1 Die richtige Entscheidung

Auf die Frage, ob man sein Wunschbuch als E-Book oder als konventionelles Buch herausgeben oder produzieren lassen möchte, gibt es keine simple Antwort wie die »42« als Antwort auf die Frage »nach dem Leben, dem Universum und dem ganzen Rest« (Douglas Adams, Per Anhalter durch die Galaxis).

Eines aber ist mit der Entscheidung zum E-Book schon festgelegt: Der Autor denkt und handelt zukunftsorientiert. Laut James Daunt, dem Geschäftsführer der größten britischen Buchkette Waterstones, wird bereits im Jahr 2014 jedes vierte verkaufte Buch in England ein E-Book sein, Tendenz steigend. Im ersten Quartal 2012 bringen E-Books in den USA erstmals mehr Umsatz als Hardcover: Die Vereinigung der US-Buchverleger veröffentlicht Umsatzzahlen fürs erste Quartal 2012, wonach E-Books 282,3 Millionen Dollar erzielen, Hardcover nur mehr 229,6 Millionen. Taschenbücher liegen mit 299 Millionen noch knapp vorne. Statt konkreter Zahlen nennt Onlinehändler Amazon fürs zweite Quartal 2012 die Quote von 114 E-Books zu 100 Büchern. Erstmals verkauft Amazon damit in Großbritannien mehr elektronische Bücher als gedruckte. In den USA wurde dieser Wendepunkt bereits 2011 erreicht.

Zwar ist der deutsche Buchmarkt in dieser Entwicklung etwas träger als der unserer englischsprachigen Nachbarn. Zurzeit nehmen E-Books in Deutschland gerade mal 1,2 % der Gesamtbuchverkäufe ein. Auch hier ist die Zunahme enorm, nur macht sich das bei knapp einem Prozent noch nicht bemerkbar. Die Prognosen in der Branche sind ähnlich zuversichtlich, aber eben etwas verhaltener, was die Geschwindigkeit betrifft.

7.2 Verkauf ankurbeln

Als Autor eines Buches will man auch gelesen werden. Im Internetzeitalter für E-Books bedeutet das so viel wie gefunden werden. Und das funktioniert leider nicht ganz von allein, da mag das eigene Werk noch so gut sein.

Und darum brauchen wir Marketing, Marketing – und nochmals Marketing. Damit das Buch nicht nur irgendwo in den unendlichen Weiten des Netzes verfügbar ist, sondern auch den Weg zum Käufer findet. Zu vielen Käufern findet.

7.3 Klassisches Marketing

Man muss das Rad nicht immer neu erfinden. Lesungen sind schon seit der Erfindung des Buchdrucks eine prima Gelegenheit, um mit den Lesern in Kontakt zu kommen und weitere Bücher zu verkaufen. Signierstunden in Ihrer lokalen Buchhandlung schaffen den Kontakt zum Leser.

Überlegen Sie, was das Thema an praktischen Veranstaltungen mit Ihren Lesern hergibt. Ein Kochbuch? Prima, vielleicht kann man in Zusammenarbeit mit einem Küchenstudio oder einem Hersteller, der auf Ihrer, im Buch dargestellten Ernährungslinie liegt (vegetarisch, indisch, nur rohes Fleisch aus Argentinien ...) etwas gemeinsam planen – das spart Kosten und bringt weitere potenzielle Leser.

Bei Krimis haben sich schon Autoren in bestimmten Regionen zusammengeschlossen und vermarkten sich gemeinsam auf spannenden Veranstaltungen. Lassen Sie einfach Ihre kreative Ader nicht nur beim Schreiben, sondern auch beim Marketing sprießen.

Lässt das Thema Ihres Buches nicht auch einen Vortrag zum Thema zu? Der Kontakt zur Volkshochschule bietet weitere Anknüpfungspunkte. Im Idealfall wird man sogar kontaktiert, wenn das Buch nur genügend Aufmerksamkeit bei der Zielgruppe findet. So wurde die Autorin dieses Buches z. B. einmal von der Uni Karlsruhe eingeladen, einen Seminarvortrag über das Thema ihres (Print-)Buches: Bionik (Warum Fliegen sich im Kino langweilen) zu halten.

Flyer, Postkarten, Lesezeichen und andere Printprodukte können auch für E-Books werben und sind kleine Giveaways für alle Gelegenheiten.

Die eigene Website als statische Plattform für Hintergrund-Informationen zu Ihrem Buch, für kostenfreie Textproben oder andere Goodies für Ihre Leser kann den Verkauf ankurbeln. Gerade, wenn Leser von einem Buch und dessen Inhalt begeistert sind, möchten Sie vielleicht auch mehr darüber wissen, wer es geschrieben hat und mit welchem Hintergrund.

Der einzige Existenzzweck von Journalisten ist, (noch) Unbekanntes, aber Interessantes, an die Öffentlichkeit weiterzuverbreiten. Helfen Sie ihnen und schicken Sie zumindest einen Waschzettel (einseitiges Blatt über Ihr Buch), faxen Sie ihn oder schicken Sie ihn per Post oder E-Mail. Je persönlicher die Ansprache und die Aktion, umso mehr Chancen hat der Zettel, beim Empfänger in der Flut der täglichen Information wahrgenommen zu werden.

Finden Sie Zeitungen, Magazine und Programmverantwortliche von Radio- und TV-Sendern, die sich gerade für Ihr Buch interessieren könnten, weil ...

Wir stellen Ihnen hier zwei sehr erfolgreiche amerikanische Buchautoren vor, die ihre Bücher selbst vermarkten – und das vorbildlich. Beide sind zwar keine E-Book-Autoren, aber die konventionelle Vermarktung ihrer Bücher ist vorbildlich. Besser geht es nicht.

Rod Machado ist in Fliegerkreisen als Ausbilder und Fluglehrer weltweit bekannt – durch seine Bestsellerbücher, die mit viel Humor den Piloten zeigen, was sie wie besser machen können. Um die Bücher hat er ein ganzes Marketingkonzept aufgebaut: Mit CDs und in Vorträgen gewinnt und hält er seine Leserschaft.

Bild 7.1: Marketing immer im Rücken: Autor Bob Richards beim Vortrag

Verkauft wird über die eigene Website und im Anschluss an die Vorträge. Die Vortragssäle sind Stunden vorher bereits überfüllt, wenn er spricht. Mit viel Humor zeigt er auch den alten Hasen, wie sie Ihr Fliegerleben sicherer gestalten können. Und das Publikum hängt gebannt an seinen Lippen.

Bild 7.2: Als Hilfsmittel ist alles recht, wenn es den Verkauf unterstützt

Da muss schon mal ein Plastikflieger herhalten, wenn es anschaulich sein soll. Am Ende jedes Vortrags verteilt Machado mehrere Bücher und CDs an aufmerksame Zuhörer im Publikum.

Bild 7.3: Am Schluss des Vortrages freuen sich einige Zuhörer über Gratisbücher

Internet: *www.BecomeAPilot.com*

Bob Richards – in Fluglotsenkreisen besser bekannt als Calvin – war jahrelang Fluglotse in einem der frequentiertesten Tower der Welt, am Flughafen Chicago O'Hare. In seinem Buch »Secrets from the Tower« schildert er sehr unterhaltsam, was er im Laufe seines langen Berufslebens erlebt hat. Werbung dafür macht er seit einigen Jahren auf großen Flugveranstaltungen und in Vorträgen und Buch-Signierstunden.

Bild 7.4: Signierstunde: mit persönlicher Widmung des Autors verkauft sich das Buch noch besser

Das zahlt sich aus. Nicht nur seine Leser-Anhängerschaft wächst kontinuierlich – zurzeit dreht eine Londoner Filmproduktionsgesellschaft (Fortune Films) eine Fernsehserie nach »Secrets from the Tower«, die hoffentlich bald dann auch hierzulande zu sehen ist.

Internet: *www.SecretsFromTheTower.com*

Bild 7.5: Das Buch zum Film: aus dem selbstverlegten Bestseller wird eine Fernsehserie

7.4 Das sollten Sie parat haben

7.4.1 Autoreninfo

Einige Zeilen über Ihren Werdegang und Ihre Interessen, spannend dargestellt, sollten Sie stets verfügbar haben. Und wenn sie nur als Spickzettel fürs Telefongespräch dienen. Was sind Ihre Leistungen, was können Sie, was hat Sie dazu befähigt, gebracht, genau dieses Buch zu schreiben und zu veröffentlichen? Warum soll der Leser Ihr Buch kaufen und nicht das des anderen Autors? Der Werbefachsprache entlehnt: Was ist Ihr USP (Unique Selling Point)?

7.4.2 Einseitiger Waschzettel über Ihr Buch

Hier macht sich ein Bild des Buchcovers (in Farbe) gut, eventuell auch ein Bild des Autors. Und vor allem natürlich einige Sätze, worum es in dem Buch geht, wer die Zielgruppe ist und daran Freude haben wird.

Den Waschzettel sollten Sie bei Bedarf als PDF verschicken, ansonsten auf festerem, besserem Papier drucken lassen. Der Ausdruck vom eigenen DIN-A4-Farbkopier/Drucker sieht meist nicht so professionell aus wie der einer Druckerei mit größeren, leistungsstärkeren Geräten. Online oder vielleicht auch in Ihrer Nähe einfach umsehen, Preis vergleichen und auswählen.

7.4.3 Kürzere Buchbeschreibung für Online-Bookstores

Den Inhalt des Waschzettels sollte man auch in gekürzter Form vorbereitet haben. Die gesamte DIN-A4-Seite passt nicht auf die knappe Beschreibung etwa bei Amazon.

7.4.4 Synopsis

Die Synopsis dient der Buchwerbung im schnellen Gespräch. Wenn keine Zeit für längere Ausführungen bleibt oder der Gesprächspartner erst für das eigene Buch gewonnen werden soll – der Einzeiler beschreibt knackig und spritzig und interessant, worum es in Ihrem Buch geht.

Auch als Elevator Pitch bekannt: Während der Fahrt im Aufzug fesseln Sie Ihr Gegenüber so von Ihrem Thema, dass er mehr wissen möchte und Ihnen die Zeit dafür gibt. Das funktioniert auch auf Partys, in Pausen bei geschäftlichen Besprechungen. Und es hilft, um sich selbst klar darüber zu werden, was der USP Ihres Buches ist.

Also worum genau geht es in Ihrem Buch? In ein bis drei Zeilen.

7.5 Online-Bookstore-Vermittler

Nutzen Sie alle Werbemittel, die Ihr Online-Bookstore oder der Vermittler (etwa Smashwords...) Ihnen anbietet.

Beispiel der Plattform XinXii:

```
Machen Sie sich mit den Kategorien vertraut und überlegen Sie, wo Ihr Text am
besten aufgehoben ist.
Sie brauchen eine Kurzbeschreibung von 80 Zeichen. Außerdem eine ausführliche
Beschreibung Ihres Werkes, die bis zu 4000 Zeichen lang sein darf.
Überlegen Sie sich Stichwörter, die Ihren Text charakterisieren.
Erfahrungsgemäß suchen zukünftige Leser nach Begriffen, die ein Problem oder
Interessengebiet beschreiben.
Erstellen Sie für sich ein kurzes und prägnantes Autorenprofil. Dieses sollte
natürlich unterstreichen, warum Sie gerade auf diesem Gebiet ein Experte
sind.
Wer kauft schon gern die Katze im Sack? Deswegen ermöglicht die Plattform es
Ihnen, sowohl ein Inhaltsverzeichnis als auch eine Leseprobe anzubieten. Wenn
das möglich ist, sollten Sie beides erstellen und hochladen.
```

7.6 Die Soziale-Netzwerk-Strategie

Dass man am besten gleich im realen Leben damit beginnt, im Freundes- und Bekanntenkreis zu erzählen, dass das (erste) eigene Buch nun verfügbar ist, um die Menschen dafür zu begeistern, ist naheliegend. Mundpropaganda ist bei einem guten Produkt immer hilfreich. Dazu dient der Elevator Pitch, den Sie ja nun bereits per Fingerschnippen abrufen können ... Verzeihung, natürlich überzeugend vortragen können.

Aber wir leben im 21. Jahrhundert, und da spielt sich ein Großteil des Lebens im Netz ab. Twittern Sie, liefern Sie die Basis für Like-Me's und Sie werden sich vor Followern nicht mehr retten können. Naja, Letzteres wollen und können wir nun nicht versprechen.

Neue Angebote tauchen fast täglich auf und müssen erst über die Zeit beweisen, was sie drauf haben. Große, bereits erfolgreiche Namen sollte man ausprobieren, wenn einem die Bedingungen zusagen: Google+ ist einer der neueren Social-Network-Player.

Bild 7.6: Alle kennen Google, bei Google+ müssen die Freunde nicht extra Mitglied werden

Beim Schlagabtausch von Google mit Facebook sortiert man seine virtuellen Freunde in Gruppen ein, sogenannte Circles. Laden Sie ein Foto hoch oder wollen Sie das Party-Video als Link verschicken, müssen Sie sich entscheiden: Welche Circles sollen informiert werden? Die Freunde, die Familie oder auch die Arbeitskollegen?

Wie schon zuvor erwähnt, ist Facebook perfekt zur Meinungsverbreitung geeignet. Wenn man sich dessen bewusst ist, dass das Hochladen und Verlinken von Content automatisch mit einer Abgabe der Rechte dafür verbunden ist. Für die Reichweite allein und das »Gefunden werden« wäre es das perfekte Tool. Täglich kommen neue Apps für Facebook hinzu und viele lassen sich auch gut für das Marketing von selbstpublizierten Büchern verwenden. Es gibt sogar eine eigene Facebook-Author-App. Hier kann der Leser einige Seiten aus dem Buch kostenfrei (an)lesen, sich in Ihren Newsletterverteiler eintragen oder sogar das Buch kaufen.

Bild 7.7: Einfache Schritte zum Marketing – wenn man sich für Facebook entschieden hat

Grundsätzlich ist in allen sozialen Netzwerken plumpe Werbung unerwünscht. Suchen Sie Foren und Gruppen, in denen Sie Ihr Wissen weitergeben können und verweisen Sie nur bei Interesse auf Ihr Buch. Viele Nutzer sehen sich die Profile anderer an, deren Wissen und Meinung sie zu schätzen gelernt haben und die interessieren sich dann auch für Ihr Buch. In aktiven Diskussionen gewinnen Sie Profil und schaffen sich so Aufmerksamkeit.

Das gilt gleichermaßen für die Tweets und im Businessnetzwerk Xing. Auch bei Xing gibt es wie bei Facebook Gruppen und Foren, in denen Sie sich profilieren können.

Relativ neu hierzulande ist Pinterest. In deutschen Autorenkreisen ist die Website als Tool noch nicht breitflächig angekommen, aber in den USA wird sie bereits intensiv für Marketingzwecke genutzt und soll wohl auch den Bücherverkauf kräftig ankurbeln und die Leser besonders mit Buchserien bei der Stange halten.

Pinterest ist eine Online-Pinnwand, an der sich in Bildern plakativ darstellen lässt, was einen selbst interessiert oder andere interessieren könnte. Das kann Näheres zum Autor sein, wenn der das möchte, aber auch Zeichnungen oder Bilder zu Charakteren und Landschaften aus dem Buch. Eben Hintergrundinformationen in bildlicher Form. Und da ein

Bild stets mehr ausdrückt als Worte, kann es tatsächlich ein hilfreiches Werkzeug für einen Autor sein.

Pinterest als Tool zum Visualisieren des Buches, seines Inhaltes und des Drumherums.

www.pinterest.com

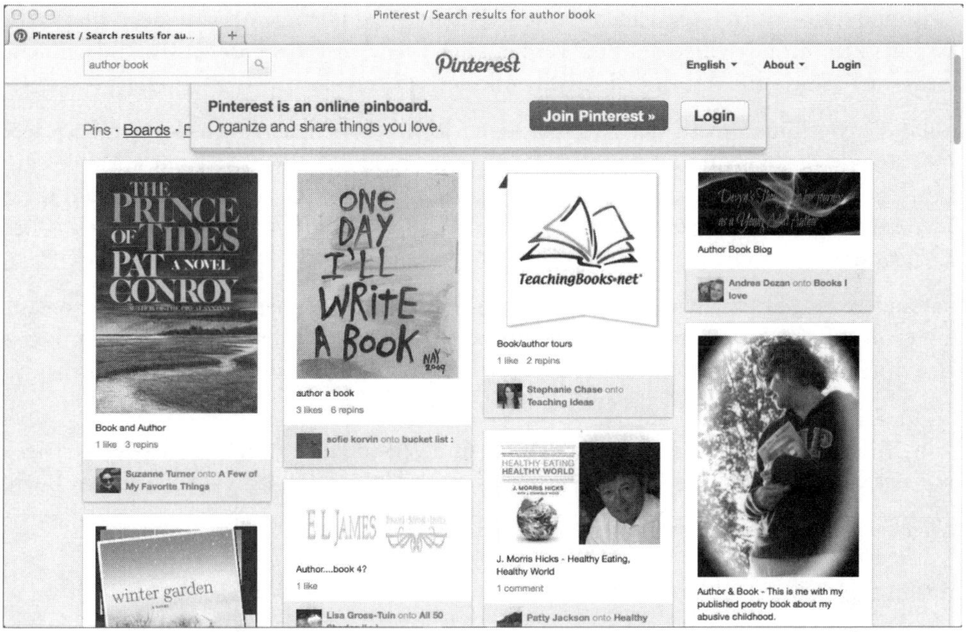

Bild 7.8: Pinterest als kostenfreies Marketingtool

7.6.1 YouTube

Auch für ein Buch, egal ob Print oder E-Book, kann man per Video werben. Ein nettes Filmchen auf YouTube, das zeigt, wie das Buch entstanden ist, wie der Autor mit sich und der Welt gekämpft hat, bis es in diesem perfekten Zustand beim Leser ist, oder Hintergrundinformationen zum Inhalt – alles, was den Leser an das Genre oder das spezielle Buch bindet, hilft fürs Marketing. Und zum Bekanntwerden von Buch und Autor, falls das Video witzig und humorvoll gemacht ist. Sich abhebt von den tausend anderen, die täglich hochgeladen werden. Einfach gern gesehen wird.

7.6.2 Der Blog zum Buch

Man muss nicht auf Facebook sein, auch, wenn alle Welt dies suggeriert. Schon gar nicht, wenn man Content verkaufen und sämtliche Rechte daran behalten möchte. Ein knackiger Blog, mit möglichst frischem Inhalt, so oft, wie es die Zeit erlaubt, und der Dialog mit den

Lesern soll die Leser bei der Stange halten. Hier lassen sich, wie auf der eigenen Website auch, (zeitlich begrenzte) (Preis-)Aktionen starten oder andere Vergünstigungen in Zusammenhang mit dem Buch direkt an den Leser bringen.

7.7 Der Preis ...

... ist null Euro? Kann Geben auch für den Verkauf gewinnbringend sein oder widerstrebt Verschenken nicht der Idee des Buchverkaufs? Da wehrt sich doch der Instinkt des Buchautors, der seine saure Arbeit ordentlich entlohnt sehen will ...

Sollte dies bei Ihnen nicht der Fall sein, dann lohnt es vielleicht, sich das Kindle Select Publishing von Amazon.de anzusehen. Dabei bieten Sie Ihr Buch weltweit kostenlos an: Mit dem Tool »Werbeaktionen verwalten« können Sie selbst Gratis-Werbeaktionen Ihrer Bücher verwalten. Nach kdp-select verdienen Sie so aber Tantiemen, wenn die Leser Ihre Bücher aus der »Kindle Owners‘ Lending Library« ausleihen.

Das andere Extrem: Bücher zu den angestammt hohen Deutschen Print-Buchpreisen anzubieten, hat sich bisher im E-Book-Markt nicht durchgesetzt. Die zurzeit aus Umfragen in Autorenkreisen weltweit beste Preiskategorie sind einige Euros/Dollar pro Buch und dabei zu versuchen, über die Menge die Rendite zu erhalten.

Beim E-Book fallen die Kosten für den Druck und Versand und zum Großteil des Vertriebs weg, der Leser erwartet also, dass das Buch um einiges günstiger ist als ein gedrucktes Buch.

Wie lässt sich nun ein vernünftiger Preis bestimmen?

Marktvergleich

Zunächst sollte man sich den Markt ansehen und vergleichen. Wie viel kosten E-Books aus dem gleichen Genre in vergleichbarer Aufmachung und Darstellung des Inhaltes? Wenn ich teurer sein will, was ist der Mehrwert an meinem Buch für den Käufer? Bringe ich den Mehrwert so gut an den potenziellen Kunden, dass er ihn erkennt und den höheren Preis anstandslos zu bezahlen bereit ist?

In einem Fall stagnierten die Verkäufe eines amerikanischen E-Book-Fachautors. Als er sah, welche anderen Bücher es zu diesem Thema gab, erkannte er, dass sein Buch teurer war als das Konkurrenzbuch des angestammten großen Fachverlages. Der Autor senkte seinen Preis nun so, dass er leicht unter dem des renommierten Buches lag und – schwupps! – stiegen seine Verkaufszahlen in nie dagewesene Höhen.

Marktsättigung

Wenn Sie der Erste sind, der ein Buch zu diesem Thema oder in dieser Aufmachung präsentiert, dann setzen Sie den Preis fest. Zumindest bis die Follower kommen und von Ihrer supertollen Idee auch profitieren wollen. Ist der Markt bereits gut gesättigt – das hundertunderste Katzenbuch – dann können Sie auch leicht unter dem Preis der Konkurrenz (bei gleich hoher Qualität!) bleiben und so die Käufer für sich gewinnen.

Qualität statt Quantität

Das Sahnehäubchen auf dem Markt kann bei hohem Preis mit weniger Käufern auskommen. Das klappt vermutlich auch, wenn Sie zu den Ersten zählen, die ein Fullfeature-ePUB3-Buch mit allem Schnickschnack zu einem interessanten Thema anbieten.

... Surfen in der meterhohen Killerwelle 3D! Naja, das geht auch mit ePUB3 nicht, aber Sie wissen, was gemeint ist.

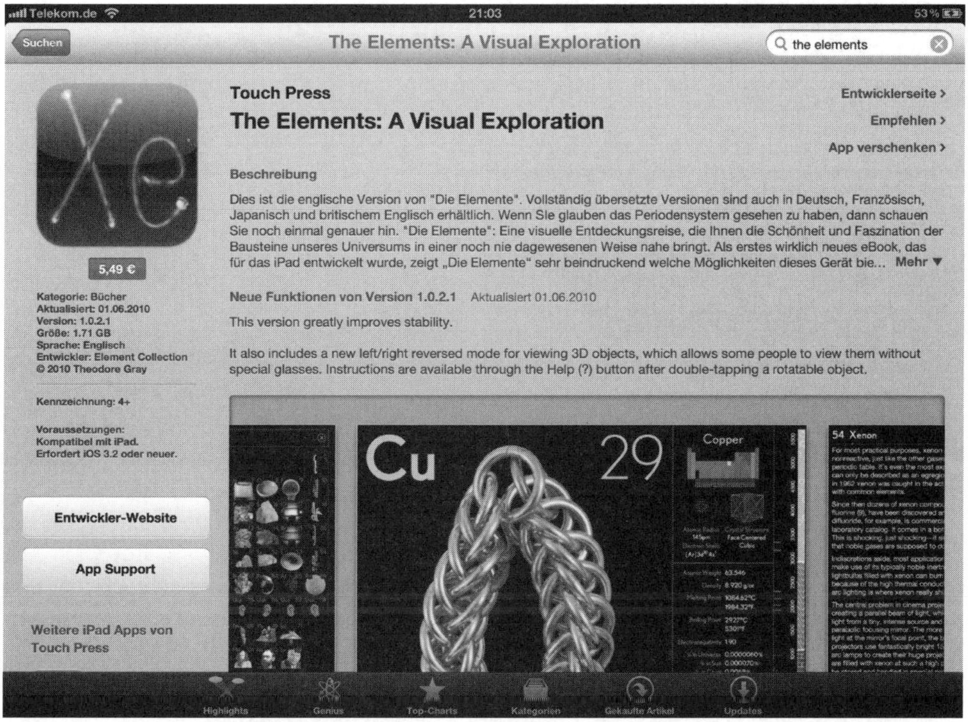

Bild 7.9: Bei der Markteinführung kostete diese App noch mehr als acht Euro

Sehen wir uns Apps als Beispiel an. Sie passen im Preisvergleich besser als Printbücher: Obwohl es bei den App-Herstellern mehr Millionäre durch die 99-Cent-Apps gibt als aufgrund von wesentlich teureren, konnten sich einige wenige Apps, die durch exquisite Gestaltung auffallen, auch durchsetzen, wie etwa die App »Die Elemente«, die für anfangs mehr als acht Euro, später 5,49 Euro zu bekommen war. Sie stellt etwas an sich technisch Herbes wie das Periodensystem als grafische Reise superästhetisch und interessant auf dem iPad dar.

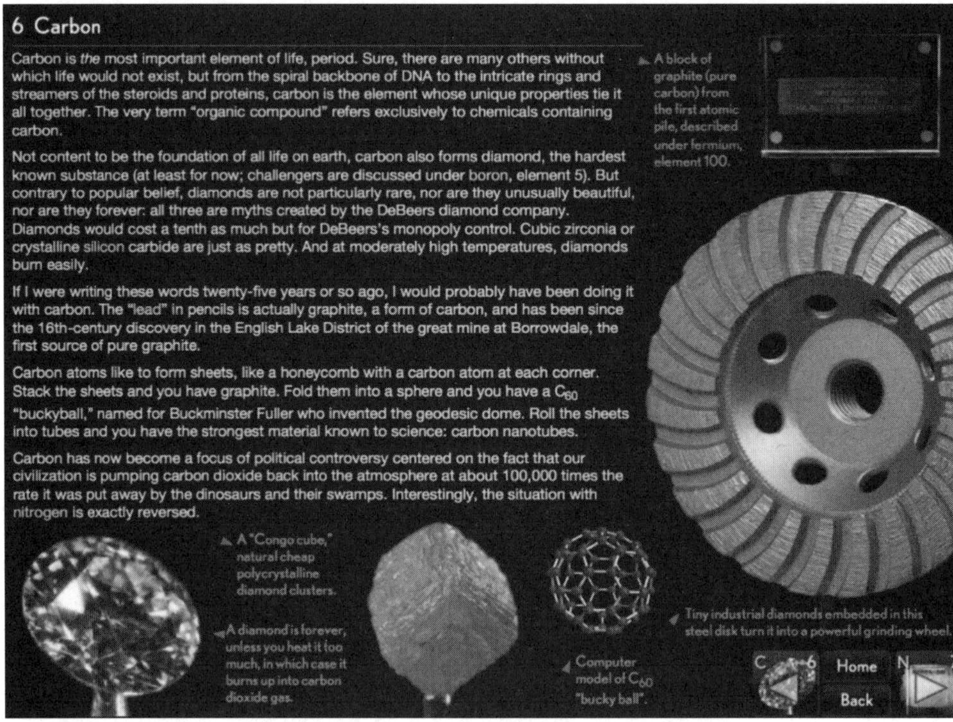

Bild 7.10: Mit einem Mehrwert für den Leser kann der Preis auch höher sein

Die ersten Apps von TomTom zur Navigation im Auto lagen bei rund 80 Euro, bis sich Gratisversionen großer Hersteller durchsetzten. Und wenn Sie sich danach sehnen, den Preis für ein Produkt länger hoch zu halten, dann geht das in Richtung Nischenprodukte. Für eine App zur Navigation von Kleinflugzeugen geben Piloten rund 180 Euro aus. Da gibt es keinen Preisverfall und so klein ist die Gruppe der Privatpiloten auch nicht. Vor allem hat sie einen Vorteil: Sie ist gut mit iPad-Inhabern durchsetzt.

Man muss einen Mehrwert bieten können, den nicht jeder hat, und ein wenig Grips investieren: Wofür könnte es eine Zielgruppe geben und wie viel ist die bereit, für mein E-Book zu bezahlen?

Den »richtigen« Preis gibt es nicht. Der Preis eines E-Books kann von null Euro bis nach oben ohne Beschränkung gehen. Es hängt von Ihrer Zielgruppe und Ihrem Angebot ab. Und davon, wie beide zusammenpassen.

Tipp: Ohne hier Werte einzusetzen, gilt folgende Regel: Ist das Buch zu teuer, wird es nicht gekauft oder illegal heruntergeladen. Ist es zu billig, sinkt es im Ansehen und wird auch nicht gekauft oder gelesen.

7.7.1 Free E-Book

Sasha Lobo, eine durchaus nicht von allen geschätzte Person des öffentlichen Lebens, versucht sein Glück gerade über einen selbstgegründeten Verlag der Zukunft, der Bücher im Sinne der Piratenpartei kostenfrei verschenkt. Noch 2012 will der Blogger zusammen mit Christoph Kappes und weiteren Partnern den Verlag Sobooks gründen. Die Einnahmen sollen über produktrelevante Zusatzaktionen hereinkommen. Ob das die Zukunft der schlingernden Buchbranche ist, wird man sehen.

Ein Ansatz ist es jedenfalls, den Sie auch ohne Lobo's Verlag selbst umsetzen können. Ohne Garantie unsererseits auf Erfolg.

7.7.2 Ihre Rendite

Was unterm Strich bleibt, ist Ihr Gewinn. Nichts wirklich Neues. Neu aber ist, dass Sie sich darüber im Klaren sind, was Sie hineingesteckt haben an Zeit und Aufwand, und welche Zahl dann unter dem Strich stehen soll. Dies sollte auf jeden Fall auch alle Marketingmaßnahmen nach der Erstellung und Veröffentlichung des Buches mit einschließen.

Der Aufwand ist vermutlich schon geschehen, zum Preis haben wir uns oben schon Gedanken gemacht, was also bleibt noch offen?

Zwar fallen Vertrieb und Versand beim E-Book im herkömmlichen Sinn weg. Beim Marketing kann man an den Kosten drehen durch einen Vergleich der Angebote, aber komplett Weglassen geht nicht. Eine Variable ist noch der Shop oder die Bookshops und die Art, in der Sie Ihr Buch anbieten.

Fast jeder Online-Bookstore bzw. -Anbieter hat verschiedene Angebote, in welchen Ländern, auf welchen Seiten Ihr Buch präsentiert wird. Auch macht er unterschiedliche Angebote, inwieweit er Ihnen die Arbeit bei der Erstellung abnimmt. Man sollte sich also überlegen, was man braucht, was man möchte und was man dann dafür auszugeben bereit ist.

Variablen, die in diesem Zusammenhang Kosten verursachen, sind:

Die ISBN

Entweder keine ISBN, die ISBN selbst beantragen (80 Euro) oder sie über den Bookstore erwerben (manchmal kostenlos, aber dafür ist der Store der eingetragene Besitzer der ISBN).

Die amerikanische Steuernummer ITIN oder EIN

Beschränkt man sich auf die Publikation bei deutschen Anbietern (nähere Differenzierung bitte in Kapitel 2 nachlesen), brauchen Sie keine. Ansonsten: Selbst besorgen versus die Aufgabe an den Bookstore übertragen.

EIN versus ITIN, wobei man diese Entscheidung nicht selbst in der Hand hat. Die EIN ist bis auf das Telefonat kostenfrei, die ITIN kostet durch die Beglaubigung der Dokumente und das Porto.

Satzspiegel und Layout

Kann man selbst erstellen, man kann auch einen Grafiker beauftragen. Was erwartet Ihr Leser, welchen Grad der Professionalität können Sie fürs Layout liefern?

Formatierung und Konvertierung des Buches

Hier erzielt man vermutlich die größten Ersparnisse, wenn man möglichst alles selbst macht. Kann aber auch zulasten der Qualität gehen, wenn nicht ausreichend Kenntnisse vorhanden sind.

Anzahl der Anbieter des Buches

Wie und wo treffe ich meine Zielgruppe am besten? Bei welchem Umsatz lohnt sich welcher Kostenaufwand?

Mit allem Für und Wider der obigen Entscheidungen: Wo leiste ich mir externe Hilfe oder wurstle ich mich selbst durch? Damit haben wir uns in den obigen Kapiteln genauer auseinandergesetzt. Entscheiden müssen aber Sie, es gibt keine Norm, und kein »a« ist richtig und kein »b« ist falsch …

Wissen kompakt

Lassen Sie Ihrer Fantasie freien Lauf. Beim Marketing Ihres Buches ist alles möglich und sollte es auch sein. Die Kreativität eines selbstpublizierenden Autors darf nicht nach dem Schreibprozess aufhören, sondern muss dann erst so richtig beginnen.

Der Preis des Buches und Ihre Leistung sollten in einer Relation stehen. In welcher, bestimmen Sie.

Heben Sie sich ab. Von anderen, von allem schon Dagewesenen. Kreieren Sie sich und Ihr Buch neu.

Checken Sie neue Anbieter im Internet bezüglich des Nutzens für Ihr Marketing.

Und denken Sie andererseits auch an das herkömmliche, angestammte Marketing, das den Kontakt zum Leser schafft mit Lesungen, Signierstunden und Vorträgen.

8 Das ePUB heute und in der Zukunft

Prognosen für die Zukunft haben immer einen Hauch von Wettervorhersage: kann stimmen, vielleicht aber auch nicht. Im technischen Bereich gilt das besonders – wer hätte vor einigen Jahren, bevor Steve Jobs das erste iPad der Öffentlichkeit vorstellte, auch nur geahnt, wie weit diese Idee und deren perfekte Umsetzung in unser heutiges Leben eingreift und unsere Lesevorlieben revolutioniert hat?

Im Moment kann kaum ein E-Reader die neuen Funktionen von ePUB3 umsetzen. Ob jemals alle E-Reader jede Funktionalität darstellen können, die ePUB3 bietet, darf bezweifelt werden. Die Auswahl an Hardware (schnelle Prozessoren und genügend Speicherplatz) und Software wird aber in jedem Fall zunehmen und Apple als alleinigen Player verdrängen.

Das IDPF hat bereits eine Erweiterung für Google Chrome namens Readium vorgestellt, mit der man ePUB3-Dateien direkt im Browser ansehen – oder besser ablaufen lassen – kann. Azardi ist ein weiterer ePUB3-Reader, der auf einem Browser basiert. Damit vermindert sich der Unterschied zwischen Websites und E-Books weiter.

Noch ungelöst sind im Moment die (berechtigten) Forderungen der Leser, ein gekauftes E-Book auf all ihren Geräten lesen zu können. Die Leserwünsche kollidieren mit dem (ebenfalls) berechtigten Anspruch der Autoren auf eine Vergütung ihrer Leistung.

Die Zusatzaufgaben – oder besser: Nachfolgeaufgaben nach dem Schreiben und Publizieren – für Autoren müssen noch mehr in Fleisch und Blut übergehen. Mit dem Schreiben als »Indie«-Autor ist es nicht getan, mit dem Publizieren auch nicht. Ohne massiven Einsatz in sozialen Netzwerken für das Buch und ohne eine Präsenz des Autors im Netz bleibt die Leserschaft für das Buch gering. So gut es auch sein mag.

Die Interaktion mit dem Leser wird mit Sicherheit zunehmen. Zwar werden viele spannende Krimis auch weiterhin ohne diese Interaktion auskommen, mit ePUB3 und HTML5 wird aber eine neue Plattform geschaffen, die sich andere Autoren sicher zunutze machen werden. Es wird immer Printbücher geben, genauso wie das Fernsehen das Radio nicht komplett aus unserem Leben verdrängt hat. Aber es hat unsere Hörgewohnheiten verändert und genauso wird das E-Book3 (wenn wir das mal so bezeichnen wollen) die Ansprüche an Bücher verändern.

Der Quer- und Vordenker Gunter Dueck war auf einer Tagung des Deutschen Börsenvereins 2012 der festen Überzeugung: Das Internet wird zunehmend Beziehungen in der »realen« Welt überflüssig machen und besser funktionieren als physische Banken, Zeitungen und Verlage. Die verschiedenen Wirtschaftszweige akzeptierten aber nur widerwillig den

Übergang in die digitale Welt. Verlage produzieren weiterhin Print und elektronisch, statt mit Leidenschaft die Veränderung voranzutreiben. Der Autor werde im Netz zum »King«, der frei über sein Copyright verfügt und selbst produziert, so Duecks These.

Es wächst gerade eine Generation heran, die mit dem iPad und seinen Derivaten groß wird und sich die Zeit davor ohne ständigen mobilen Zugang ins Netz nicht vorstellen kann.

Den Ausdruck »Patschpad« (für Kinder) hatte das iPad schneller weg, als die Väter und Mütter ihrem Gerät hinterhergucken konnten. Gerade in der Welt der Kleinsten, die von Fantasie und Interaktion mit allen bösen und guten Spielern in ihrem Universum geprägt ist, wird ein herkömmliches Printbuch schnell langweilig, wenn es auch Angebote mit Interaktion gibt.

Nach einer amerikanischen Untersuchung verschickt der durchschnittliche Teenager 2417 SMS im Monat. Das sind rund sieben SMS in jeder wachen Stunde. Ein Erwachsener über 65 schickt im Mittel nur rund 64 Text Messages pro Monat. Die Altersgruppe zwischen 13 und 26 Jahren macht 72 % der Facebook-User aus.

Die nächste Generation wächst mit sozialen Netzwerken und Interaktivität auf, beides gehört zum Alltag. Umblättern ist nicht mehr Teil des Vokabulars und ein herkömmliches Magazin nur ein nicht funktionierendes iPad.

Dass später in der Entwicklung durchaus auch andere Tendenzen zum Tragen kommen, zeigen Untersuchungen in Italien mit Sehbehinderten. Die beschwerten sich bei Hörbüchern, wenn die Sprecher zu akzentuiert im Sinne von Schauspielern vorlesen und Stimmen imitieren: Das würde ihre Fantasie einschränken und den Hörspaß vermindern.

Die neue Generation der E-Books wird unsere Welt weiter verändern und zwar gravierend. Sie wird auch einige Bereiche übernehmen, die derzeit noch dem Print vorbehalten sind. Ablösen aber werden E-Books das Printbuch nicht.

8.1 Wohin führt die Entwicklung? Interview mit Peter Schmid-Meil

Diplom-Biologe Peter Schmid-Meil ist seit elf Jahren als Produktmanager, Lektor und Programmleiter in der Verlagsbranche tätig. Er wurde im Oktober 2011 vom Börsenverein des deutschen Buchhandels zum Leiter der AKEP-Kommission E-Books berufen. Peter Schmid-Meil arbeitet als Business Developer Content bei einem jungen Verlag, spezialisiert auf E-Books und Print-on-Demand-Bücher. Seinen Blog zum Thema E-Books finden Sie unter: *www.schmid-meil.de*, twitter: @derlektor

Herr Schmid-Meil, warum interessieren Sie sich fürs Publizieren von E-Books?

PSM: Weil elektronische Bücher ein fester Teil der Buchzukunft sind. Das trägt der zunehmenden Mobilisierung der Medien Rechnung, die mit dem iPad und dem Smartphone unseren Medienkonsum zu dominieren beginnen.

Sind Sie mit dem Stand der Dinge und vor allem der Geschwindigkeit einer Standardisierung zufrieden?

PSM: Das Problem ist, dass sich im Moment die technischen Möglichkeiten schneller entwickeln, als man einen Standard festschreiben kann. Es wäre schön, wenn man einen Weg fände, die Weiterentwicklung des Standards agiler zu gestalten. ePUB3 ist an sich aber meiner Meinung nach durchaus in Ordnung. Sich an HTML5 zu orientieren ist ein weiser Zug, da die Lesegeräte zunehmend onlinefähig sind und deren Internetbrowser zur Darstellung der Inhalte genutzt werden.

Neben den Problemen der Standard-Entwicklung ist allerdings die weitgehend identische Darstellung der Inhalte auf den verschiedenen Endgeräten fast genauso wichtig. Da könnte ePUB3 die Branche nach vorne bringen, denn aktuell sieht es so aus, dass Sie mit einem sauberen ePUB-File die wichtigsten Marktplätze Amazon, Apple und Google (im Rahmen der Readium-Initiative) versorgen können.

Was sind aus Ihrer Sicht die Errungenschaften von ePUB3 gegenüber ePUB2?

PSM: Sehr wichtig sind die deutlich erweiterten Layout-Möglichkeiten. Für belletristische Inhalte ist das zwar weitgehend irrelevant, aber für Fachbücher, Kinderbücher, Ratgeber und Ähnliches eröffnen sich hier ganz neue Möglichkeiten. Was bis heute nur mit iBooks Author auf dem iPad ging, wird nun allgemein möglich. Ganz wichtig ist auch, dass Inhalte durch Skripte mit Funktionen versehen, also aktiv gestaltet werden können. So können Sie etwa einer Excel-Tabelle in einem Office-Buch beibringen, dass sie eine Tabelle ist und sie mit mathematischen Fähigkeiten ausstatten, sodass sie richtig rechnen kann. Das kann Papier definitiv nicht.

Was sind aus Ihrer Sicht die Nachteile von ePUB3 gegenüber ePUB2?

PSM: Nachteile sind, dass ab sofort mehr technisches Know-how gefordert ist. E-Books sind eine Investition in die Zukunft, und mit ePUB3 werden die Investitionen nicht gerade weniger. Aber wer sich beispielsweise bereits mit Apps beschäftigt, hat hier klare Vorteile, da er konzeptionell und technisch vorne dran ist.

Warum gibt es nicht mehr Produkte auf dem Markt, die bereits ePUB3 unterstützen?

PSM: Tja, so einfach ist der Standard nicht. Aber da Apple nun als Erster der Großen offiziell ePUB3 unterstützt, dürfte das Thema nun massiv Fahrt aufnehmen. In Deutschland wird Amazon noch dieses Jahr den Kindle Fire und damit das neue Format KF8 präsentieren, das ebenfalls auf HTML5/ePUB3 beruht.

Wann kann ich in Word oder InDesign … auf »Als ePUB exportieren« klicken und bekomme keine Fehlermeldung mehr und es sieht auf allen Endgeräten gleich schön aus, genauso wie ich es mir als Autor vorstelle?

PSM: In Word? Gar nicht. Das traue ich persönlich Microsoft einfach nicht zu. Die sind bis heute nicht in der Lage, vernünftiges HTML aus ihren Dokumenten auszuspielen. Bei Adobe sieht das anders aus, in zwei Jahren könnten wir da schon einen großen Schritt weiter sein. Aber an eine komplette Konformität glaube ich nicht. Dafür ist die Entwicklung zu schnell.

Welchen Weg empfehlen Sie einem Autor vom Text zum Buch (programm- und ablauftechnisch gesehen)?

PSM: Entscheidend ist die Planung. Liest die Zielgruppe überhaupt E-Books und besitzt sie die nötigen Lesegeräte? Was soll das E-Book können? Anschließend einen Partner – sprich Verlag oder Dienstleister – suchen, der die Anforderungen umsetzen kann, sich Kosten und zu erwartenden Ertrag anschauen und voll auf die Inhalte konzentrieren. Die Technik am besten nicht selbst machen, das können andere meist besser.

Welchen Rat möchten Sie einem Autor sonst noch geben?

PSM: Augen auf bei der Verlagswahl! Ist ein Verlag nicht in der Lage oder nicht willens, E-Books anzubieten, wäre das aus meiner Sicht ein Problem – immer abhängig von der geplanten Leserschaft natürlich. Und neben Verlagen gibt es immer mehr Dienstleister, die Autoren beim Self-Publishing unterstützen, das ist eine mögliche Alternative mit Vor- und Nachteilen.

Woran arbeitet Ihr Gremium zurzeit?

PSM: In der AKEP-Kommission E-Books wollen wir den aus unserer Sicht aktuell größten Störenfried des E-Book-Erfolges bekämpfen, die Angst. Diese Angst entsteht in erster Linie aus einem Mangel an verlässlichen Informationen – weswegen ich auch gerne bei diesem Buch mitmache. Wir bauen mit Fachleuten aus allen Teilen der Branche ein Wiki auf, in dem die wichtigsten Fakten zu Technik, Konzeption, Workflows, Vertrieb, Vermarktung, rechtlichen Fragen und Self-Publishing nicht nur zusammengefasst sind, sondern auch permanent aktualisiert werden. Techniker, Verlagsleute, Buchhändler, Barsortimenter, Aggregatoren – alle sind mit dabei. Und wir arbeiten eng mit den Schwesterkommissionen zu den Themen Herstellung, Apps, Social Media und digitaler Zwischenhandel zusammen.

Wohin geht der Weg beim E-Book?

PSM: Zu mehr Umsatz, zu größeren Marktanteilen, zu mehr Relevanz. Die neueste E-Book-Studie des Börsenvereins zeigt, dass erst 50 % aller deutschen Verlage E-Books anbieten. Das wird sich ändern. Und wer da nicht mitspielt, sollte ganz genau wissen, warum er das nicht tut.

Welche Fragen zum Thema ePUB-Publizieren sind 2014 noch relevant?

PSM: Ob es noch eine Unterscheidung zwischen Enhanced E-Books und Apps gibt. Wie viele Top-Autoren ihre Verlage verlassen und zum Self-Publishing abgewandert sind. Und wie viele Verlage mittlerweile massive Probleme haben, weil sie den Einstieg in die digitalen Inhalte verpasst haben.

Zukunft kompakt

Auch fundierte Einschätzungen sind kein Wissen. Daher nicht der Titel »Wissen kompakt«.

Im Moment befinden wir uns in einer spannenden Umbruchphase. Wie lange die dauert, ist ohne einen Menschen wie Steve Jobs, der die Technikrichtung weltweit geprägt hat, schwer zu bestimmen.

Apps und Bücher (Texte) werden untrennbar verschmelzen, diese Kategorisierung wird obsolet.

Autoren werden unabhängiger von Verlagen. Sie haben mehr Wahlmöglichkeiten und generell mehr Freiheiten, zu bestimmen, was mit ihrem Text geschieht.

Die Hard- und Software der E-Reader wird sich (irgendwann) vereinheitlichen und so den Zugang zu und die Produktion der Bücher erleichtern.

9 Die Praxis

Es gibt nicht den einen Königsweg vom Text zum ePUB, auch hat jeder Autor so seine Schreibvorlieben und, solange die einen Computer beinhalten, möge er sich in den folgenden Prozessen wiederfinden.

Wir beschreiben im Folgenden Wege, die sich in der Praxis in der ePUB-Community weltweit unter Autoren bewährt haben. Welcher davon für Sie der richtige ist, wählen Sie nach Ihren Vorlieben bei den Programmen. Wenn Sie von unseren Vorgaben abweichen – auch prima. Hauptsache, das E-Book, das am Ende herauskommt, ist so, wie Sie es sich vorstellen.

Wo Sie also im Ablaufdiagramm einsteigen und wo Sie abweichen, spielt keine Rolle. Es sind Vorgaben aufgezeigt, mögliche Wege und sicher nicht der einzig richtige. Theoretisch möglich wäre auch eine Texterfassung in Sigil oder Calibre – praktisch ist das aber vermutlich sehr umständlich und mühsam. Man sollte nach Möglichkeit immer die optimalen Werkzeuge (Programme) für eine Aufgabe wählen, es arbeitet sich einfacher damit.

Die Arbeitsschritte zur E-Book-Erstellung

- Texterfassung
- Als ePUB abspeichern/exportieren
- Design anpassen und optimieren
- Als ePUB abspeichern/exportieren
- Validieren (Fehler suchen)
- Formatieren für unterschiedliche Hardware (E-Reader)
- Hochladen auf die Plattformen (Amazon, Apple …)

Ein ePUB ähnelt, technisch gesehen, mehr einer Website mit Style Sheets und HTML-Code als einem normalen Dokument, das in einem Format wie *.doc*, *.rtf* oder *.pages* abgespeichert wurde. Soweit waren wir schon in Kapitel 3 dieses Buches. Jetzt wirkt sich dieser Umstand leider aus.

Der ideale Erstellungsprozess fürs E-Book – aus technischer Sicht – wäre daher logischerweise, Vorlagen für die ePUB-Dateien gleich in HTML mit Text zu füllen und die Formatierung über die Style Sheets von Anfang an zu erledigen.

Es soll sogar Autoren geben, die auf diesen Prozess schwören und sich nichts anderes vorstellen können. Nun ist es durchaus für einige wenige Mountainbiker das Höchste der Gefühle, Berge, die andere nur mit Seilen mühsam erklimmen, mit ihrem Mountainbike zu bewältigen. Streckenweise das Rad auf der Schulter, aber was soll's. Für den Großteil der Menschheit hingegen macht Fahrradfahren mehr Spaß, wenn damit auch eine flüssige Fortbewegungsart verbunden ist.

Darum: Als Autor möchte man sein geschriebenes Werk, die Worte der letzten durchschriebenen Nacht, doch angenehm lesen, ansehen und korrigieren können. So gehen die meisten Autoren den Umweg über eine Texterfassung in einem dafür vorgesehenen Programm und erst danach der Exportierung zum ePUB.

Und unter den Indie-Autoren (= independent, vom Verlagswesen unabhängig) ist ein weiterer Trend spürbar: die Abneigung von teuren Markenprogrammen. Sei es Word, das etwa durch Open Office ersetzt wird, oder der Verzicht auf kostenintensive DTP-Programme wie InDesign oder QuarkXPress. Letztere nützen für die E-Book-Erstellung auch nicht wirklich. Außer, dass sie – im Gegensatz zu Word – eine Datei als ePUB exportieren können. Auch diese ePUB-Dateien müssen nachgebessert werden, setzt man sich mehr als den anspruchslosen Krimi mit seitenweise Text und ab und zu einer Kapitelnummer als Ziel.

Den ePUB-Export kann bereits das kostenfreie Open Office, im Prinzip ein Open-Standard-Nachbau des Microsoft-Office-Pakets, aber es kann schon lange mehr als dieses und hat einen besseren Support in den Online-Communities. Die Chance, wenn man damit ein Problem hat, dass genau dieses Problem schon früher aufgetreten ist, und bereits mehrfach gelöst, ist groß.

Daher: Auch, wenn ein Autor nicht auf sein seit Jahrzehnten gewohntes, hassgeliebtes »Word« verzichten möchte zur Texterfassung, ist der nächste Schritt danach vielleicht ein Import der Word-Datei in Open Office Writer und daraus der Export als ePUB oder HTML-Datei.

Das gilt auch für alle anderen einfachen Texterfassungsprogramme, die gerne genutzt werden, aber (noch) keine Abspeicherung als ePUB zulassen. Diese Dateien (*.doc*, *.txt*, *.rtf* ...) müssen nach dem Textschreiben am besten, weil kostenfrei und mächtig, in Open Office Writer importiert und daraus als ePUB oder HTML-Datei abgespeichert werden.

Der ePUB-Export aus den (oben erwähnten) Open-Source-Schreibprogrammen *OpenOffice.org* (OOo) und *LibreOffice* (LibO) funktioniert mit einem PlugIn namens Writer2ePub (W2E).

Informationen unter: *http://www.hugos-office.de/writer2epub-w2e*

und *http://lukesblog.it/wiki/index.php?title=Main_Page*

Zum kostenfreien Download (Sprache der Website ist italienisch) geht es hier:

http://lukesblog.it/ebooks/ebook-tools/writer2epub/

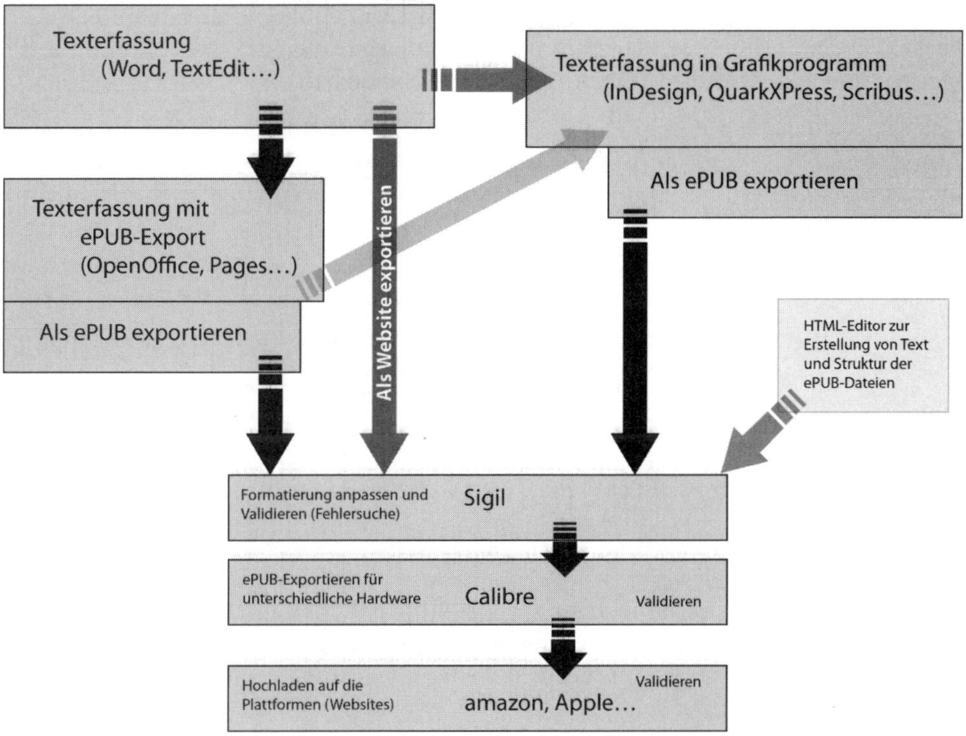

Bild 9.1: Text erfassen, als ePUB abspeichern und anpassen – fertig. So die Theorie ...

So weit, so gut. Wenn Sie in der Grafik vom Nebenarm (oben rechts) über das DTP-Programm kommen, auch dann sind Sie nicht viel weiter und müssen in Sigil im HTML-Code noch einiges am Layout anpassen, so wie Sie es und der Leser an Formatierung erwarten.

Um diejenigen, die über das kleine Kästchen rechts (HTML-Editor) zu Sigil kommen, kümmern wir uns auf den nächsten Seiten auch nicht primär. Wenn ein ausgefuchster Webdesigner dies als den gangbarsten Weg für sich sieht, dann weiß er vermutlich auch, wie man alle Kästchen und Tabellen in HTML codiert, damit es so aussieht, wie er das möchte.

Unter den Indie-Autoren sind etliche Linuxanwender und, obwohl wir auf deren Programme (Scribus und mehr) nicht extra eingehen, sind wir sicher, dass auch diese Autoren fähig und willens sind, die entsprechenden Vorschläge auf ihre Programme anzuwenden. Denn Experimentierfreude und Grips zeichnen einen Linuxnutzer aus ...

Die grauen Pfeile in der Grafik zeigen mögliche Produktionsschritte, aber nicht sehr sinnvolle. Man kann es so machen, muss man aber nicht.

Der Großteil der (Nach-)Bearbeitung spielt sich in der HTML-Anpassung und in den Style Sheets ab. Also in Sigil. All das können Sie im Prinzip auch im ebenso kostenfreien Calibre ändern. Geringfügige Anpassungen im Source-Code können wir später dort auch durchführen. Allerdings ist der primäre Einsatz von Calibre die Umwandlung eines ePUB in die unterschiedlichen Formate der Internetanbieter für Ihr Buch. Mehr dazu, was es sonst noch gut kann, im Kapitel zu Calibre.

Nach der Umwandlung in die einzelnen Buchformate in Calibre muss da natürlich auch wieder validiert werden. Je weiter wir im Produktionsprozess fortschreiten, umso mehr machen sich etwaige kleine Fehlerchen doch noch bemerkbar.

Das Buch befindet sich ab dem Import in Sigil in einem ePUB-Format und bleibt in dieser Art der Formatierung bis zum endgültigen Hochladen auf die Website des oder der Anbieter. Auch hier erfolgen noch weitere Validierungen (Fehlerchecks), Apples iBooks ist einer der gründlichsten Checker.

Tipp

Sinnvolle, kostenfreie Programme für die Weiterbearbeitung nach der Texterfassung:

- Open Office (*http://www.openoffice.org/de/product/writer.html*)
- Sigil (*http://code.google.com/p/sigil/downloads/list*)
- Calibre (*http://calibre-ebook.com/*)

Der Open-Source-kostenfreie Weg zum ePUB

Schritt 1

Am Beginn steht ein reines Texterfassungsprogramm oder Scribus, ein Open Source Desk Top Publishing Programm, aber deutlich weniger mächtig als seine teuren Grafikprogrammbrüder.

Welches kostenfreie Programm Sie auf Ihrem Computer zur Texterfassung einsetzen, ist egal. Es muss aber wenigstens die Definition von Formatvorlagen können.

Sonst folgt zwangsweise ein Zwischenschritt, bei dem der unformatierte Text in Scribus oder Open Office Writer importiert und dann dort mit Formatvorlagen sauber definiert wird.

Schritt 1 endet mit der Texterstellung und den Formatvorlagen in der Textdatei sowie dem Export aus dem Programm in ein ePUB-Format.

Schritt 2

Das ePUB wird im kostenfreien Programm Sigil (oder einem anderen Ihrer Wahl) weiterbearbeitet. Hier erfolgt die Anpassung der zuvor meist nur rudimentären Formatierungen. Die Formatvorlagen brauchen wir, weil es wesentlich einfacher ist, diese anzupassen oder leicht zu verändern, als ihre Struktur und Grammatik von Anfang an selbst umzusetzen.

Wenn Sie genau wissen, was Sie tun, kann man HTML-Dateien natürlich auch extern außerhalb der ePUB-Struktur in Sigil mit einem HTML-Editor verändern und dann wieder in die ePUB-Struktur einfügen. Dies ist aber gefährlich, ein Komma an der falschen Stelle, ein fehlendes Endtag oder eine falsche Dateistruktur, und schon beherrscht Kuddelmuddel die Szene. Das gilt auch für Bilddateien, etwa das Titelbild. Zudem müssen die Dateinamen zu 100 % gleich sein, nach dem erneuten Einfügen in die ePUB-Struktur wie die Dateien, die sie ersetzen. Das bezieht sich auch auf Groß- und Kleinschreibung. Sicherheitskopien der ursprünglichen Datei(en) zu erstellen, raten wir dringend an, bevor das erste Komma geändert wird.

Wir empfehlen diesen Weg nicht, wollten aber erwähnen, dass es auch Autoren gibt, die so arbeiten. Ab diesem Schritt (2) ist der Weg derselbe wie bei den Profi-Programmen (siehe nachfolgende Anleitung), auch dort erfolgen zurzeit Formatierungsanpassungen, die Validierung in Sigil und der spätere Export in Calibre. Sigil und Calibre sind für alle gängigen Betriebssysteme kostenfrei im Netz herunterladbar.

Schritt 3

Siehe unten.

Der (teure) Weg zum ePUB mit Profi-Programmen

Schritt 1

Am Beginn steht auch hier ein *Texterfassungsprogramm,* Word oder Pages, oder gleich ein Layout-orientiertes Programm wie InDesign oder QuarkXPress. Beim Start über Word muss vor dem oder besser zum ePUB-Export die Datei zunächst in den Open Office Writer importiert werden, da Word selbst (noch) nicht *als ePUB exportieren* kann.

Schritt 2

Das ePUB wird im kostenfreien Programm Sigil (oder einem anderen Ihrer Wahl) weiterbearbeitet. Hier erfolgt die Anpassung der zuvor meist nur rudimentären Formatierungen. Die Formatvorlagen brauchen wir, weil es wesentlich einfacher ist, diese anzupassen oder leicht zu verändern, als ihre Struktur und Grammatik von Anfang an selbst umzusetzen. Der Hinweis mit der externen Bearbeitung des HTML-Codes (siehe oben) gilt hier natürlich ebenso.

Traurig, aber wahr: Auch die kostenintensiven Programme ersparen uns die *Nachbearbeitung der ePUB-Dateien in Sigil* nicht.

Die Validierung (Fehlersuche) muss sowieso nach jeder erneuten Abspeicherung als ePUB erfolgen. Das ist nichts anderes als der Test eines Programmes nach einer Codeänderung.

Schritt 3

ePUB ist eine prinzipielle Art der Struktur und Abspeicherung von Dateien. Schon im ersten Teil haben wir gesehen, dass jedes Programm bei der Erzeugung so seine eigene Interpretation des Standards hat. Dies wird sichtbar in der unterschiedlichen Benennung von Dateien und auch in deren Zusammenhang und Struktur. Solange das ePUB dem Standard gemäß fehlerfrei ist, macht das nichts, es lässt sich in andere Formate umwandeln.

Und genau das tun wir nun mit dem *Import in Calibre.* Jedes Endgerät und jeder Reader auf dem Endgerät hat wieder sein eigenes Format. Es allen recht zu machen, ist eine Lebensaufgabe. Daher ist es sinnvoll, zu entscheiden, auf welchen Plattformen Sie Ihr Buch präsentieren möchten und in welchen Formaten Sie also aus Calibre exportieren möchten.

Nach jedem Export ist das E-Book wieder Gegenstand der Validierung: Sieht alles noch oder wieder so aus, wie es sein soll?

Wird das E-Book erneut umgewandelt beim Hochladen auf eine Anbieterplattform, dann müssen Sie auch hier nochmals damit rechnen, dass Nachbesserungen erforderlich sind. Vor allem Apples iBooks hat den Ruf, dabei sehr pingelig zu sein.

	Word	InDesign	Sigil	Calibre	Am Besten
Erfassen	x	x	(x)	(x)	Word
TOC vorbereiten	x	x	x		InDesign
TOC erstellen		x (für Export)	x	x	Sigil, Calibre
Umfließen		x	x		InDesign, Sigil
HTML		(x)	x		Sigil
Metadaten erfassen		x	x	x	Sigil, Calibre
Metadaten ergänzen			x	x	Sigil, Calibre
Validieren		x	x	x	InD, Sig, Calibre

Bild 9.2: Nicht jedes Programm ist für alles Schritte geeignet

Nun zeigen wir noch eine Checkliste, was Sie alles bereits vorliegen und gut sortiert haben sollten, bevor wir uns in den nächsten Kapiteln mit den Details bezüglich der Produktion befassen.

Die Checkliste nach der Texterfassung:

- Eine grafische Fassung Ihres Buches erstellen. Das hilft Ihnen bei den folgenden Prozessschritten, die Änderungen schneller und vor allem auf Anhieb korrekt durchzuführen. Dies kann eine Abspeicherung des Buches als PDF sein, oder, wenn Sie in einem DTP-Programm erfasst haben, dann ein Ausdruck davon oder schlimmstenfalls die Textdatei in Rohfassung mit Ihren Anmerkungen, wo welche Bilder, Tabellen, Kästchen in welcher Form hin sollen. Zu welcher Textstelle, links oder rechtsbündig oder ganzseitig zentral … Hilfreich wäre auch eine Liste (Screenshot des Inhaltes des Bildordners) mit allen Bilddateien. Diese grafische »Fassung« dient nicht der direkten Weiterverarbeitung. Sie hilft aber, Fehlerquellen zu reduzieren und erhöht die Vorstellungskraft bei den Änderungen im Sourcecode.
- Alle Bilder, die im Buch enthalten sein sollen. Wichtig ist der Farbraum: RGB (für Bildschirm) und nicht CMYK (für Print). Formate: *jpeg, gif, png, svg.* Auflösung: 150 Pixel.
- Titelseite, ebenfalls im RGB-Farbraum und in einem der obigen Formate, meist *jpeg.* Auflösung 300 Pixel, damit Ihr Buch auch auf hochauflösenden Geräten schön dargestellt ist.
- Text.
- Durchhaltevermögen und gute Laune.

10 Die Basis: Textprogramm (Word)

Im ersten Teil des Buches haben wir uns bei den Hinweisen zum Textaufbau auf Word als Texterfassungsprogramm beschränkt. Word ist weit verbreitet als Texterfassungsprogramm und gerade für »frische« Autoren, die zunächst in ihrer Arbeitswelt bleiben und nebenbei zu schreiben beginnen, vermutlich das Tool der Wahl.

Ein ePUB ähnelt vom Aufbau mehr einer strukturiert aufgebauten Website – mit einem Content Management System oder zumindest mit Style Sheets – als einem Textdokument. Das wissen wir bereits. In welchen Schritten Sie nun vom einfachen Textdokument zum ästhetisch formatierten ePUB kommen, sehen wir uns genauer an.

10.1 Die Wege von Word zu Ihrem Online-ePUB

Prinzipiell gibt es mehrere Möglichkeiten, die Sie dahin führen. Wir listen sie auf und gehen dann auf die Vor- und Nachteile detaillierter ein. Wenn Buchstaben in der Auflistungsreihenfolge fehlen, ist das so gewollt. Ab dem dritten Punkt finden Sie die detaillierten Arbeitsschritte in den folgenden Kapiteln, nach Programmen geordnet: InDesign, Sigil, Calibre. Jetzt aber erst einmal zur Übersicht:

10.1.1 Der schnelle Weg

a Datei speichern in *Word* als HTML-Datei.

c HTML-Datei in *Sigil* bearbeiten, exportieren als ePUB.

d ePUB in *Calibre* öffnen und in verschiedene Bookstore-ePUB-Formate exportieren.

10.1.2 Der 1-2-3 direkte Traumweg

a Datei speichern in *Word* als HTML-Datei.

d HTML-Datei in *Calibre* öffnen, geringfügig bearbeiten und in verschiedene Bookstore-ePUB-Formate exportieren.

10.1.3 Der sichere Weg

a Datei aus *Word* als Textdatei abspeichern: *.doc/.rtf/* …

b Datei in einem anderen *Programm* (OpenOffice Writer, Pages Publishing-Programm …) eventuell geringfügig bearbeiten, aber in jedem Fall dort als ePUB abspeichern.

c ePUB in *Sigil* bearbeiten, exportieren als ePUB.

d ePUB in *Calibre* öffnen und in verschiedene Bookstore-ePUB-Formate exportieren.

10.1.4 Der Designerweg

a Datei aus *Word* als Textdatei abspeichern: *.doc/.rtf/* …

b Datei in einem *DTP-Programm* (InDesign, QuarkXPress) ausgiebig und wunderschön formatieren und als ePUB abspeichern.

c ePUB in *Sigil* bearbeiten, exportieren als ePUB.

d ePUB in *Calibre* öffnen und Export in verschiedene Bookstore-ePUB-Formate.

10.1.5 Vor- und Nachteile: der schnelle Weg und der Traumweg

»Sie müssen nur den Nippel durch die Lasche ziehn« war ein schrecklicher Ohrwurm in den 80er-Jahren des letzten Jahrhunderts. Sänger Mike Krüger macht sich darin lustig über hochnäsige Belehrungen wie: Sie müssen einfach nur … xy tun … Das kann doch jeder ...

Der Song ist hoffnungslos veraltet, der Inhalt leider nicht. Gerade im Internetzeitalter boomen Anleitungen à la: »In zehn Schritten von null zum ePUB.«

Das Problem ist, dass das in einem speziellen Fall vielleicht sogar funktioniert. Wenn alle Zeichen auf Grün stehen, alle Softwareversionen genau so sind, wie beim Großkotz gezeigt, und der Mond im vierten Quadranten steht. Wenn es der magische Zufall will, dass alle Produktionsschritte bei Ihnen haargenau so supereasy klappen wie im YouTube-Video oder hier unten vorgeführt, dann nur zu. Klappen Sie das Buch zu und beginnen Sie gut gelaunt, ihr zweites E-Book zu verfassen.

Hier eine Zusammenstellung auf Englisch, nur zur Anschauung, dass die Realität und die »fünf (gleichen) Schritte zum Endprodukt« nicht zusammenpassen.

Conversion Chart

This chart, adapted from the one at FiFoBooks.com, uses the latest stable version of Sigil, 0.1.9.

This guide shows you how to get from whatever format your original book is in to EPUB.

My Book is in --- Format	What to Do
Plain Text (TXT)	Follow these steps
HTML	Follow these steps
Rich Text (RTF)	Use the rtf2epub tool to convert to EPUB, then use Sigil to proofread the result
Microsoft Word (DOC)	Open your book in Microsoft Word, use the **File -> Save As** command from the menubar to save it in filtered HTML format, by choosing the **"Web Page, Filtered"** type, and then follow these steps (if your version of Word does not offer **"Web Page, Filtered"** as an option, you can install this free plugin from Microsoft)
Microsoft Word 2007 (DOCX)	Use either docx2epub from the epub-tools project to convert to EPUB, then use Sigil to proofread the result; or, open your book in Microsoft Word, use the **File -> Save As** command from the menubar to save it in filtered HTML format, by choosing the **"Web Page, Filtered"** type, and then follow these steps
Open Document (ODF)	Open your book with Open Office Writer, use the **File -> Save As** command to save in HTML format, then follow these steps
Portable Document (PDF)	Open your book with Adobe Acrobat and use the **File -> Save As** command to convert your book to HTML format, then follow these steps. If you don't have Acrobat, you can use the xpdf tools to convert your .pdf file to text, via the *pdftotext* command, then follow follow these steps (and if your book has images, remember to use the *pdfimages* command to extract them). Another non-Acrobat option is the pdftohtml tool, which produces an HTML file, which can in turn be converted to EPUB.

Bild 10.1: Hier steht nur die Wordversion, dann gibt es noch unterschiedliche Betriebssysteme ...

Die Chancen, dass Sie an irgendeinem Punkt nicht so flott, wie im Video gezeigt oder in der Anleitung beschrieben, weiterkommen, sind groß. Beim Traumweg ist sie noch größer als beim schnellen Weg. Versuchen Sie's, aber lassen Sie sich nicht entmutigen, wenn Sie zwar ein E-Book in Händen – pardon, auf dem Computer – haben, das Produkt aber nichts damit zu tun hat, wie Sie Ihr Buch gerne beim Kunden sehen möchten.

Für die erfolgreiche Vermarktung Ihres Bestsellers zählt leider nicht die Autorenperspektive: Wie schnell und einfach habe ich das Buch erstellt?, sondern das, was der Leser zu sehen bekommt. Ihre Wettbewerber sind all die anderen Bücher, die der potenzielle Leser anstatt Ihrem kaufen und lesen kann.

Ihr Buch muss positiv herausstechen aus der Masse. Und dazu zählen neben dem Hyper-Trooper-Inhalt auch die gute Formatierung, die korrekte Anwendung von Rechtschreibung und Grammatik sowie eine ansprechende Oberfläche des Buches.

Erhobener Zeigefinger wieder beendet.

Damit Sie es wenigstens versuchen können, hier nun der schnelle Weg im Detail. Der Traumweg lässt sich daraus in Kombination mit dem Kapitel über Calibre ableiten.

10.2 »You just have to ...« – vom Wordtext zum E-Book in zwei Schritten

Schritt 1: Abspeichern Ihrer Word-Datei als Website.

Auf einem Mac ist dies ein eigener Menüpunkt unter *Datei*, gleich nach *Speichern unter*.

Klicken Sie auf *Datei/Als Webseite speichern*.

Dabei sollte weiter unten »Nur Anzeigeinformationen als HTML speichern« angekreuzt sein. Damit werden Word-eigene, für das spätere ePUB unnötige und fehlerverursachende Formatierungen entfernt. (Auf unserem Mac war es nicht möglich, dies auszuwählen ...)

Klicken Sie auf *Speichern.*

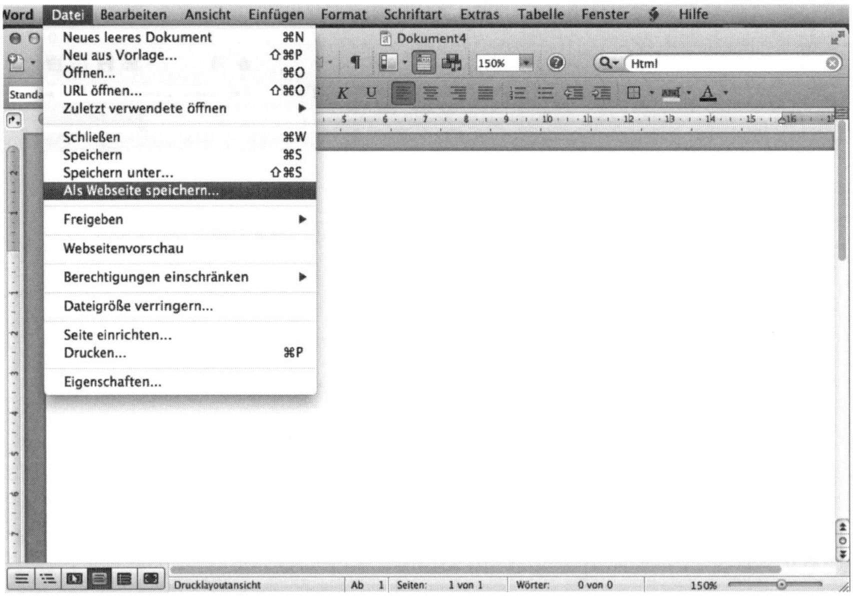

Bild 10.2: *Datei/ Als Webseite speichern ...*

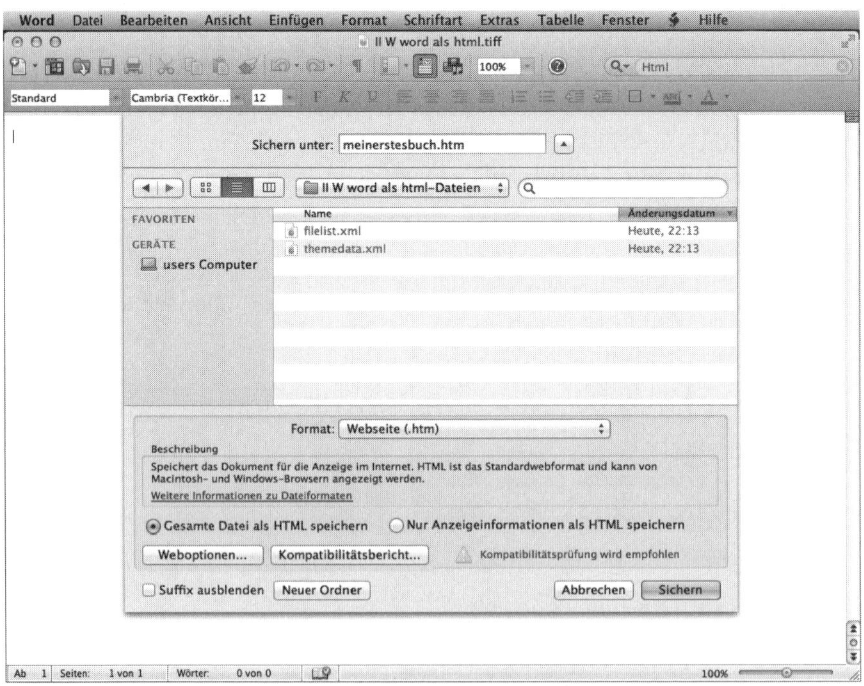

Bild 10.3: Namen vergeben und Format: *Webseite (.htm)*

Unter Windows heißt der Menüpunkt: *Datei/Speichern unter*. Klicken Sie im Feld *Dateityp* auf *Web-Seite, gefiltert*.

Klicken Sie auf *Speichern*.

Tipp: Für Windows gibt es zum Säubern des Word-HTML-Codes einige kostenfreie Programme im Netz, eines davon ist word2cleanhtml. Auch hier besteht keine Garantie unsererseits, dass das Resultat hundertprozentig gebrauchsfähig ist.

Und theoretisch können Sie nun Ihre aus Word exportierte HTML-Datei in Sigil öffnen oder gleich in Calibre und als ePUB exportieren. Sie in diesem Produktionszustand auf E-Readern anzusehen, beugt allzu euphorischen Gefühlen vor: Importieren Sie Ihr ePUB probeweise in iBooks, (Adobe) Digital Editions oder einen anderen E-Reader Ihrer Wahl und sehen Sie sich das Resultat an.

Sind Sie zufrieden, dann ist hier Ende Gelände. Hurra! Geschafft. Sie zählen zu den Gewinnern!

Sind Sie nicht zufrieden, schlagen wir vor, bei der E-Book-Produktion auf den sicheren Weg auszuweichen oder auf den Designerweg.

Eine Word-/Text- oder PDF-Kopie sollten Sie in jedem Fall für den weiteren Produktionsweg immer zum Vergleich bereit haben: also Ihr Dokument, oder alle Dateien Ihres Basis-Dokumentes als normalen Papierausdruck oder in PDF Form, damit Sie noch wissen, was wohin gehört und wie es aussehen soll.

Weiter geht es im Kapitel 11 zu InDesign oder im Kapitel 13 zu Sigil.

11 DTP-Programm (InDesign)

Ob Sie den Text nun direkt in einem grafikorientierten DTP-Programm (DTP steht für Desktop Publishing) erstellen oder als Designer den Text eines Autors einfließen lassen, ist für die folgenden Betrachtungen egal. Im Prinzip auch, ob Sie nun InDesign oder QuarkXPress einsetzen, oder ein Open-Source-Programm ähnlicher Bauart.

Die einzelnen Menüfenster werden sich natürlich unterscheiden, und auch vielleicht die Details der Arbeitsschritte. Nicht aber das Prinzip, und wenn Sie das Grundprinzip verstanden haben, dann ist das konkret eingesetzte DTP-Programm zweitrangig.

Wie auch bei der Texterfassung – nur haben wir es dort nicht explizit erwähnt –, ist es bei diesen Programmen dringend angeraten, auf die allerallerletze Version des Programmes upzudaten. InDesign kann den Export als ePUB erst ab der Version 5.1 (rudimentär und kaum der Erwähnung wert), ab 5.5 mit Hängen und Würgen und langsam ansprechend seit Version 6. Mit dieser Version werden wir auch in den konkreten Beispielen weiter unten einsteigen.

Es ist kaum nachzuvollziehen, dass die Hersteller von text- und grafikorientierten Programmen noch immer nicht begriffen haben, wo ihre Zukunft liegt. Was der Kunde will. Lange dauerte es schon, bis die Branche Apple nachfolgte, das schon vor mehr als einem Jahrzehnt die PDF-Erstellung für alle möglichen Programme auf allen Macs vom Betriebssystem her bot. Jedes Programm, aus dem man drucken kann, konnte und kann auch PDFs erstellen.

Ähnlich zögerlich reagieren die Hersteller nun mit dem Export als ePUB. Und zwar mit einem sinnvollen, nutzbaren Export, in dem die Formatierung auch wirklich umgesetzt ist und nicht nur die Struktur der ePUB-Dateien mit einem rudimentären Style Sheet angelegt wird.

Deshalb haben wir auch die grafikorientierten Programme in den Herstellungsprozess mit hineingenommen, weil sie zu den ersten gehören, die zumindest in Ansätzen schon in diese Richtung gehen. Im Falle InDesign wird das High-End (finanziell und funktionell gesehen) gut vermarktet, aber die Anwendung für Kunden, denen schon der legale Erwerb der Design Suite das Geld aus der Tasche zieht, sind nach Adobe Angaben nicht das Ziel der Firma: InDesign ist kein primäres Programm zur ePUB-Erstellung … Schade.

Mit der Folioproduktion (aus InDesign6 und höher) lassen sich tolle Apps und damit auch ePUB3-Bücher mit jedem Multimediaschnickschnack erzeugen, den man sich als Autor nur erträumen kann. Wenn aber das Hochstellen eines einzigen Produktes, und dies nur auf den Apple Store, jährlich rund 400 Euro kostet, dann muss das mit dem Produkt erst verdient werden, damit es sich rechnet.

Zum exorbitanten Preis der professionellen Programme gegenüber kostenfreien Open-Source-Produkten kommt für den Einzelkämpfer die für Neulinge absolut fremde Welt dieser Programme. Der Umgang mit den Tools: »Wo finde ich sie und wie realisiere ich was« ist für einen Neueinsteiger weder logisch noch allein auffindbar. Googlen Sie dazu einfach mal: »Pfeile erstellen Photoshop/Illustrator/InDesign«. Das versteckt sich in jedem dieser Programme an anderer Stelle, und von einer Logik für Nichtdesigner sind alle weit entfernt. Designer sehen das sowieso oft anders: »Pfeilspitzen erstelle ich mir selbst, da brauche ich keine vorgefertigten ...«

Paralleluniversum. Als Autor hat man da vielleicht für den Schreibabend andere Prioritäten, als sich stundenlang mit einer einzigen Pfeilspitze zu befassen...

Erneut gilt: Man kann sich natürlich in InDesign oder QuarkXPress nur für ein E-Book einarbeiten. Nebenbei und schnell geht das aber sicher nicht. Es dauert und kostet Nerven, die Sie auch bei Ihnen bekannten Programmen im Herstellungsprozess brauchen werden.

Es gibt Autoren (in der Minderzahl), die ohne InDesign/QuarkXPress kein Buch produzieren würden. Open-Source-Produkte kommen für sie nicht infrage. Und es gibt andere, die nicht einsehen, dass sie erst einmal mehr als 1000 Euro auf den Tisch blättern sollen noch bevor das Buch im Entstehen ist. Die Welt ist groß, und Sie haben sicher Ihre eigene Meinung zum Thema.

Die folgenden Hinweise für InDesign als Beispiel für grafikorientierte Progamme zur E-Book-Produktion sind daher locker flockig und kein InDesign-für-Anfänger-Kurs. Das kann dieses Buch nicht leisten und will es auch nicht.

11.1 Datei fürs E-Book anlegen in einem DTP-Programm

Bei der Dokument-Erstellung für ePUBs kommt es nicht auf die Größe des Dokumentes an. Ab jetzt werden wir alle Maße in Pixel angeben, was zwar für Nichtgrafikversierte etwas befremdlich ist, für die E-Book-Erstellung aber die einzig korrekte Maßeinheit. Das kann man sich etwa so vorstellen wie ein sehr dehnbares Gummiband, bei dem die ungedehnte Länge des Gummibandes nichts über die tatsächliche Weite des Hosenbundes aussagt. Pixel geben wie ein Dehnungswert dem Fachmann an, wie weit sich etwas Grafisches, also ein Bild, vergrößern lässt und dabei noch etwas Sinnvolles darstellt.

Ein aus InDesign exportiertes ePUB – im Folgenden einfach InDesign-ePUB genannt – kennt keine neuen Seiten. Egal, ob Sie Textrahmen verketten oder nicht, im ePUB läuft der Text wie auf einer alten Schriftrolle in einem durch. (Es gibt (App-)Möglichkeiten, die wir als das »obere Ende« bezeichnen und die sich am Ende dieses Kapitels finden. Für Profi-Desktop-Publisher. Die kommen aus einer anderen (optischen) Richtung und haben auch andere Anforderungen als ein Indie-Buchautor.) Und da geht vieles und noch mehr als bei unseren Beispielen.

11.1.1 Seitenlayout

Wenn Sie es möchten und es Ihnen fürs spätere Layout zum Ansehen und zur Vorstellung hilft, ist es sinnvoll, trotzdem so etwas wie eine Seiteneinteilung des Textes vorzunehmen. Auch wer gewohnt ist, mit Doppelseiten zu arbeiten, kann dies getrost tun. Sie werden beim Export zum ePUB einfach ignoriert. (Schusterjungen und Hurenkinder auszubessern, ist vergebene Liebesmüh.)

InDesign6 bietet beim Layout eines neuen Dokumentes unter *Absicht* (*Intent*): »Digital Publishing« gleich automatisch die Pixel-Werte der Formate entweder fürs iPad-, das iPhone, Kindle Fire/Nook oder Android 10 Zoll an.

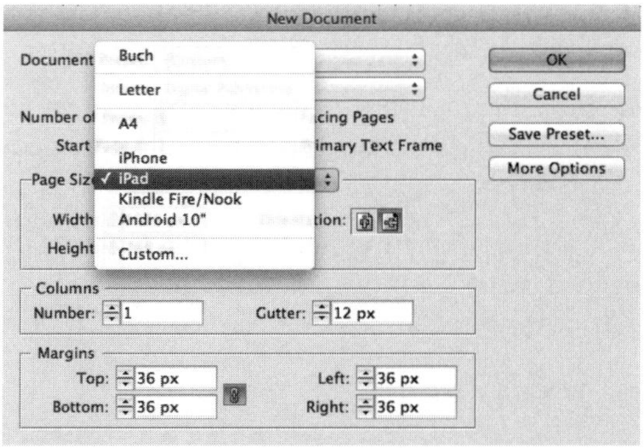

Bild 11.1: Wir wählen das iPad als Ziel

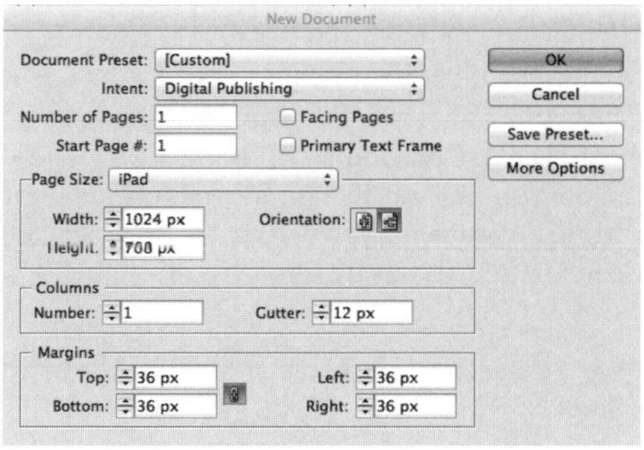

Bild 11.2: Die Maße fürs iPad im Hoch- oder Querformat

Die andere Variante ist, sich gleich beim Dokumentanlegen auf die Schriftrolle zu besinnen, ungefähr die Breite mit einem gewünschten Zentimeterwert (15) anzugeben und als Höhe einen (großen) Wert, der in etwa der Textlänge Ihres ersten Kapitels entspricht.

Vergessen Sie mehrfache einzelne Textkästen zwischen Grafiken auf einer Seite. Das bringt nur Probleme beim Export. (Seiten-)Textrahmen können bei der Erstellung der InDesign-Datei verkettet werden, wenn das zum Füllen einfacher ist (Paste) oder aber auch die Seiten einzeln befüllt werden.

Fußnoten und Erklärungskästen können mit einigem Programmieraufwand später im Sourcecode (in Sigil) als Links ergänzt werden. Die schönen Erklärungsboxen rechts und links im (leeren) Rand sind mit variablem ePUB-Layout (noch) nicht realisierbar. Trennen Sie sich am besten gleich jetzt von ihnen.

Wenn das emotional oder auch aus inhaltlichen Gründen nicht geht, ist ein PDF des Dokumentes oder ein ePUB3 mit fixiertem Layout vielleicht die bessere Lösung. iBooks kann das auch schon bei ePUB2, alle anderen Reader nicht.

Was wir realisieren können, sind Kästchen/Bilder im Text links, rechts oder zentriert im Textbereich. Wobei die Zentrierung bei kleinen Bildchen nicht sonderlich gut aussieht und rechts im ePUB später nicht so gut wirkt, weil der Text, aus Silbentrennungsgründen auf vielen E-Readern nicht im Blocksatz gesetzt werden sollte, sondern im Flattersatz. Und rechts flattern und rechts davon noch ein Bild setzen, ist sogar für Nicht-Designer igitt.

<Einschub>: Der obige Satz »Ist (noch) nicht … realisierbar …« sollte im Langtext so heißen: »Ist zum heutigen Zeitpunkt mit allen verfügbaren Programmversionen mit einem einigermaßen vertretbaren Aufwand nicht realisierbar …«

Denn alles, was nicht auf einem der Standardweg realisiert werden kann, sondern mit irgendwelchen Hintertüren und Sondermätzchen, wird vermutlich auf einem Großteil der gängigen E-Reader auch nicht so ablaufen, wie gewünscht.

</Einschub>

11.1.2 Formatvorlagen erstellen

Das ist wichtig nicht nur für das spätere dynamische Inhaltsverzeichnis. Jeder Stil in einem Absatz und jede Überschrift, egal auf welcher Stufe, muss als Absatzstil (Paragraph Style) definiert sein. Wir können leichter später im HTML-Code anpassen, wenn eine (falsche oder ungewünschte) Formatierung vorliegt. Sie von null auf in Sigil in einem Style Sheet zu erstellen, setzt mehr Programmierkenntnisse voraus. Lassen wir doch InDesign die Codierarbeit machen, und wenn es gut erledigt wurde, ist das Inhaltsverzeichnis im ePUB enthalten.

Die kursive Schrift ist über die Formatvorlage »Zeichenstil« (Character Styles) als kursive Variante des Absatztextes formatiert. Allerdings ist die Schriftgröße zu groß im Verhältnis zur normalen Textschrift. Klar, der Leser kann später seine Schriftgröße selbst wählen. Aber dann sind Text und Kursivschrift beide größer oder kleiner. Das Verhältnis muss stimmen.

Es ist ein Klacks, die Größe einer Schrift für jedes Auftreten mit einer einzigen Anweisung zu ändern. Ein Hoch auf die Formatvorlagen!

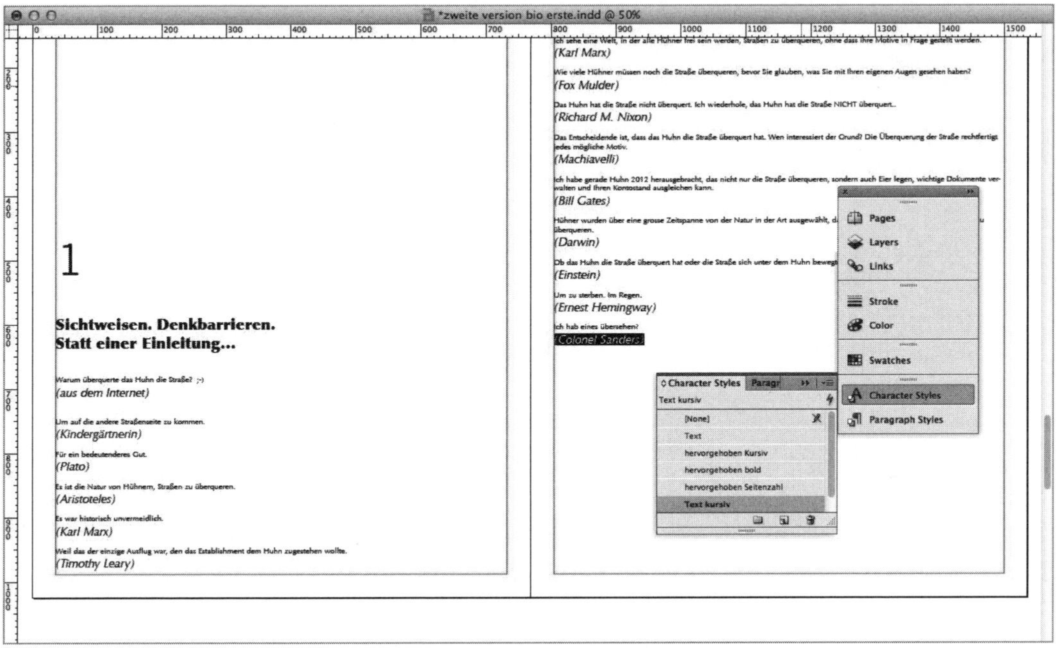

Bild 11.3: Die kursive Schrift ist zu groß. Das muss geändert werden.

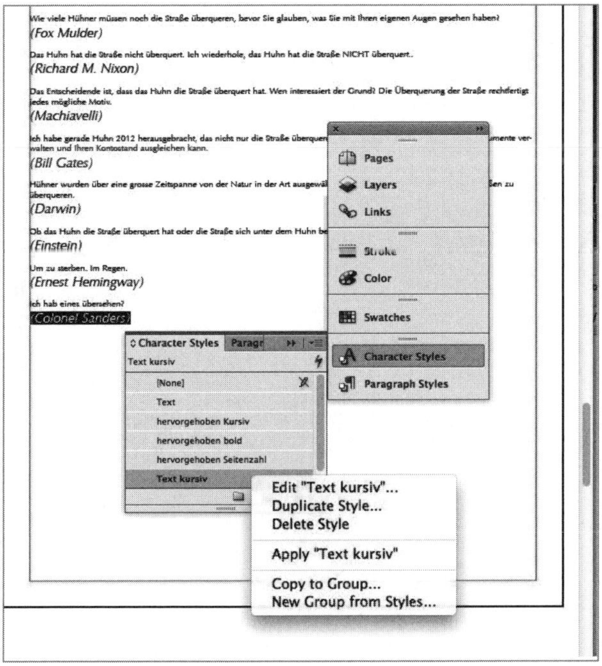

Bild 11.4: Im Fenster *Zeichenstil* (oder, wenn anders definiert, im Absatzmenü) den Schriftstil auswählen

Mit einem Doppelklick auf die Schriftvorlage erhalten wir ein Menü, in dem wir die Vorlage editieren können.

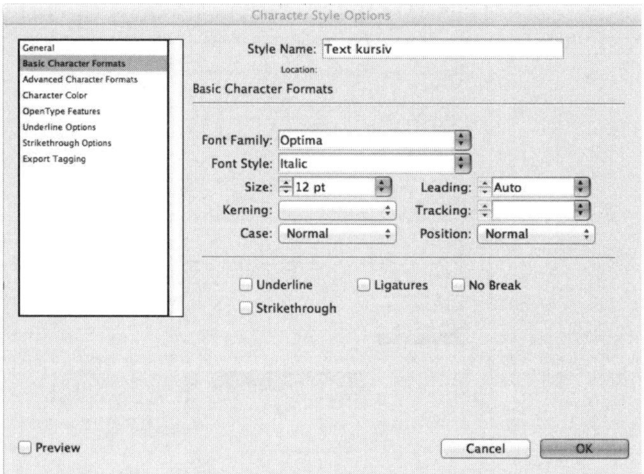

Bild 11.5: Hier lässt sich die Schrift wie gewünscht anpassen

Und – flupps! – wird aus der 18-pt- eine 12-pt-Schrift. Sonst ändern wir im Moment nichts daran.

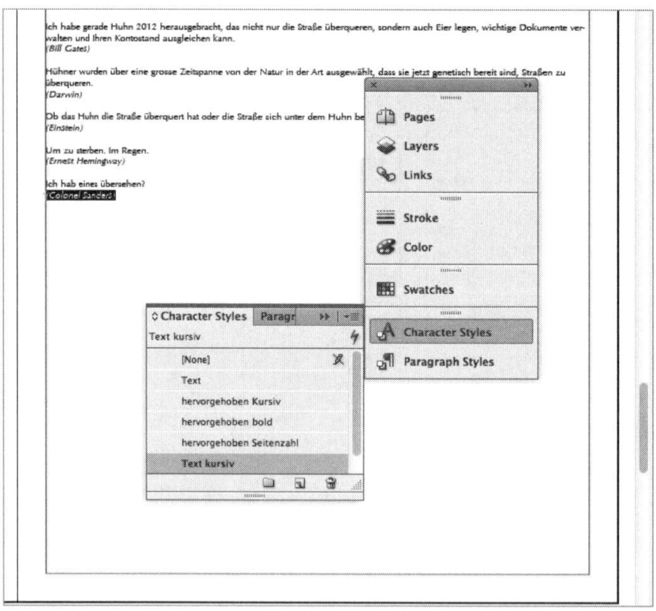

Bild 11.6: Nun sieht es gut aus. So können wir es später exportieren

Damit Bilder im ePUB-Buch genau da auftauchen, wo sie der Autor haben möchte, müssen sie im Text fixiert sein. Bilder müssen wir also einer Textstelle zuweisen. Die Bildeinbettung im Text ist weiter unten genauer dargestellt. Wichtig hierbei ist, dass wir für die Einbettung einen Bildstil erstellen, und, falls es Bildunterschriften gibt, auch dafür eine Formatvorlage.

Die Eigenschaft: Umfließen können Sie bei rechteckigen Elementen bereits exportieren. Das können Sie aber auch später (in Sigil), wenn gewünscht, im Style Sheet anweisen.

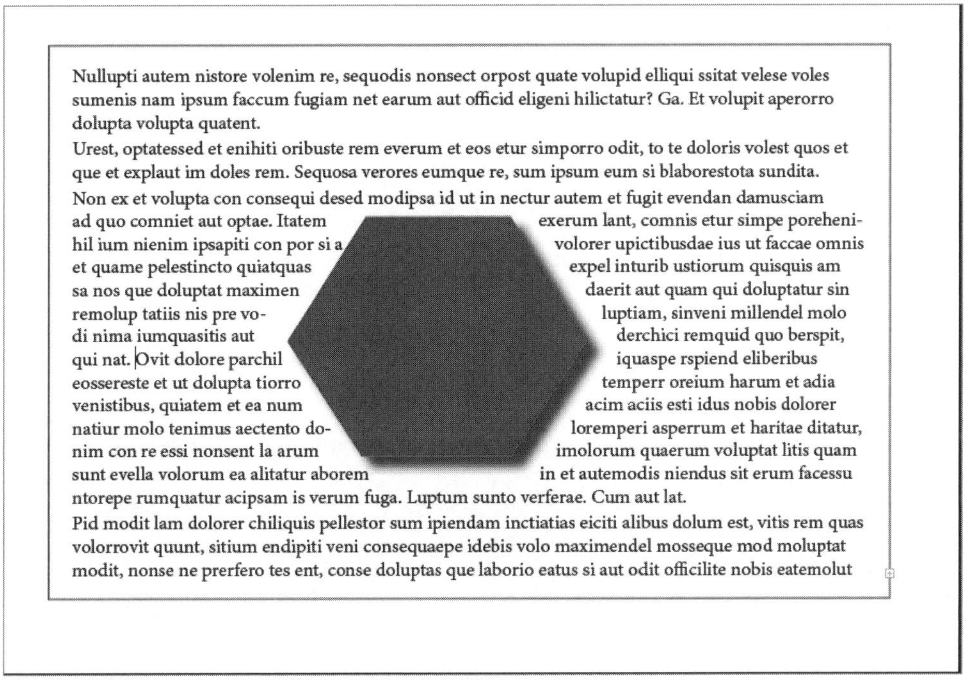

Bild 11.7: Vergessen Sie's. Das Sechseck ist InDesign/Quark/..., aber nicht e-PUB heute

Wenn Sie Schriften eine Farbe zuweisen, dann muss diese aus dem RGB-Farbraum sein, sonst erhalten Sie später beim Export eine Fehlermeldung.

Ein Beispiel zum Anlegen von Formatvorlagen für:

- Text (12-pt. Georgia, 12 pt. Leerraum vor dem Absatzbeginn)
- Überschrift 1 (18 pt. Georgia Fett)
- Überschrift 2 (14 pt. Georgia Fett)
- Bild (zentriert)
- Bild (links)
- Bildtext (12 pt., Georgia Kursiv, zentriert)
- Überschrift 3 (Zeichenstil, 12 pt. Georgia Fett)

11.2 Titelbild

Das Titelbild wird am besten in einem Foto-/Malprogramm erstellt und dann, falls vorhanden, in Illustrator oder InDesign mit Schriften versetzt. Abspeichern mit einer Auflösung von 300 dpi.

Wichtig beim Cover ist die Größe der Datei: Wenn Sie Ihr Buch auf einem Online-Bookstore veröffentlichen wollen, sollten Sie sich über die gerade gültigen Richtlinien – qualitätsmäßig gesehen – schlaumachen. Bei Amazon Kindle Direct Publishing (KDP) etwa muss die JPEG(jpg)- oder TIFF(tif)-Datei fürs Titelbild (Produktbild) mindestens 1000 Pixel auf der Längsseite aufweisen. Zitat: »Ideales Höhe/Breite-Größenverhältnis von 1 : 6. Für eine noch bessere Qualität empfehlen wir 2500 Pixel auf der Längsseite des Titelbildes.«

Bei den Briefmarkenansicht der Titel in den E-Readern ist ein wenig Umdenken angesagt, weg von der herkömmlichen Titelgestaltung. Mehr in Richtung prägnantes Zeichen. Anderseits soll der Titeltext doch wieder lesbar sein. Schwarz oder dunkel hebt sich auch nicht so gut ab. Sehen Sie selbst und entwerfen Sie dann Ihr optimales Titelbild. Als Richtwert: Die japanische Flagge (roter Kreis auf weißem Grund) ist eines der besten Signets, die es weltweit gibt.

Bild 11.8: Andere optische Anforderungen als beim Printbuch gelten bei den Briefmarkentiteln

In der Adobewelt wäre das Ursprungsprogramm vermutlich Photoshop und dann eine Weiterbearbeitung in Illustrator mit dem Export als JPEG. Auch jedes Open-Source-Programm ist gut, solange am Ende der Kette ein Titelbild in einem ePUB-Bildformat (JPEG, PNG, SVG …) liegt.

Dieses Bild kann dann bei der ePUB-Erstellung (aus InDesign) einfach als erste Seite dazugebunden werden. Liegt beim ePUB-Export keine extra gestaltete Titelseite vor, nimmt das

Programm die erste Seite der InDesign-Datei und denkt, dies ist der tolle Titel. Vielleicht nicht die glücklichste Wahl.

Bild 11.9: Hier sieht man, wie erste Seiten als Titelblätter missbraucht werden.

Das Titelblatt bleibt eine eigene Datei im ePUB und kann auch später in Sigil noch ausgetauscht werden. Wichtig ist, dass es ein im ePUB unterstütztes Bildformat (JPEG ...) hat.

11.3 Metadaten einfügen

Metadaten sind Daten über die Daten. Die Metadaten Ihres Buches enthalten also Information über Ihr Buch. Wer es geschrieben hat, wann es erschienen ist, und Schlagwörter erklären, worum es im Buch geht. Sowie alles andere, was Sie noch hineinpacken möchten, damit die potenziellen Leser Ihr Buch finden, wenn sie etwas zum Thema suchen. Bei den Metadaten muss zumindest der Buchtitel stehen, da einige E-Reader darauf zugreifen. Der Autorenname ist auch sinnvoll.

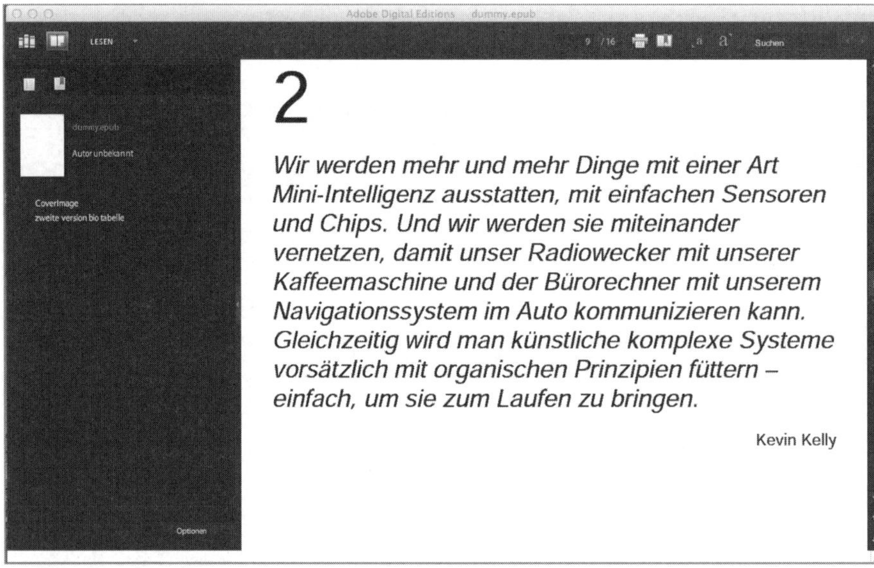

Bild 11.10: Hier sind die Metadaten nicht im Dokument eingetragen, eine verschwendete Chance

Die Schlagwörter sind für Online-Bookstores wie Amazon oder iBookstore wichtig, damit Ihr Buch dort gefunden wird.

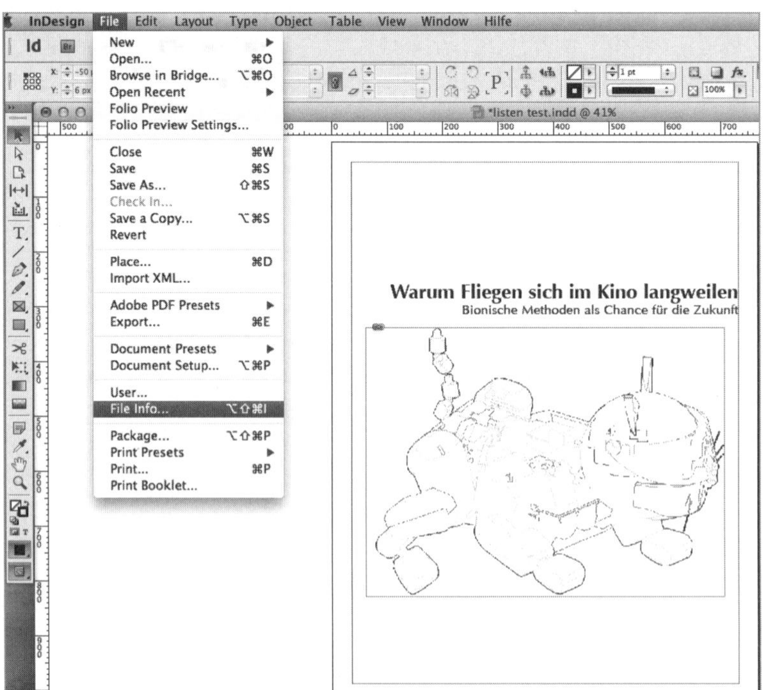

Bild 11.11: Ein bisher vermutlich eher verstecktes und wenig beachtetes Menü

Wir klicken auf *Datei* und dann auf *Dateiinformationen* (*File/File Info*).

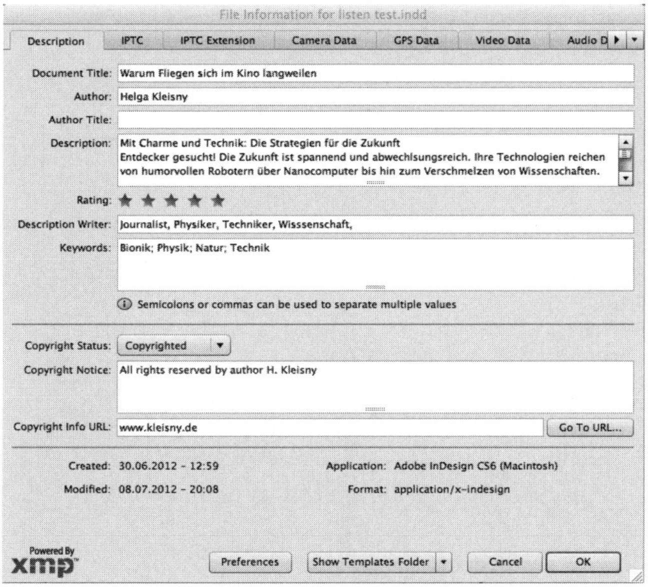

Bild 11.12: Nutzen Sie die Möglichkeit, sich und Ihr Buch von der besten Seite zu präsentieren

Hier gibt es nur wenige Felder zum Ausfüllen. Titel, Autor, Beschreibung (einige Sätze zu Ihrem Buch), Stichwörter und wer das Copyright hat. Im HTML-Code in Sigil können und sollten wir da noch weitere Informationen ergänzen.

Stichwörter werden mit Komma oder Semikolon getrennt.

Beim Exportieren als ePUB wird nun ein Häkchen bei *Metadaten miteinschließen* (*Include Metadata*) im dritten Fenster (*Advanced*) gesetzt. Sie können auch noch den Namen Ihres Verlages angeben, wenn Sie sich als Verlag betrachten und/oder eine Firma haben. All das sind Kriterien, aufgrund derer Ihr Buch gesucht und gefunden wird.

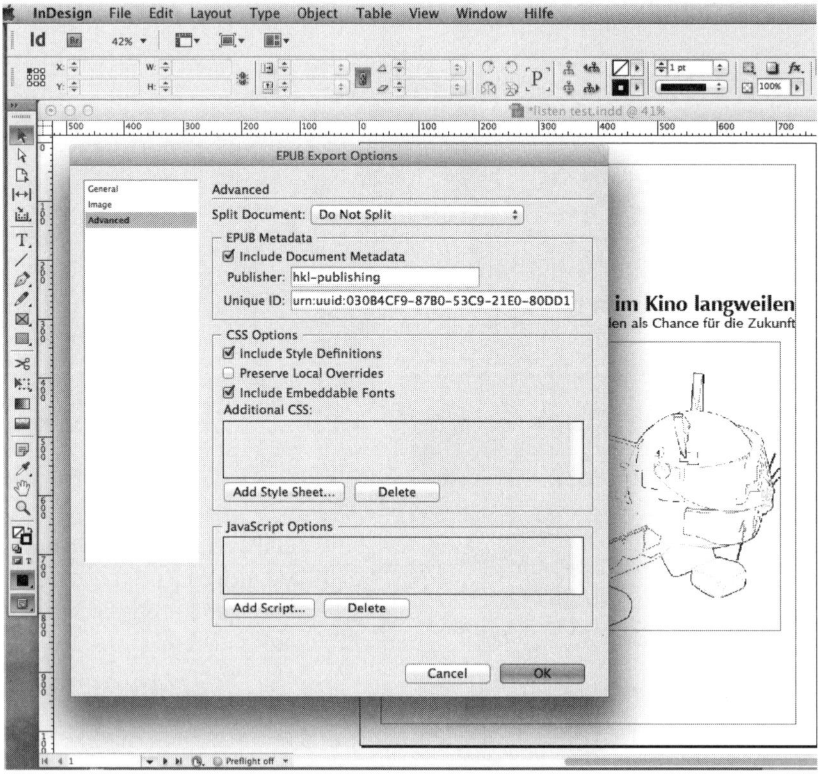

Bild 11.13: Nur mit Häkchen beim Export bleiben die Metadaten im Dokument beim Export

Nutzen Sie die Metadaten als hochwirksames Marketing- und Werbeinstrument!

11.4 TOC (Dynamisches Inhaltsverzeichnis)

Ein statisches Inhaltsverzeichnis als feste Seite im Text ergibt bei dynamisch aufgebauten und damit veränderten Seiten keinen Sinn. Der Text auf Seite 17 im iPhone steht vielleicht auf Seite 7 im iPad. Also die definierte Seitenzahl schon einmal weglassen. Über die Datei TOC erfüllt das ePUB die Suche des Lesers nach bestimmten Inhalten oder Überschriften. In ePUB3 wird diese Funktion vom NAV-Element übernommen. Das TOC wird bei der ePUB-Erstellung automatisch hinzugefügt, sofern die entsprechenden Formatvorlagen vorliegen.

Woher weiß die TOC-Datei, welche Überschriften im Inhaltsverzeichnis auftauchen sollen? Ganz einfach: Hier kommen wieder einmal die Formatvorlagen ins Spiel. Ohne die geht beim ePUB so gut wie nichts.

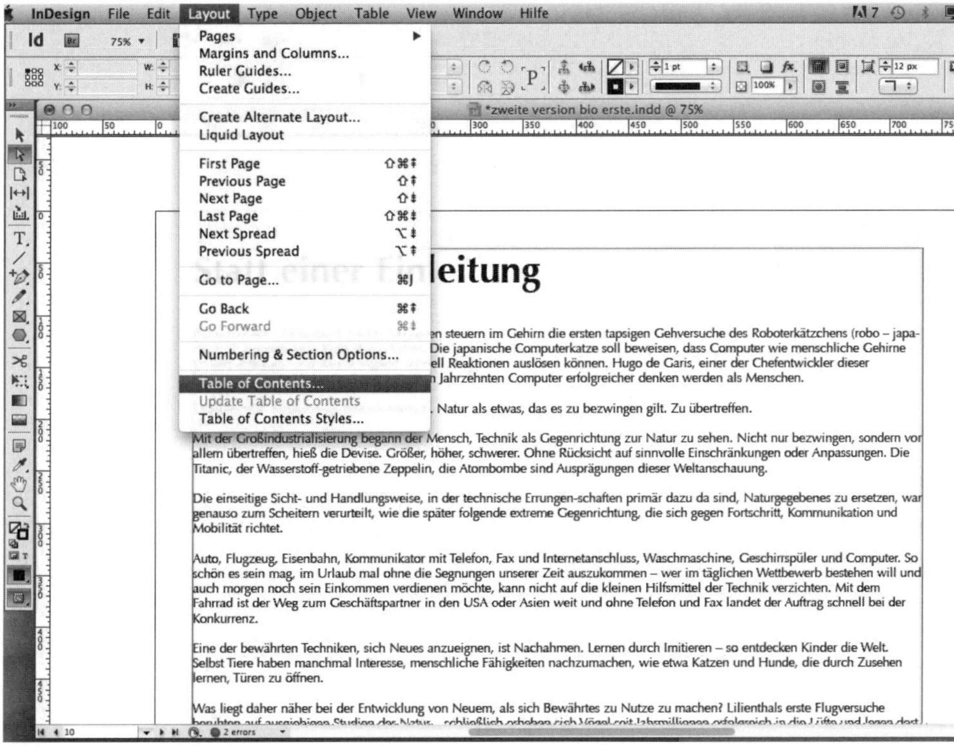

Bild 11.14: Einfach und praktisch ist die Gestaltung des Inhaltsverzeichnisses

Wählen Sie im Menü »Layout« das »Inhaltsverzeichnisformat«. Hier wählen Sie von rechts aus Ihren bereits im Dokument definierten Formatvorlagen. Mit einem Klick auf »Hinzufügen« (*Add*) werden alle Stellen mit der ausgesuchten Formatvorlage zum Inhaltsverzeichnis hinzugefügt.

Wenn Sie nichts angeben, werden die nun erstellten Inhaltsverzeichniseinträge in der Formatierung angezeigt, wie Sie sie bisher im Buch definiert hatten. Wenn Sie ein weiteres Format nur für den Inhalt definiert haben, dann können Sie dieses nun zuweisen. In unserem Bild heißt dies »kapitelschrift«.

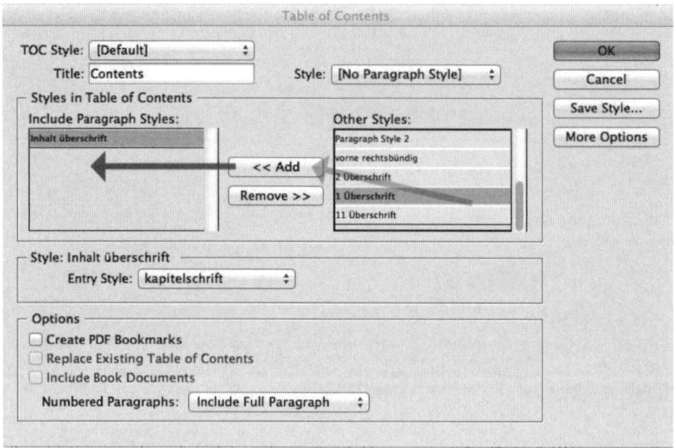

Bild 11.15: Auch ein neues Format für das Inhaltsverzeichnis ist machbar

Sie können so auch mehrstufige Überschriften erstellen, wenn Sie mehrere Formate auswählen. Dazu wählen Sie »Mehr Optionen« (*More Options*) rechts oben. Dann können Sie jedes Format (links) in Ihrem Inhaltsverzeichnis einer Ebenenhierarchie zuordnen und, falls gewünscht, die Einträge auch alphabetisch anordnen.

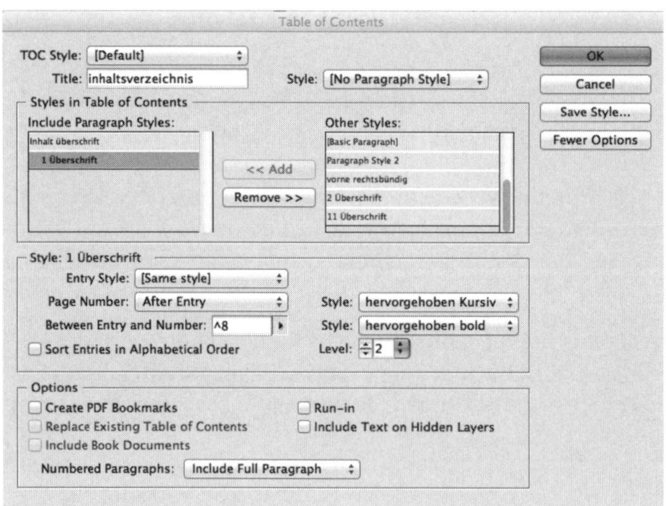

Bild 11.16: Beim Inhaltsverzeichnis bleibt kein Formatwunsch offen

11.5 Bilder und Kästchen im Textfluss

Die Sache mit dem Umfließen des Textes um eine frei wählbare Kontur funktioniert nicht, das haben wir bereits erwähnt.

Zumindest normalen, rechteckigen Objekten, also Textkästchen und Bildern, lässt sich in InDesign6 ein Objektstil zuordnen, der beim ePUB-Export bleibt. Sie müssen im Text verankert sein, dann bleiben alle Objekt-Eigenschaften (Attributes) wie Rahmengröße und

-stil, Hintergrundfarbe beim Text, Anordnung links, rechts oder zentriert, Abstand des Textes vom Rahmen auch beim Export als ePUB erhalten.

Auch das Umfließen muss ab InDesign6 nicht mehr später erst im HTML-Code eingefügt werden. Das ist ein großer Vorteil für (populär-)wissenschaftliche Bücher oder jegliche Bücher, die nicht nur aus Fließtext bestehen.

Jetzt müssen wir das Objekt (Bild oder Textrahmen) erst einmal im Text verankern. Die Bearbeitung eines Bildes sollte vorher bereits abgeschlossen sein. InDesign ist dafür nicht geeignet, da die hier entstehenden JPGs bei der Bildberechnung eine schlechtere Qualität haben, wenn sie für den ePUB-Export heruntergerechnet werden. Ähnliches gilt übrigens für Bilder in Apple's Publishing-Programm Pages. Auch da sollten die Bilder schon in der gewünschten Auflösung importiert (platziert) werden: Die Funktion in Pages, um die Bildgröße zu reduzieren, ist mehr schlecht als recht, und die Qualität der entstandenen reduzierten Bilder marginal.

Das Thema Optimierung in der Bildbearbeitung ist umfangreich und, wenn Sie hier Spezialwünsche haben, schlagen wir als Ergänzung spezielle Publikationen vor, die sich ausschließlich mit der E-Book-Herstellung aus InDesign befassen. Oder, auch stets hilfreich: googeln.

Tipp: die Lynda.com-Videos zu InDesign: *http://www.lynda.com/*, auch als Apps im App-Store (gleicher Name: lynda.com, zurzeit kostenfrei)

Jetzt definieren wir erst einmal unseren Absatzstil »Bild Links«. Sie können ihn natürlich auch anders nennen, etwa »Bild Mitte«, oder einfach »Bild« oder wie auch immer. Im Absatzstil sollte die Ausrichtung (linksbündig, zentriert ...) definiert sein und auch die Abstände vor und nach dem Bild. Zwölf Pixel sind aus unserer Erfahrung ein praktikabler Wert.

Wir könnten das Bild auch rechts oder mittig positionieren. Warum die Mehrheit mittig positioniert ist, sehen wir gleich.

Nach der Definition des neuen Absatzstils fügen Sie an die Stelle, an der Sie das Bild möchten, eine neue Zeile ein. Klicken Sie auf den neuen Stil und weisen ihn der Leerzeile zu. Der Cursor sollte einfach weiter still und leise vor sich hin blinken.

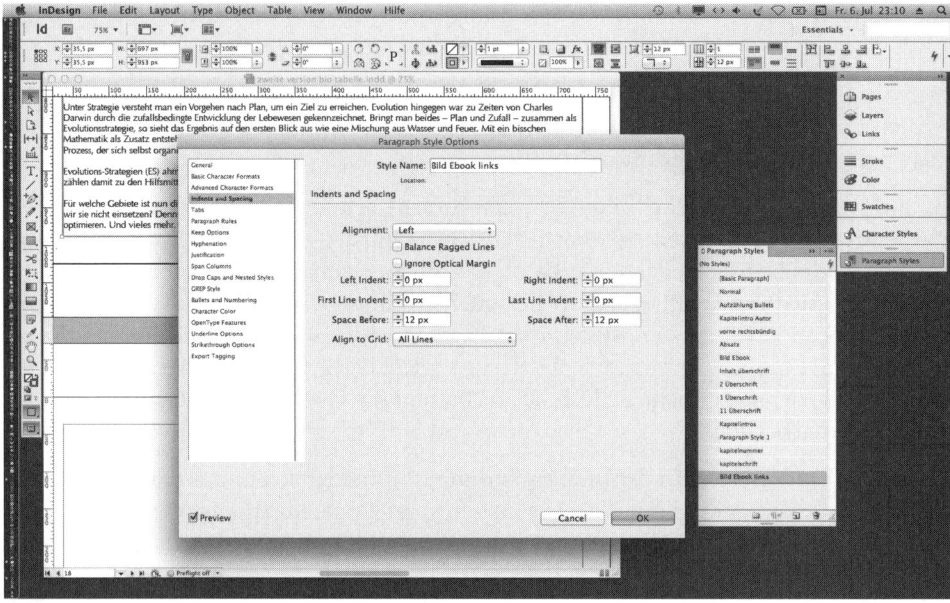

Bild 11.17: Absatzstil für linksbündiges Bild definieren

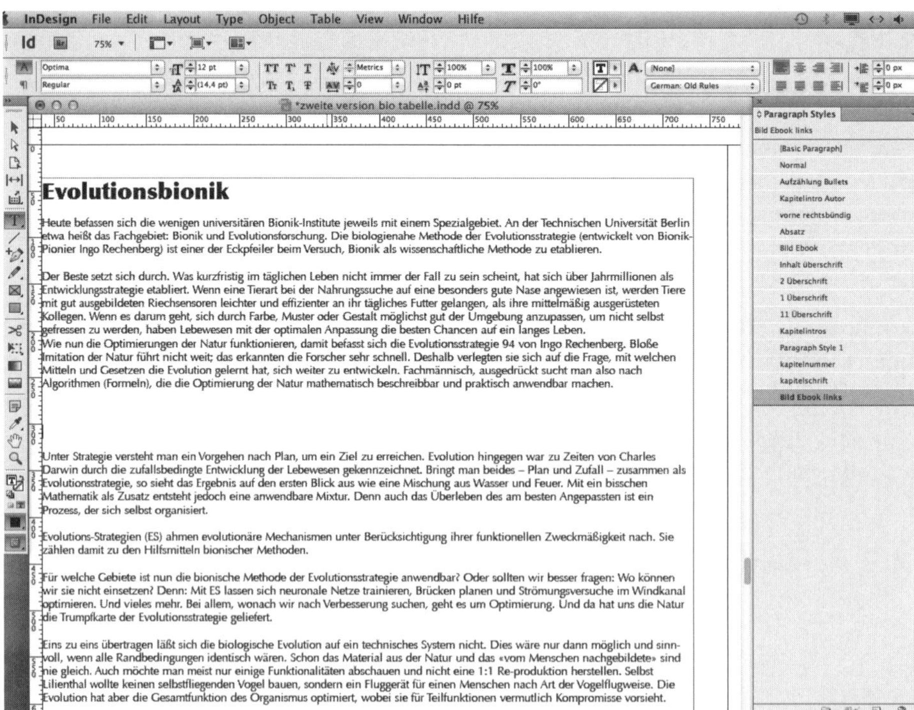

Bild 11.18: Leerzeile einfügen und neuen Bildabsatzstil zuweisen

Nun fügen wir das Bild an irgendeiner Stelle im Dokument ein, vielleicht am Ende des Kapitels oder der Seite.

(Wenn Sie nun denken, warum so umständlich, normalerweise zieht man das Bild einfach an die Stelle, an der man es haben möchte … Schön und richtig gedacht, aber das funktioniert in diesem Falle für den korrekten ePUB-Export leider nicht. Also weiter.)

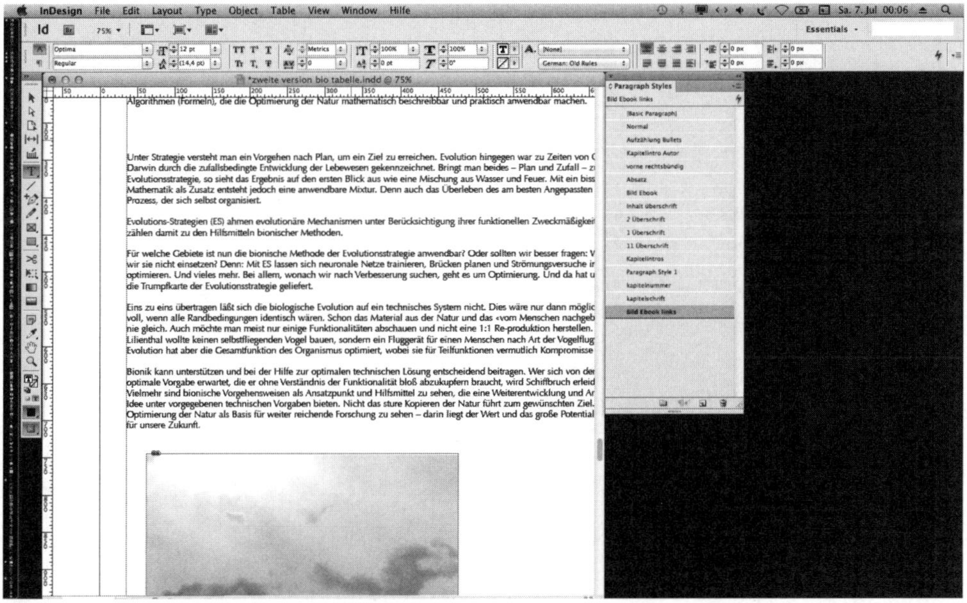

Bild 11.19: Bild ist an freier Stelle eingefügt. Jetzt muss es noch nach oben

Mit »Ausschneiden« – entweder über die Tastenkombination (je nach Computer) oder übers Menü *Bearbeiten/Ausschneiden* – entfernen wir das Bild wieder von der falschen Stelle und fügen es an der gewünschten mit »Einsetzen« ein. Genau da, wo der Cursor blinkt. Nicht darüber oder darunter, es ist nur ein Zeichen, das mit dem korrekt definierten Absatzstil versehen ist.

Bild 11.20: Das Bild ist in der InDesign-Datei an der gewünschten Stelle zu sehen

So weit, so gut. Aber wie sieht das beim Export als ePUB aus? Wir exportieren aus InDesign und öffnen in Sigil.

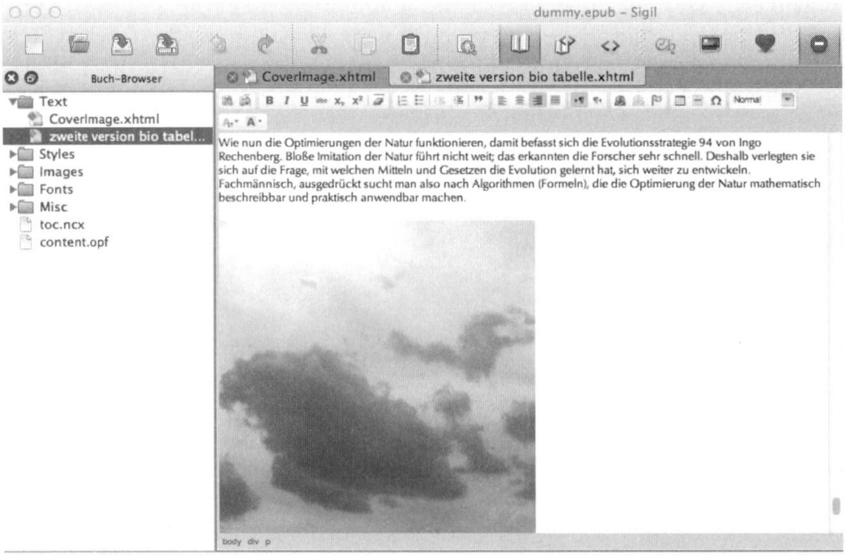

Bild 11.21: Das sieht auch im ePUB genau so aus, wie wir es definiert haben.

Es gibt noch eine zweite Möglichkeit, das Bild an der Stelle einzufügen, an der Sie es im Buch haben möchten. Die ist eleganter, hat aber den Nachteil, dass man in der InDesign-Datei die korrekte Platzierung nicht sieht.

Wenn das Bild mit dem Auswahlwerkzeug ausgewählt ist, sieht man im oberen Rand leicht rechts von der Mitte ein kleines blaues Kästchen. Hier hineinklicken, Maus nicht loslassen und das Bild so an die gewünschte Stelle ziehen. Das Programm macht das, man sieht nur die Ausführung nicht.

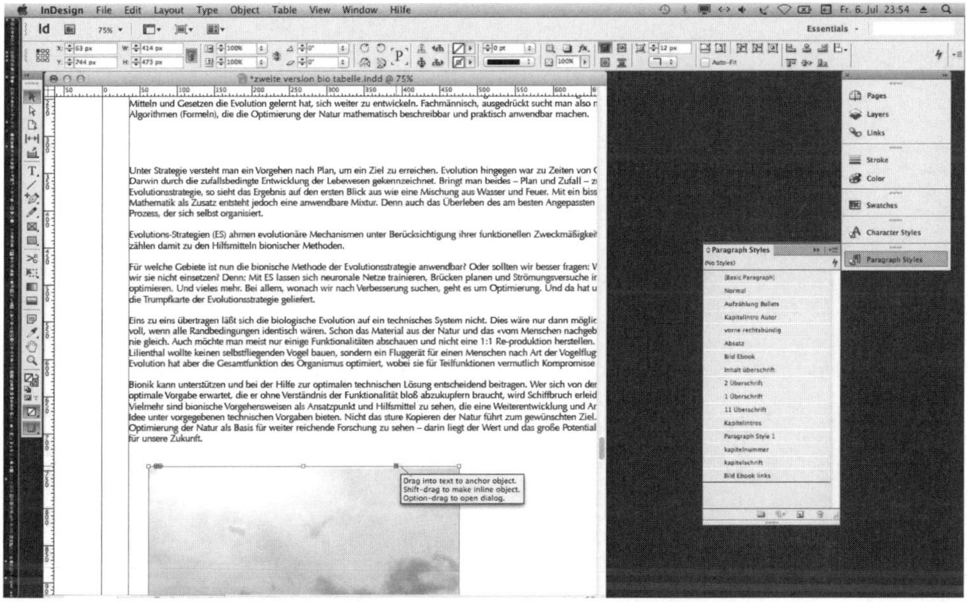

Bild 11.22: Da hat sich optisch nicht viel verändert, aber in der Funktion

Erst nach dem Export als ePUB sieht in Sigil alles wieder so aus wie mit der ersten Lösung.

Nun wollen wir noch ein wenig spielen und ergründen, was alles so möglich ist. Der Rahmen wird mit einer 2-pt-Größe in Grün gesetzt. Und ein Schatten am Bildrand muss auch noch sein. Die Schönheit und Sinnhaftigkeit all dessen soll im Hintergrund bleiben. Wir experimentieren und sehen, dass all dies auch beim Export ins ePUB erhalten bleibt. Und sowohl in Sigil als auch am iPad korrekt dargestellt wird.

Bild 11.23: Nach dem Export als ePUB sieht alles wieder so aus wie gewünscht

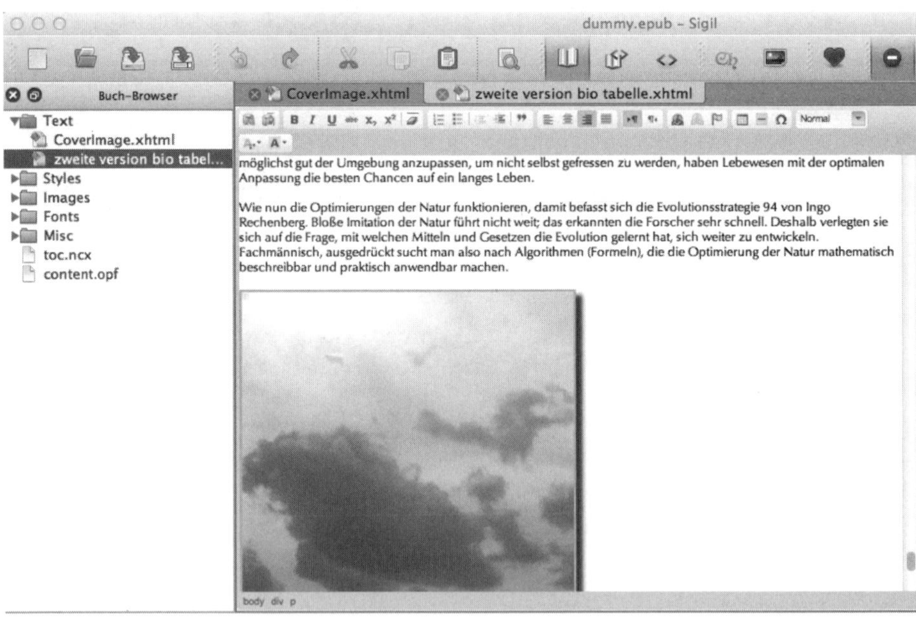

Bild 11.24: Auch in Sigil ist der Rahmen nun grün angehaucht und hat einen Schatten

Nun wäre es doch praktisch, wenn der Text das Bild umfließen würde. Der Leerraum rechts ist überflüssig. Dann sehen wir uns nochmals das Fenster mit der Absatzstildefinition an.

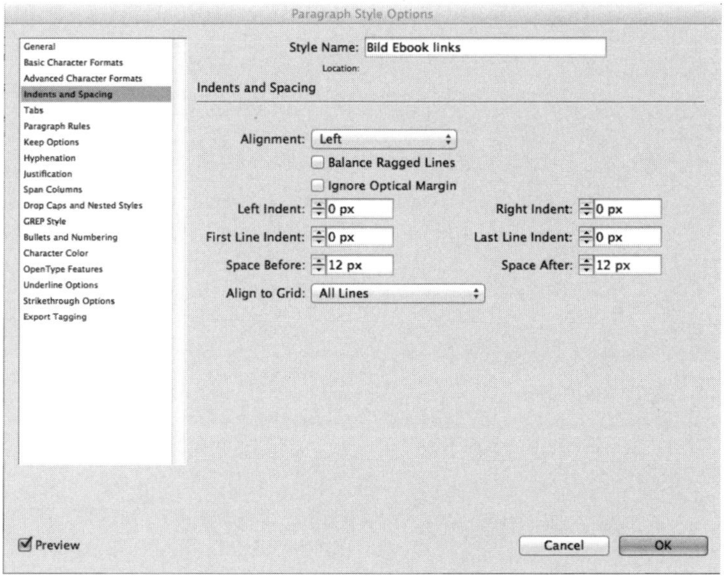

Bild 11.25: Hier lässt sich nur der Abstand oben und unten vom Bild definieren

Im Bereich »Bilder« des Dialogfelds »Digital Editions-Exportoptionen« finden Sie die entsprechenden Optionen. Legen Sie über das Menü »Bildumwandlung« fest, wie Bilder in HTML exportiert werden. Etwa, ob die Größe des Bildes festgelegt sein soll oder sich proportional zum Bildschirm verkleinern. Bei »Relativ zur Seite« wird ein relativer Prozentwert festgelegt, der auf der Größe des Bildes im Verhältnis zur Breite der InDesign-Seite basiert. Bei Auswahl dieser Option werden die Bilder proportional und relativ zur Breite des Lesebereichs neu skaliert.

Die InDesign6-»Export zum ePUB«-Optionen im Detail:

http://helpx.adobe.com/de/indesign/using/export-content-epub-cs5-5.html

In reinen ePUB(2)-Readern wird das Umfließen des Textes links und/oder rechts vielleicht mit dieser Definition nicht funktionieren.

Tipp: Aktivieren Sie die Option *Aussehen aus Layout beibehalten*, um die Bildobjektattribute aus dem Layout zu übernehmen. Das hat Vorteile, schließlich will man ja die Definitionen im E-Book sehen. Andererseits, kein Klick auf dem Kästchen hat Vorteile, wenn Sie mehrfach dasselbe Bild verwenden. Etwa eine kunstvoll designte Tilde bei jedem Kapitelanfang. Dann ist dies ein Workaround dafür, dass nicht für jedes Auftreten des Bildes eine eigene Kopie beim Export erstellt wird, sondern nur eine physikalische Kopie mit Links darauf.

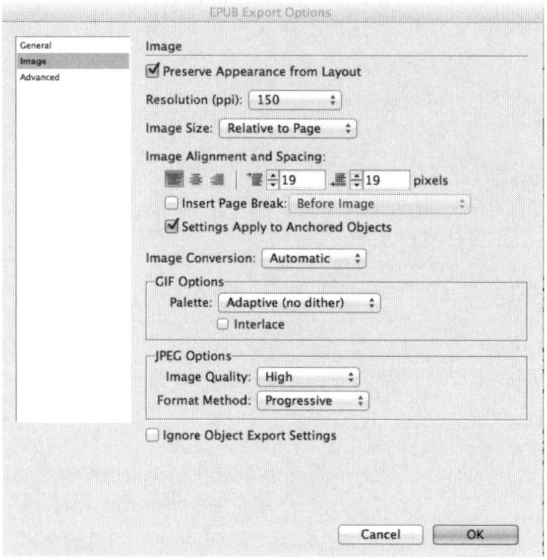

Bild 11.26: Das Menü ist gleich, egal ob für ePUB3 oder ePUB(2)

Was jetzt schön wäre, wäre ein E-Reader, der schon locker alle Features von ePUB3 umsetzen und zeigen kann.

Jetzt ist es wieder einmal Zeit für einige Gedanken. Der Vorteil an InDesign6 ist, dass es sehr an ePUB3 ausgerichtet ist. Glaubt man den hoffnungsvollen Ankündigungen des Herstellers zur Version, dann ist hier vieles machbar, was in der Vorgängerversion 5.5 nur extrem umständlich implementiert werden konnte.

Das ist im Prinzip auch richtig. Wir möchten nur ein wenig von Wolke sieben in die Realität zurückkehren. Denn es ist frustrierend, wenn all der schöne Schnickschnack, pardon, die Designfeatures, die wir implementiert haben, schon beim Import der Datei in Sigil nicht funktionieren, was so viel heißt wie, nicht dargestellt werden.

Klar, wenn man in der Adobewelt bleibt und statt dem kostenfreien Sigil etwa das kostenfreie Adobe Digital Editions zum Betrachten einsetzt, bleibt einem die schöne heile Welt länger erhalten. Sie zerfällt spätestens dann, wenn wir zum Leser gelangen und dessen (Standard-)Reader sich an unserer wunderschönen Gestaltung verschluckt oder bestenfalls sie einfach nicht darstellt. Und wenn wir auf die Bildzeile gesetzt haben – »ohne die ist der gesamte restliche Text nicht mehr verständlich« – dann wäre das schade, wenn sie einfach im Orkus des Produktionsprozesses verloren gegangen ist.

Wir befinden uns in einer durchaus spannenden Übergangs- und Entwicklungszeit. ePUBs in ihrer endgültigen Funktionalität und Schönheit sind gerade erst im Entstehen. Auch wenn es großen Spaß macht, Dinge auszuprobieren und jeweils das neueste, groß angekündigte Feature ins eigene Dokument zu übernehmen, ist mit Blick auf den Kunden, Ihren Leser, ein wenig Konservativität angebracht. Um ihn nicht zu frustrieren.

Tipp1: Erst wenn der überwiegende Teil oder zumindest das (einzige) Gerät, für das Sie Ihr Buch produzieren möchten, ein Feature (eingebettete Bildunterschrift, Rahmendicke ...) darstellen kann, dann sollten Sie dies in Ihr Dokument übernehmen. Die Frustration des Lesers schlägt leider schnell auf den Autor zurück.

Tipp2: Wenn Sie das Feature unbedingt haben wollen, aber es zurzeit noch nicht von der Erstellung zum Leser gelangt, dann sollten wir es im nächsten Produktionsschritt in HTML-Code hartcodieren. Was da als funktionsfähig durchgeht, sollte auch auf den Readern eher ankommen.

Der folgende Ausschnitt der Tabelle (Bild 11.27) zeigt den Stand Juli 2012. Die gesamte Tabelle wird kontinuierlich upgedated von der amerikanischen Book Industry Study Group BIS und ist im Netz aktuell zu finden unter

http://www.bisg.org/what-we-do-12-152-epub-30-support-grid.php?goback=.gde_2414597_member_131039944

Andererseits schlafen auch die Programmierer nicht, und so langsam beginnt die Branche zu erkennen, welcher Markt hier dahinter steckt. Neue Programmversionen von Herstellungsprogrammen, aber auch E-Readern (Hardware wie Software) kommen fast kontinuierlich auf den Markt, und morgen schon kann Ihre Arbeit von heute ein alter Hut sein.

Daher gehen wir gar nicht so im Detail darauf ein, was jetzt wo gerade schon funktioniert und wie man das Handicap notfalls umgehen kann. Das ergibt bei diesem Thema in dieser Aufbruchsphase keinen Sinn.

Tipp: Nehmen Sie zu Ihrer Arbeitserleichterung stets die neueste Programmversion Ihrer Programme und suchen Sie im Zweifelsfall im Netz nach Problemlösungen für Ihr Programm. Aber bleiben Sie konservativ in der Anwendung der Möglichkeiten der Programme.

Wenn Sie maximale Kompatibilität und maximale Funktionalität in Ihrem Buch kombinieren möchten, bleibt als einzige Lösung das regelmäßige Update Ihres Buches. Wir meinen diesmal nicht den fachlichen Inhalt, sondern funktionelle Anpassungen und damit auch Änderungen in der Umsetzung und eventuell auch in der Gestaltung des Designs. Das ist neu. Früher gab es bei Printbüchern ab und zu inhaltliche Anpassungen, gerade im Fachbuch- oder Ratgeberbereich. Die zweite, dritte oder wievielte Ausgabe auch immer. Die Forderung einer regelmäßigen Anpassung der Funktionalität eines Buches ist neu. Sie entspricht eher den Anforderungen von Software, und so verschmelzen die Buchwelt und die Apps vielleicht noch schneller als gedacht.

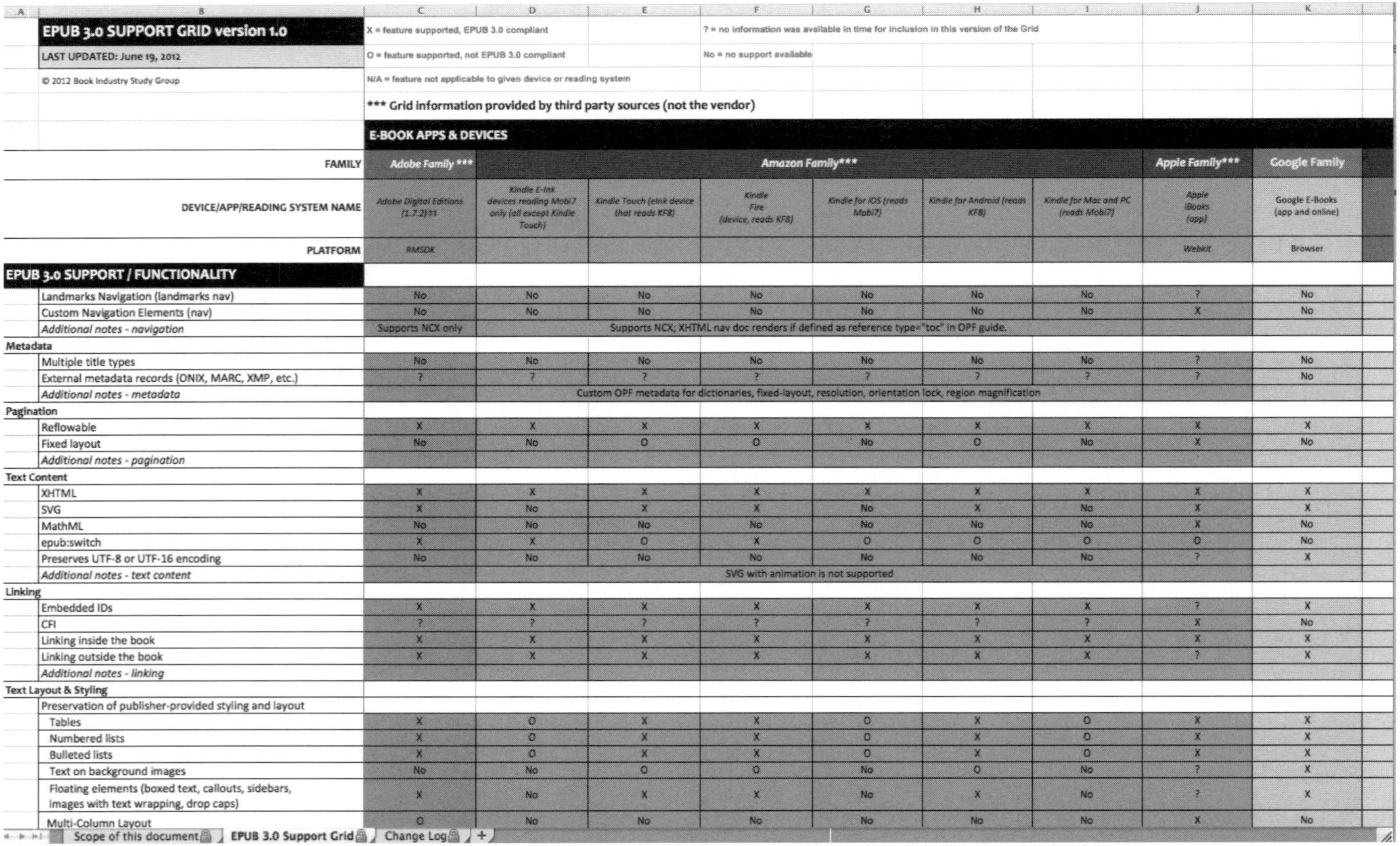

EPUB 3.0 SUPPORT GRID version 1.0

LAST UPDATED: June 19, 2012

© 2012 Book Industry Study Group

X = feature supported, EPUB 3.0 compliant
O = feature supported, not EPUB 3.0 compliant
N/A = feature not applicable to given device or reading system
? = no information was available in time for inclusion in this version of the Grid
No = no support available

*** Grid information provided by third party sources (not the vendor)

E-BOOK APPS & DEVICES

FAMILY	Adobe Family ***	Amazon Family***						Apple Family***	Google Family
DEVICE/APP/READING SYSTEM NAME	Adobe Digital Editions (1.7.2)††	Kindle E-Ink devices reading Mobi7 only (all except Kindle Touch)	Kindle Touch (eInk device that reads KF8)	Kindle Fire (device, reads KF8)	Kindle for iOS (reads Mobi7)	Kindle for Android (reads KF8)	Kindle for Mac and PC (reads Mobi7)	Apple iBooks (app)	Google E-Books (app and online)
PLATFORM	RMSDK							Webkit	Browser
EPUB 3.0 SUPPORT / FUNCTIONALITY									
Landmarks Navigation (landmarks nav)	No	No	No	No	No	No	No	?	No
Custom Navigation Elements (nav)	No	No	No	No	No	No	No	X	No
Additional notes - navigation	Supports NCX only	Supports NCX; XHTML nav doc renders if defined as reference type="toc" in OPF guide.							
Metadata									
Multiple title types	No	No	No	No	No	No	No	?	No
External metadata records (ONIX, MARC, XMP, etc.)	?	?	?	?	?	?	?	?	No
Additional notes - metadata		Custom OPF metadata for dictionaries, fixed-layout, resolution, orientation lock, region magnification							
Pagination									
Reflowable	X	X	X	X	X	X	X	X	X
Fixed layout	No	No	O	O	No	O	No	X	No
Additional notes - pagination									
Text Content									
XHTML	X	X	X	X	X	X	X	X	X
SVG	X	No	X	X	No	X	No	X	X
MathML	No	No	No	No	No	No	No	X	No
epub:switch	X	X	O	X	O	O	O	O	No
Preserves UTF-8 or UTF-16 encoding	No	No	No	No	No	No	No	?	X
Additional notes - text content		SVG with animation is not supported							
Linking									
Embedded IDs	X	X	X	X	X	X	X	?	X
CFI	?	?	?	?	?	?	?	X	No
Linking inside the book	X	X	X	X	X	X	X	X	X
Linking outside the book	X	X	X	X	X	X	X	?	X
Additional notes - linking									
Text Layout & Styling									
Preservation of publisher-provided styling and layout									
Tables	X	O	X	X	O	X	O	X	X
Numbered lists	X	O	X	X	O	X	O	X	X
Bulleted lists	X	O	X	X	O	X	O	X	X
Text on background images	No	No	O	O	No	O	No	?	X
Floating elements (boxed text, callouts, sidebars, images with text wrapping, drop caps)	X	No	X	X	No	X	No	?	X
Multi-Column Layout	O	No	No	No	No	No	No	X	No

Scope of this document | EPUB 3.0 Support Grid | Change Log

Bild 11.27: Als reales Gegengewicht zu den hehren Versprechungen der Industrie

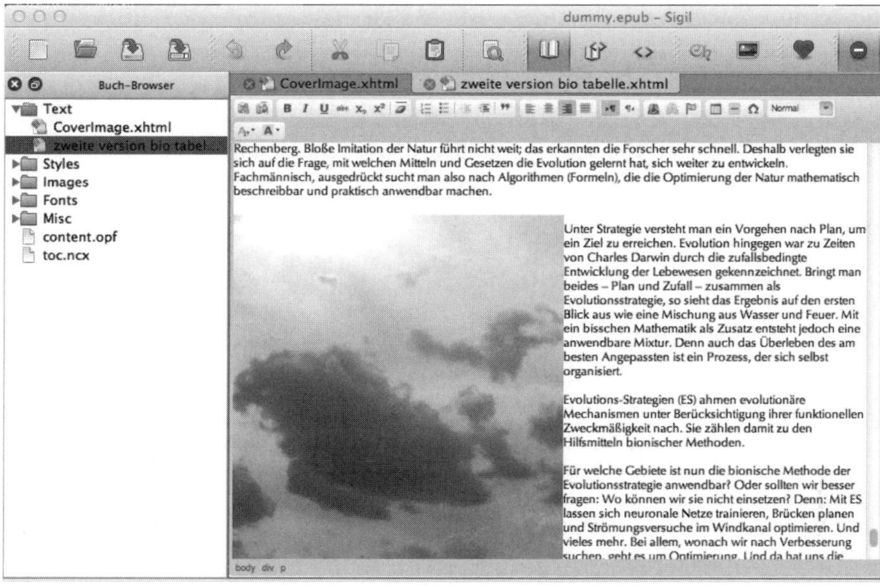

Bild 11.28: Das Bild allein würde besser wirken als der fehlende Leerraum

11.6 Das obere Ende: Adobe Digital Publishing Suite

Mit InDesign CS6 können Designer bereits Tablet-Inhalte für verschiedene Bildschirmgrößen und Endgeräte aufbereiten. Liquid Layout und Alternate Layout heißen die Stichworte dazu. Für die Herstellungsprofis geht es noch weiter. Aber alles hat seinen stolzen Preis. Wir möchten das hier auch nur erwähnen, denn für Autoren einzelner textlastiger Bücher ist dies sicher kein akzeptables Preis-Leistungs-Verhältnis. Aber es schadet ja nie, wenn man weiß, wohin die Reise geht und was prinzipiell möglich ist.

Vergleich der Editionen | Preise | Fachhändler

	Included with Adobe InDesign® CS6	Single Edition	Professional Edition	Enterprise Edition
Design and create an unlimited number of .folio files	•	•	•	•
Preview interactive content on desktop and iPhone, iPad, iPod Touch, Kindle Fire and other Android devices	•		•	•
Preview interactive content on desktop and iPad	•	•		
Share content with clients and colleagues	•	•	•	•
Sell single-.folio applications through the Apple App Store		•	•	•
Sell multi-.folio applications through the Apple App Store and Amazon Kindle Fire Newsstand payment system — single-issue or subscription purchase			•	•
Sell multi-.folio applications through the Android Marketplace app payment system — single-issue purchase			•	•
Access prebuilt analytic reports			•	•

Bild 11.29: Irgendwann werden sich vielleicht auch Autoren mit nur einem Buch hier wiederfinden

Die »Folio Producer-Werkzeuge« und das »Folio Builder-Bedienfeld« sind die beiden essenziellen Bestandteile der DPS-Werkzeuge.

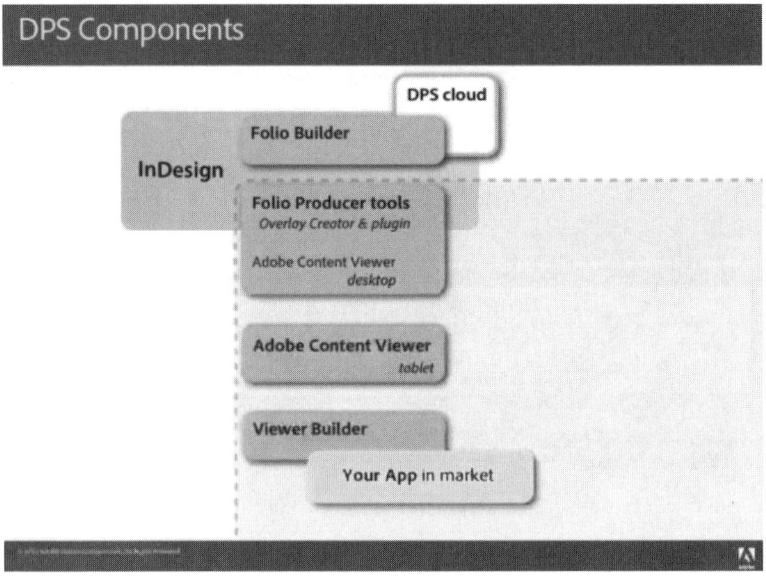

Bild 11.30: Der Arbeitsablauf mit der Digital Publishing Suite

Mit dem Bedienfeld können Sie sogenannte Folio-Dateien erstellen, verwalten, (nur zu Apple) hochladen und freigeben sowie die Freigabe rückgängig machen. Interaktive Überlagerungen fügen Sie mit dem Bedienfeld »Folio-Überlagerung« zu InDesign-Layouts hinzu. Das sind etwa Hyperlinks, Diashows, Audio und Video, Panoramen, Web-Inhalte oder Schwenk- und Zoom-Effekte.

Dies ist nicht nur preislich das (hoffentlich) obere Ende der Fahnenstange vom Publizieren fürs Netz. Gedacht ist es eigentlich für interaktive Zeitschriften, die sich nicht mehr von Apps unterscheiden lassen: Eine Zeitschrift ist eine App ist eine Zeitschrift. Nur, worin bitte besteht der Unterschied zu einem interaktiven Buch? Außer, dass Magazine heute noch von großen Verlagen hergestellt werden, die über ein gutes finanzielles Polster verfügen, das sie solche Programme zur Erstellung locker bezahlen lässt?

Wir als Autoren mit ein oder, hoffentlich mit der Zeit, mehreren Büchern kommen vom anderen Ende, technisch und vermutlich auch finanziell gesehen.

11.7 Von Listen und Tabellen ...

Alle Knöllchen (Bullets) sehen auch nach dem ePUB-Export so aus, wie sie definiert wurden. Vorausgesetzt, Sie haben die Aufzählung übers Absatzformat definiert.

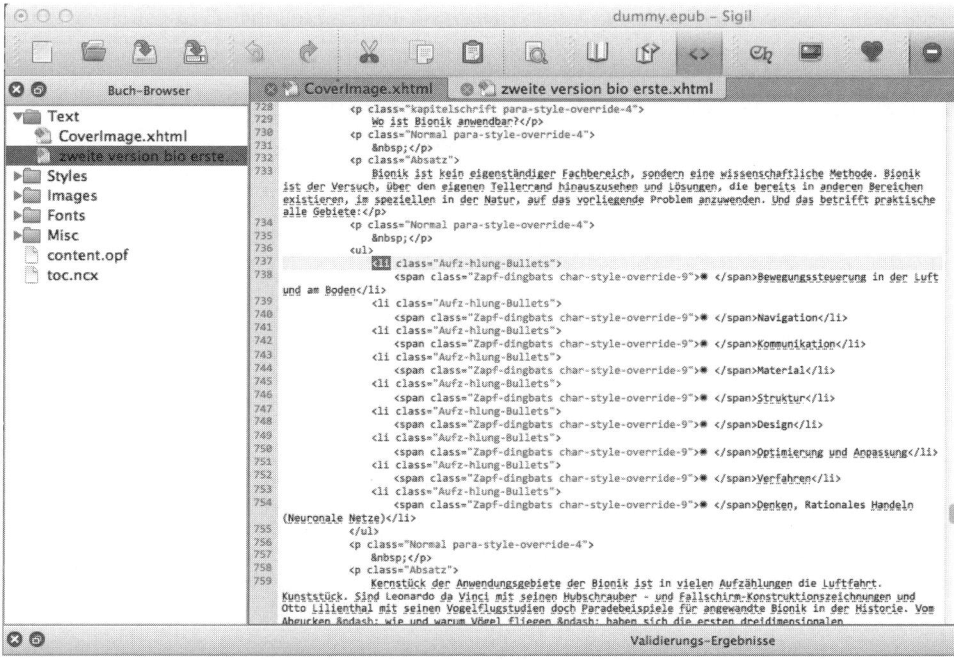

Bild 11.31: HTML kennt keine Umlaute: class="Aufz-hlung-Bullets"

> **Tipp:** Natürlich sind Sie in der Namensgebung für Ihre Stile frei. Für die spätere Weiterbearbeitung im HTML-Code, in der Ihre Stile zu HTML-Elementen umgewandelt werden und zunächst genauso benannt werden, sollten Stilbezeichnungen für den ePUB-Export – im Gegensatz zu vielen Beispielen in diesem Buch – keine Umlaute enthalten.

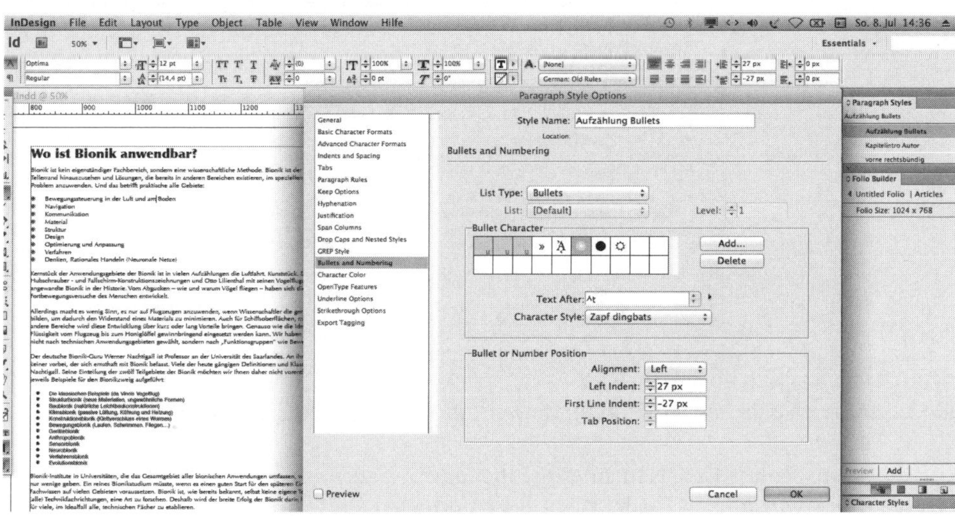

Bild 11.32: Die Definition und das Resultat in InDesign

Die Liste sieht schon mal klasse aus. Und, auch wenn der Text zu einem Bullet mehr als eine Zeile umfasst, steht alles exakt untereinander. Schön.

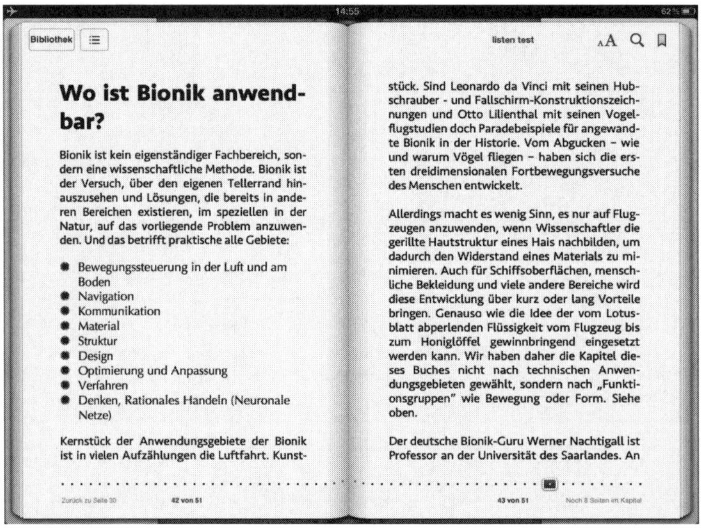

Bild 11.33: Sieht auf dem iPad passabel aus

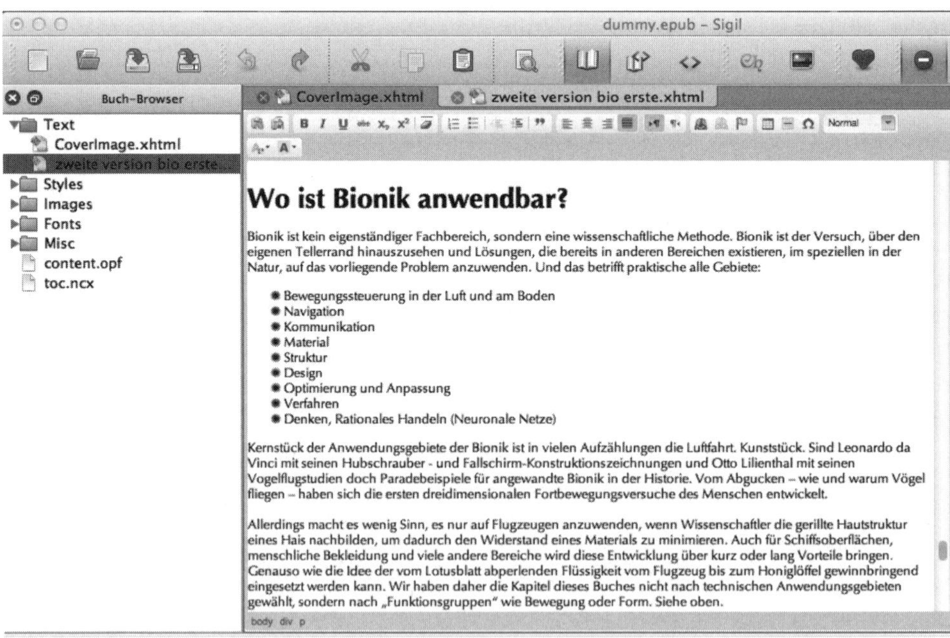

Bild 11.34: Auch Sigil (immer ein guter Hinweis für alle Nicht-Äpfel) bringt die Liste

Allerdings wurden die Bullets in einer nicht gängigen Schrift definiert: Ob die *Zapf Dingsbats* oder die *Wingdings* auf jedem E-Reader enthalten ist? Wohl kaum. Möchten Sie auf Nummer sicher gehen, sollten Sie die Bullets dann besser standardmäßig mit der normalen

Textschrift erstellen. Diese werden dann im Zweifelsfall auf dem Reader durch Bullets der dort vorhandenen Schrift ersetzt. Tabellen sind (noch) eine ähnliche Krux. Der Arbeitsaufwand, sie aus InDesign ins ePUB mit exakt gleicher Optik auf allen Abspielgeräten zu exportieren, ist hoch und unerfreulich. Siehe zum Stichpunkt: Tabellen auch das (nächste) Kapitel *Spezielles im Design*.

Wenn schon eine Tabelle unbedingt hardcodiert als Tabelle im Dokument stehen soll, dann wäre eine direkte Definition im HTML-Code (Sigil …) schneller und sauberer. Wenn wir aber noch etwas weiter denken, dann sehen wir, dass die meisten E-Reader Tabellen, egal wie sie nun definiert sind, gerne in die Mangel nehmen und sehr kreativ wiedergeben. Was vermutlich weder dem Autor noch dem Leser gefallen dürfte.

Wenn Sie also ganz sichergehen möchten, dass die Tabelle beim Leser so ankommt, wie Sie sie erstellt haben, dann empfiehlt es sich, sie wunderschön und optimal im Programm Ihrer Präferenz zu erstellen und daraus ein Bild (JPG) zu machen, das dann 1 : 1 ins ePUB eingefügt wird. Das trifft umso mehr zu, je komplexer die Tabelle aufgebaut ist.

11.8 Einteilung in Kapitel

Ein immerwährendes Thema, das endlich gelöst scheint. Meist möchte man ja, dass in einem Buch mit jedem Kapitel eine neue Seite beginnt. Das ließ sich zwar auch schon früher erstklassig in InDesign anlegen, dies beim Export zum ePUB zu erhalten, oder besser gesagt, erneut zu bekommen, war aber recht umständlich.

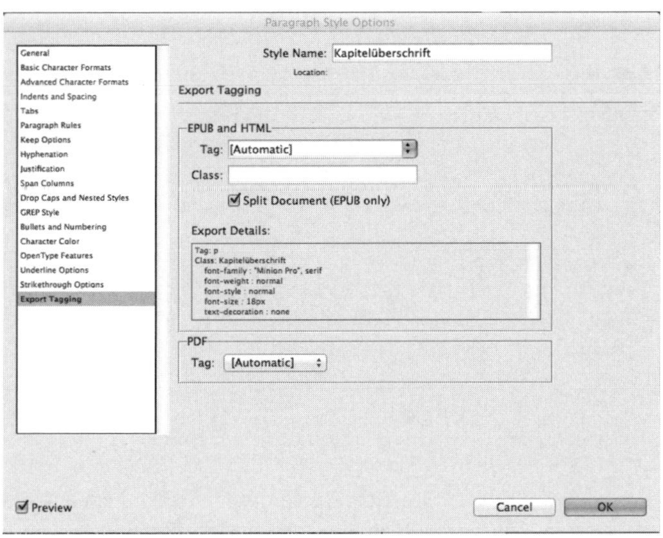

Bild 11.35: Im letzten Submenü des Absatzmenüs: *Export Tagging* ein Häkchen bei *Split Document*

Über die Definition des Absatzformates läuft das nun recht harmonisch und einigermaßen logisch nachvollziehbar. Wenn Sie in der Kapitelüberschrift – egal, ob Sie diese nun Kapitelüberschrift h1 oder sonst wie benennen – festlegen, dass hier getrennt werden soll, dann wird dies beim Export zum ePUB sauber ausgeführt.

Möchten Sie andernorts noch eine neue Seite ohne neues Kapitel beginnen, so müssen Sie dort eine Leerzeile einfügen mit Ihrer Kapitelüberschrift, oder aus Satz-/Abstandgründen eventuell einer weiteren, kleineren dafür definierten Schrift. Dass die Seite dann halt eine Zeile tiefer beginnt, geht nicht anders, wenn wir die Page Breaks so in InDesign definieren wollen.

Oder wir warten auf die Bearbeitung in Sigil. Dort funktioniert dies einfach und ohne Leerzeile.

11.9 Datei von Schriften bereinigen

Vor dem Export der Datei als ePUB sollten wir noch einen Blick auf das Menü der eingesetzten Schriften werfen. Klar, alles ist vorbildlich mit Formatvorlagen definiert. Trotzdem können durch den Import des Textes aus der Vorgänger-Textversion noch kleine Stellen übrigbleiben, unsichtbar für das Auge, in denen alte Schriften noch vorhanden sind.

Das kann typischerweise bei Leerzeilen passieren. Obwohl hier nichts Sichtbares steht, ist im Textformat der Zeile vielleicht noch an der ein oder anderen Stelle die »alte« Schrift definiert. Oder in bereits schön importierten Kapitälchen, die wir im InDesign nicht mehr angefasst haben, weil sie passten. Möglichkeiten gibt es viele …

Das Programm sieht alles und spätestens beim Import und der Validierung in Sigil taucht das als Fehlermeldung auf. Es kann auch dort noch leicht behoben werden, aber Fehlerstellen sollten so früh wie möglich im Produktionsprozess unterbunden sein. Denn vielleicht entsteht aus der InDesign-Datei später noch eine andere Version, und dann müsste dies erneut gemacht werden.

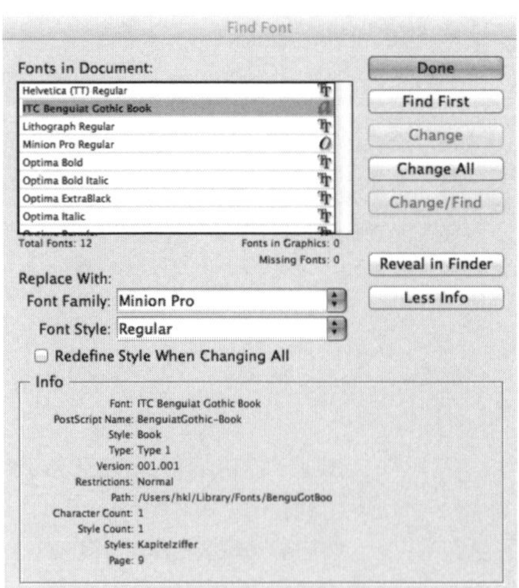

Bild 11.36: Schriften anzeigen deckt auch auf, wo sich nicht mehr verwendete Schriften verstecken

Unter *Schrift/Schrift anzeigen* sehen wir alle im In Design-Dokument enthaltenen Schriften. Und mit »Im Finder anzeigen« (Reveal in Finder) sehen wir auch genau die Stellen, an denen sie auftritt. Wir können die Leerzeichen und/oder Leerzeilen streichen und damit die spätere Fehlermeldung in Sigil bereits jetzt eliminieren.

12 Spezielles im Design

Speziell ist etwas, das den normalen Rahmen sprengt. In unserem Fall, Dinge die man normalerweise nicht macht, aber aus irgendwelchen Gründen sich doch einmal ansehen und vielleicht überlegen sollte oder sogar muss.

12.1 Vom PDF zum ePUB

Ein PDF ist, wie bereits erwähnt, ein abgeschlossenes Format und damit die denkbar schlechteste Lösung, um daraus ein ePUB zu erstellen. Sollten Sie irgendwie auf die Quelle, auf die Ursprungsdatei, aus der das PDF erstellt wurde, Zugriff haben, starten Sie besser damit.

Oder Sie beschließen und überzeugen sich oder Ihren Kunden, dass zurzeit das PDF die bessere Wahl ist, für den Fall, dass das Dokument genau so aussehen soll, wie im PDF dargestellt und nicht neu umgesetzt in ein ePUB. Beide Formate haben Vor- und Nachteile, die in den vorhergehenden Kapiteln erörtert wurden. Nicht nur bei Bilderbüchern und Fotobänden ist ein ständig wandelbares Layout dem Autor als Hersteller ein Graus.

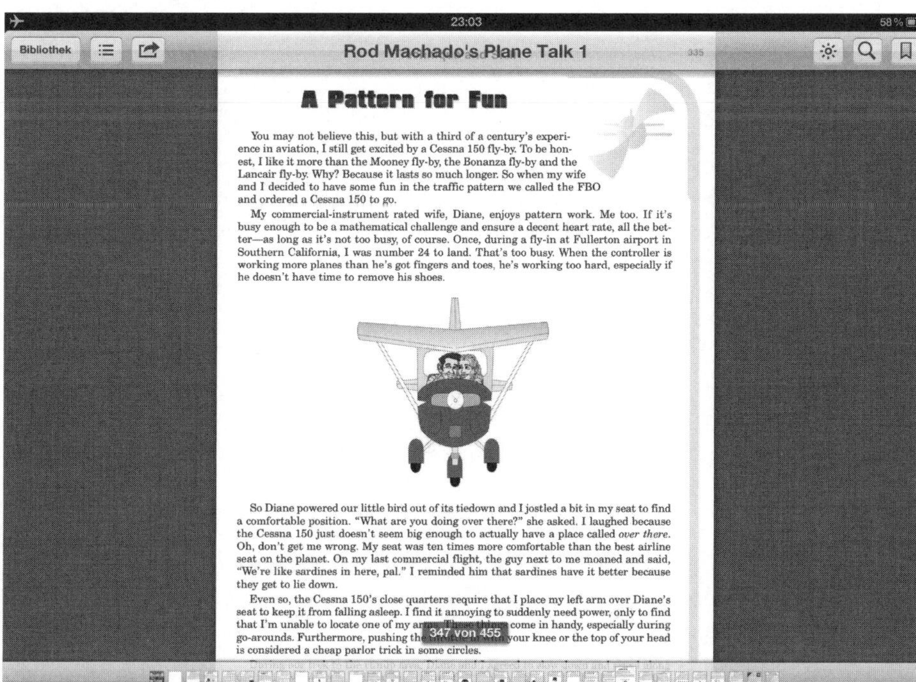

A Pattern for Fun

You may not believe this, but with a third of a century's experience in aviation, I still get excited by a Cessna 150 fly-by. To be honest, I like it more than the Mooney fly-by, the Bonanza fly-by and the Lancair fly-by. Why? Because it lasts so much longer. So when my wife and I decided to have some fun in the traffic pattern we called the FBO and ordered a Cessna 150 to go.

My commercial-instrument rated wife, Diane, enjoys pattern work. Me too. If it's busy enough to be a mathematical challenge and ensure a decent heart rate, all the better—as long as it's not too busy, of course. Once, during a fly-in at Fullerton airport in Southern California, I was number 24 to land. That's too busy. When the controller is working more planes than he's got fingers and toes, he's working too hard, especially if he doesn't have time to remove his shoes.

So Diane powered our little bird out of its tiedown and I jostled a bit in my seat to find a comfortable position. "What are you doing over there?" she asked. I laughed because the Cessna 150 just doesn't seem big enough to actually have a place called *over there*. Oh, don't get me wrong. My seat was ten times more comfortable than the best airline seat on the planet. On my last commercial flight, the guy next to me moaned and said, "We're like sardines in here, pal." I reminded him that sardines have it better because they get to lie down.

Even so, the Cessna 150's close quarters require that I place my left arm over Diane's seat to keep it from falling asleep. I find it annoying to suddenly need power, only to find that I'm unable to locate one of my [illegible] come in handy, especially during go-arounds. Furthermore, pushing th[illegible] your knee or the top of your head is considered a cheap parlor trick in some circles.

Bild 12.1: Ein PDF, das wesentlich leserfreundlicher ganz leicht als ePUB umzusetzen wäre

Bild 12.2: Das ist das obere Ende eines ePUBs im Netz, mit normalen Mitteln schwer zu realisieren

Damit wir Sie aber nicht im Regen stehen lassen – wenn das PDF die einzige Quelle ist, die Sie zur Verfügung haben, um daraus das ePUB zu erstellen, und die Umwandlung sein muss:

Sie brauchen (Adobe) Acrobat Pro, oder zumindest jemanden, der für Sie den Export daraus erledigt. Acrobat Pro ist nicht der kostfreie Adobe Reader oder Flash Player, der auf jedem Computer üblicherweise vorhanden ist, sondern ein kostenintensives Programm aus der Adobe-Design-Reihe.

http://www.adobe.com/de/products/acrobatpro/features.html

Sie importieren das PDF in Acrobat Pro und exportieren daraus als HTML-Code mit CSS (Style Sheets). Die HTML-Datei lässt sich dann in einem Webbrowser oder einem HTML-Editor weiterbearbeiten. Wir müssen vermutlich noch Fußnoten, Kopfzeilen und anderes bereinigen, was jetzt in dieser Form ungeordnet mitten im Text steht und da nicht hingehört.

Anmerkung: Es gibt im Internet auch kostengünstigere Programme (etwa *pdftoepub*) oder sogar kostenfreie Open-Source-Programme, die diese Umwandlung beherrschen. Inwieweit deren Ergebnis Ihren Vorstellungen entspricht, testen Sie bitte. Ein wenig googeln nach den Ergebnissen anderer bringt die Erleuchtung …

Wenn Sie nur mehr den tatsächlichen Text haben, dann können Sie zur normalen Weiterbearbeitung in Sigil übergehen.

Was sich hier so schnell liest, kann in der Praxis zeitraubend, nervtötend und einfach ätzend sein. Die Überlegung, den Text trotz PDF-Datei neu zu erfassen und, wie beschrieben, mit »Word«... oder »InDesign«... von null auf neu zu starten, ist eine Überlegung wert.

Einen klitzekleinen Vorteil hat das PDF als Startdatei, wenn das PDF viel Grafiken und/oder Fotos enthält. Was ja üblicherweise der Grund dafür ist, warum man ein PDF erstellt. Beim Export nach HTML platziert Acrobat alle Bilder und Grafiken in einen eigenen Ordner, mit dem es sich prima in InDesign weiterarbeiten lässt. Oder wir können in einem Batchprozess in Photoshop alle Fotos auf einmal verkleinern bzw. wie auch immer verändern. Der Prozess der Erstellung aus dem PDF hilft also bei Ordnung und Struktur.

Das Format der Fotos, die so von Acrobat exportiert werden, ist meist recht brauchbar fürs ePUB. Bilder mit mehr als 600 Pixeln Breite bieten sogar eine höhere Auflösung, als wir sie fürs ePUB benötigen. Aber herunterreduzieren geht immer. Nur der umgekehrte Weg nicht.

Der Umweg über Acrobat Pro ist leider notwendig. Wenn Sie das PDF direkt etwa in InDesign importieren, dann ist das Resultat ein einziges Bild, von der ersten bis zur letzten Zeile. Ohne manipulierbaren Inhalt. Eben ein Bild. Wir brauchen fürs ePUB aber den Inhalt aufgesplittet in Dateien mit Text, mit Formatierung und mit Bildern.

12.2 HTML-Code in InDesign einbetten

Das hört sich zunächst echt schräg an: Ab der Version 6 kann man in InDesign HTML-Code einbetten. Gedacht ist dies für ganze Einheiten (snippets), die eine Multimediafunktion realisieren. Etwa für YouTube-Videos oder Google Maps. Sie können in InDesign zwar nicht ausgeführt werden, aber immerhin schon in die Datei hineingepackt werden.

Tipp: Was in den HTML-Zeilen steht, wird in InDesign nicht bewertet, wir können also hier auch andere Anpassungen gleich vornehmen. So richtig bequem zum Programmieren ist das nicht. Wenn wir also etwas erst anpassen wollen und genaue Werte, etwa für die Farbe oder Größe, noch nicht kennen, dann ist das kein Mittel zum Zweck. Aber, wenn wir etwa abgeschlossene (sonst bekommen wir später Probleme!) HTML-Elemente für eine Funktion importieren wollen, dann ist es wieder einmal besser, diese so früh wie möglich im Produktionsprozess in die Datei zu befördern.

12.2.1 Tabelle als HTML-Code einfügen

Die Funktion des HTML-Code-Einfügens lässt sich prima ausnutzen, um etwa Tabellen zu realisieren. Die sehen zwar in der InDesign-Datei ungewohnt hässlich, deplatziert und nicht dazugehörig aus – sind dafür aber beim ePUB-Export bereits in der Datei enthalten und sofern die HTML-Codierung korrekt ist, sieht das Ergebnis in der ePUB-Datei wie aus dem Ei gepellt aus. Oder zumindest genau so, wie es definiert wurde.

Wir schreiben statt InDesign ganz simpel »ID«. HTML-Code kann man in einer ID-Datei nur in ein Objekt hineinplatzieren. Ziehen Sie an der Stelle, an der Sie die Tabelle platzieren möchten, (am besten) ein Rechteck auf, das im Text fixiert ist. Sie können dazu Ihr normales Format für ein fixiertes Bild nehmen. Auf den leeren Rahmen und unter *Objekt* auf »HTML-Code einfügen« klicken. Dann öffnet sich ein Fenster mit einer Standard-HTML-Zeile, die Sie durch Ihren gewünschten HTML-Code ersetzen.

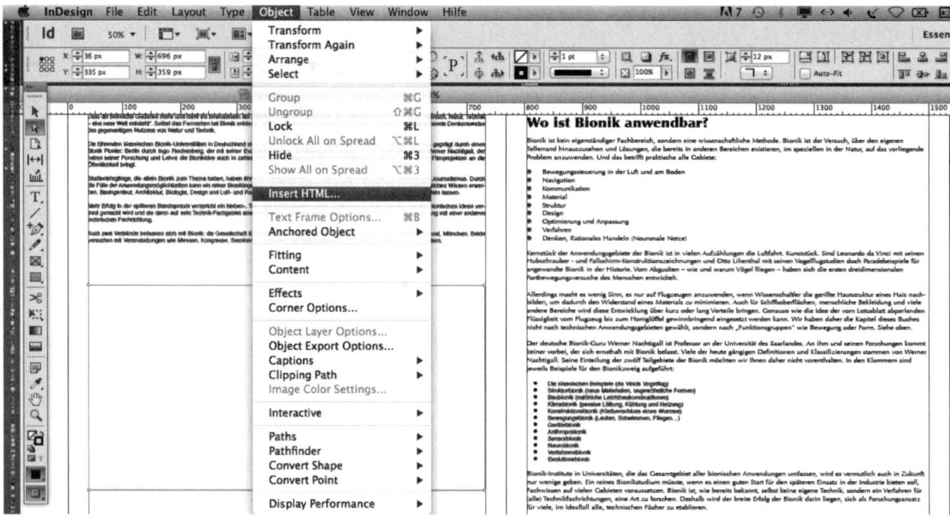

Bild 12.3: Mit einen leeren Objektrahmen (verankert) geht es los: *Objekt/HTML_Code einfügen*

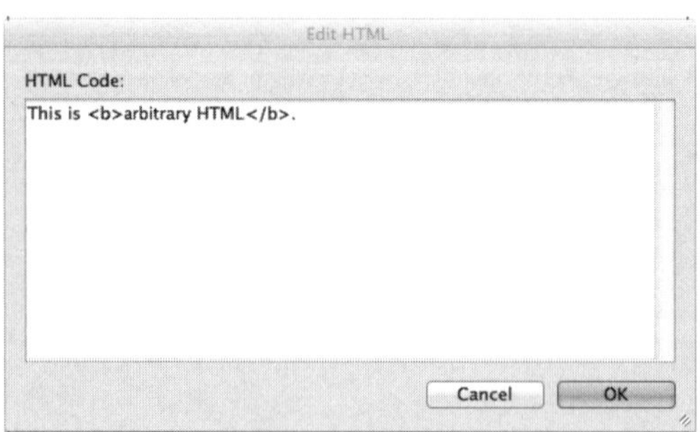

Bild 12.4: Das Fenster mit Platzhaltertext

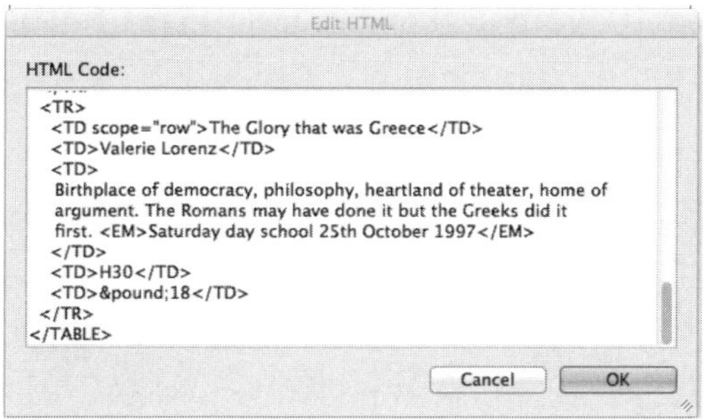

Bild 12.5: Der Platzhalter-Text wird durch unseren HTML-Code ersetzt

Das Ergebnis sieht in InDesign absolut grottig aus. Das ist vermutlich der Grund, warum noch kein Designer diesen Weg empfohlen hat.

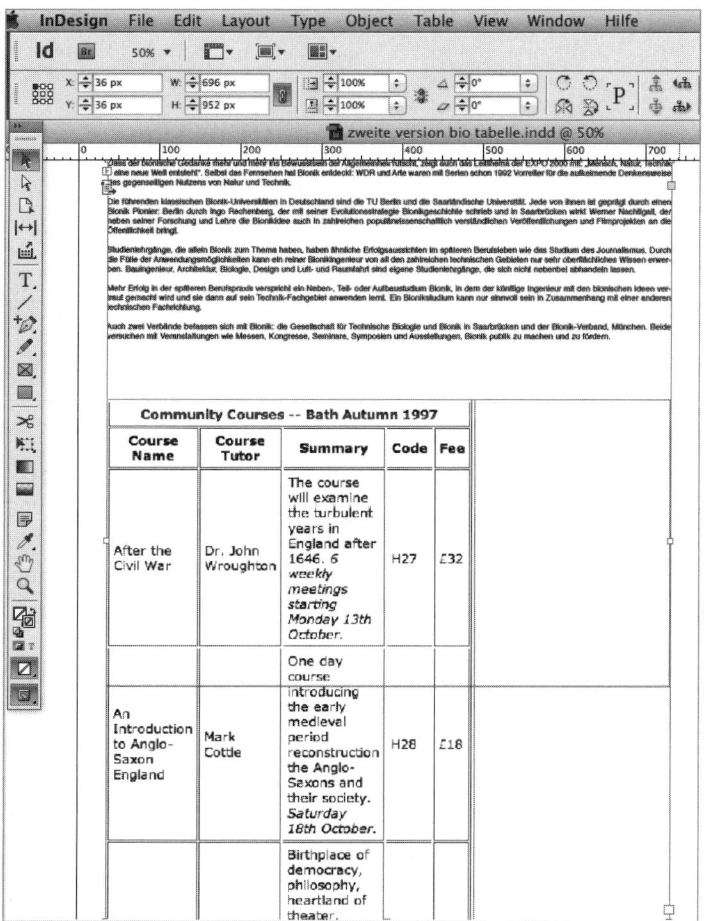

Bild 12.6: Das sieht grenzwertig aus in InDesign ...

Nicht abschrecken lassen.

Exportieren Sie Ihr Dokument als ePUB und sehen sich das Resultat in einem ePUB-Reader (etwa Sigil) an.

Wunderschön.

Perfekt.

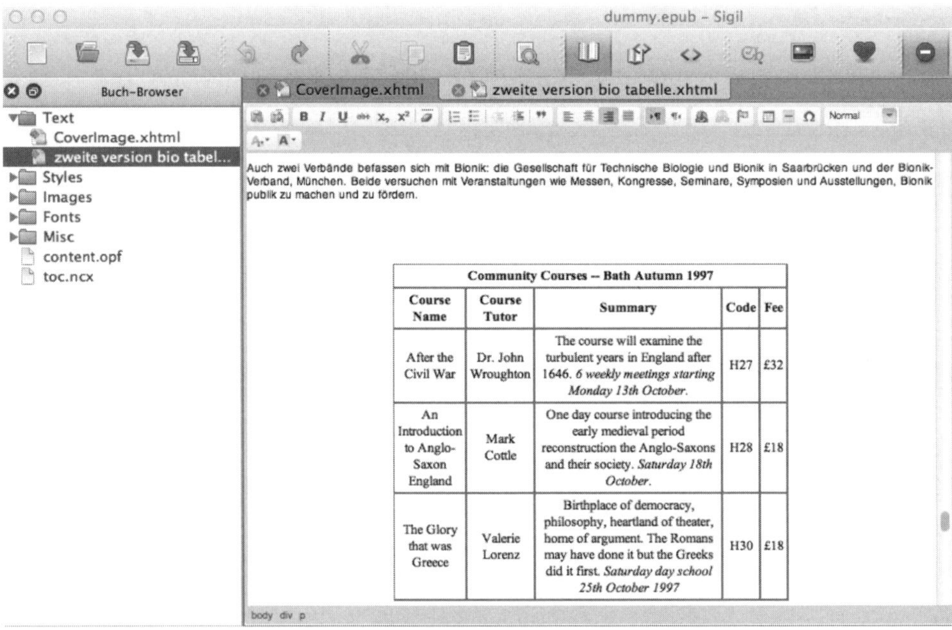

Bild 12.7: ... aber im ePUB ist das Layout perfekt (hier im Programm Sigil)

Jetzt kann es nur noch sein, dass auf dem Weg zum Leser dessen Reader die Tabelle noch zerstückelt. Aber sie ist zumindest im Dokument enthalten.

Spielen Sie. Probieren Sie. Seien Sie kreativ. Mit dieser Funktion lässt sich durch die Hintertüre so manches realisieren, was InDesign heute für den ePUB-Export noch nicht kann.

12.3 Multimedia im ePUB (InDesign)

Für InDesign macht es wenig Unterschied, ob der Inhalt in einem Rahmen ein Text, eine Grafik oder ein Foto ist. Gut, die Bezeichnung des Rahmens ändert sich von »Textrahmen« zu »Objektrahmen«, und wir können Text natürlich anders manipulieren als ein Foto. Aber wenn wir einen Textrahmen durch ein gleich großes Foto ersetzen, ändert sich am Rest der Gestaltung nichts. Alles ist im Prinzip eine Art von Grafik, oder besser ein Objekt im weitesten Sinne.

Nun gilt das auch für Multimedia. Eben eine weitere Art, ein neues »Modul«, das wir nun einfügen können. Also auf der Oberfläche des Bearbeitens nichts wirklich Außergewöhnliches. (Liebe Software-Entwickler: Eure Anstrengungen lassen wir aus unserer Perspektive einmal außen vor.)

Für die Gestaltung ging das Einbetten von Multimedia bereits ab InDesign Version 5. Nur half das bisher wenig, weil die Multimedia-Funktionalität nicht ins ePUB exportiert wurde und daher, wenn im ePUB gefordert, dann danach in der Produktion über Flash oder andere Scripts ergänzt werden musste. Oder statt mit einem ePUB besser gleich als App realisiert wurde.

Also:

Mit der Animationspalette (*Fenster/Interaktiv/Animation/*) lässt sich ein Objekt mit den gleichen Presets bearbeiten wie in Flash Professional.

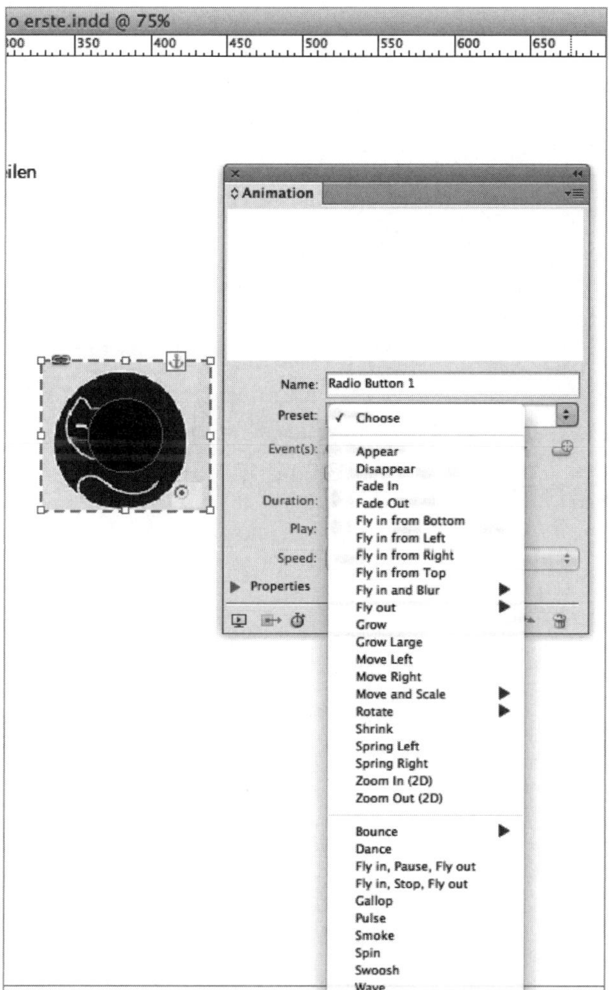

Bild 12.8: Auswählen aus den Presets oder eigene importieren

Wie das genau umgesetzt wird, zeigt anschaulich ein (Adobe-)Video

http://www.youtube.com/watch?v=XBP_49eC488&feature=related

Und wie das Endprodukt aussehen kann, zeigt eine knallig animierte Version des Beatles-Klassikers Yellow Submarine.

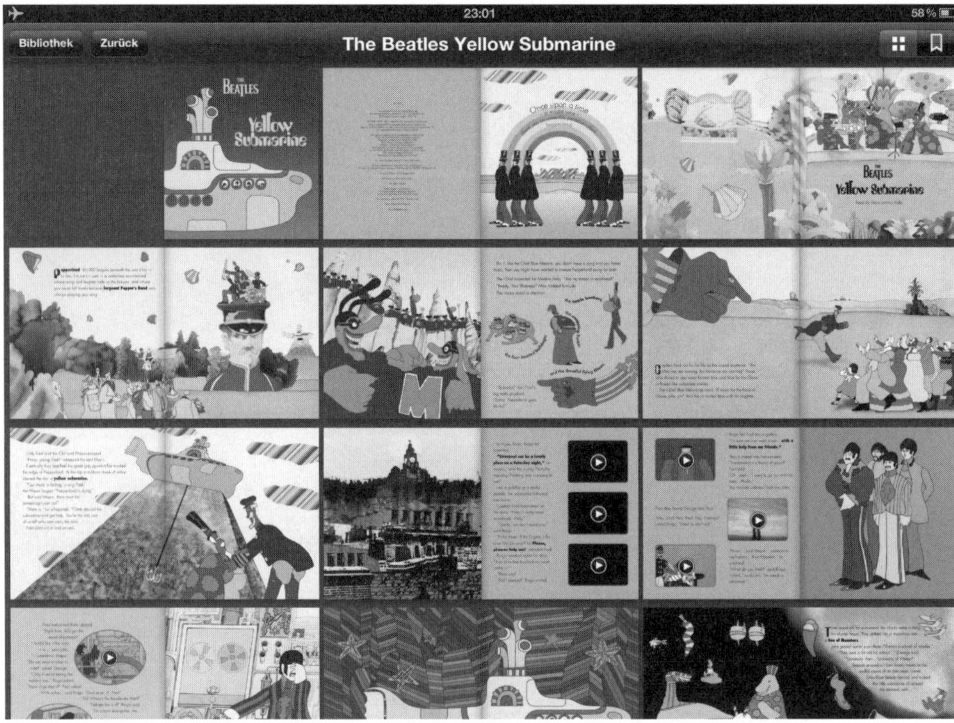

Bild 12.9: Das gelbe U-Boot mit vollem Programm, kostenfrei im iBooks-Store anzusehen

Mit der Animationspalette werden auch die Hyperlinks eingefügt. Das Feature »Alternative Layouts« kann in InDesign CS6 Layouts für unterschiedliche Seitenformate, Ausrichtungen und Endgeräte in der gleichen InDesign-Datei speichern. Mit der Auswahl Liquid Layout aus der Animationspalette lässt sich dann definieren, wie sich das Layout verhalten soll, wenn eine komplette Seite neu skaliert wird. Sie können unter anderem wählen, ob bei einer Skalierung alle oder nur bestimmte Objekte skalieren und ob ihre Position fixiert wird oder »flüssig« mit Bezug auf den Seitenrand verändert wird, wenn zusätzliche Spalten automatisch einem Textrahmen hinzugefügt werden.

Erneut: wir sind nun zwar eine Stufe weiter – wir können den Multimediacontent nicht nur erzeugen und einbetten (seit Version 5), wir können ihn nun sogar als ePUB exportieren. Hier ist allerdings erneut das Ende der Fahnenstange erreicht, denn außer iBooks erlaubt (noch) kein anderer Store den Multimediacontent.

Wenn man Sigil verbietet, den Code (von Fehlern) zu bereinigen, also das Clean Source (unter Bearbeiten) auf OFF stellt, dann belässt Sigil den Multimediacode in der Datei.

Dies funktioniert zurzeit sowieso weder in Sigil noch in Calibre, kann also dort auch nicht validiert werden.

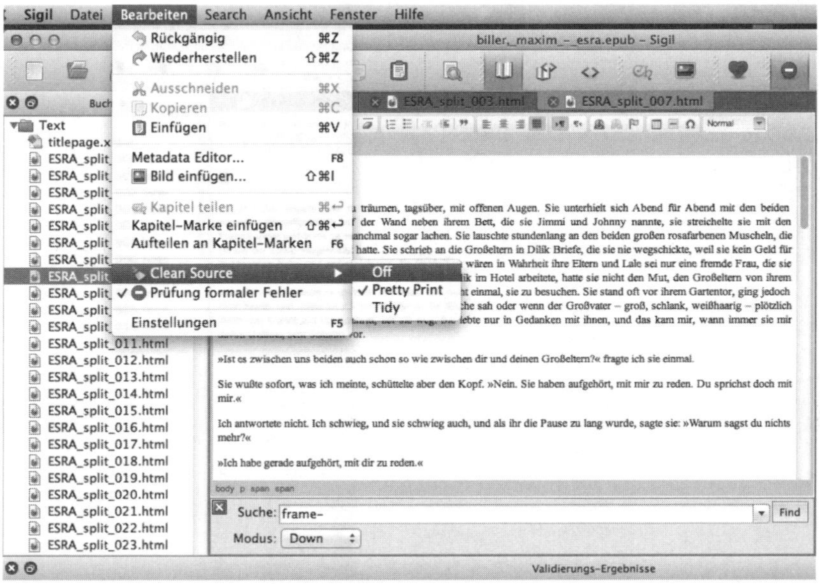

Bild 12.10: Das Nicht-Herausstreichen des Multimediacodes ist schon ein Fortschritt

Kein Tipp, sondern eine handfeste Warnung aus der Praxis: Auch wenn Hersteller anderes suggerieren und in ihren Werbungen versprechen – eine einzige Datei erstellen und dann nur »ganz simpel« auf unterschiedliche Art exportieren, das funktioniert nicht. Liquid Layout kommt dem zwar nahe, aber auch hier müssen die Alternate Layouts vor dem Export definiert werden.

Auf diese Tabelle haben wir im letzten Kapitel schon hingewiesen. Hier ein anderer Ausschnitt, ebenso Stand Juli 2012. Die gesamte Tabelle wird kontinuierlich upgedated von der amerikanischen Book Industry Study Group BIS und ist im Netz aktuell zu finden unter

http://www.bisg.org/what-we-do-12-152-epub-30-support-grid.php?goback=.gde_2414597_member_131039944

EPUB 3.0 SUPPORT GRID version 1.0	X = feature supported, EPUB 3.0 compliant			? = no information was available in time for inclusion in this version of the Grid					
LAST UPDATED: June 19, 2012	O = feature supported, not EPUB 3.0 compliant			No = no support available					
© 2012 Book Industry Study Group	N/A = feature not applicable to given device or reading system								
	*** Grid information provided by third party sources (not the vendor)								
	E-BOOK APPS & DEVICES								
FAMILY	*Adobe Family ****	*Amazon Family****						Apple Family***	Google Family
DEVICE/APP/READING SYSTEM NAME	*Adobe Digital Editions (1.7.2)‡‡*	*Kindle E-Ink devices reading Mobi7 only (all except Kindle Touch)*	*Kindle Touch (eInk device that reads KF8)*	*Kindle Fire (device, reads KF8)*	*Kindle for iOS (reads Mobi7)*	*Kindle for Android (reads KF8)*	*Kindle for Mac and PC (reads Mobi7)*	*Apple iBooks (app)*	Google E-Books (app and online)
PLATFORM	*RMSDK*							*Webkit*	Browser
EPUB 3.0 SUPPORT / FUNCTIONALITY									
Audio									
MP3	X	No	No	No	O	O	?	N/A	No
AAC	?	No	No	No	No	No	No	N/A	No
Remote	No	No	No	No	No	No	No	X	No
Embedded	X	X	X	X	X	X	X	X	No
Video									
H.264	X	No	No	No	O	O	?	N/A	No
VP8	?	No	No	No	No	?	?	N/A	No
Remote	No	No	No	No	No	No	No	X	No
Embedded	X	X	X	X	X	X	X	N/A	No
Media Overlays	No	No	No	No	No	No	No	?	No
Media Overlays highlight styling	No	No	No	No	No	No	No	?	No
Additional notes - multimedia									
Other Document Types Supported									
PDF	O	O	O	O	O	O	O	O	X
RTF	No	O	O	O	O	O	O	O	No
MS Word	No	O	O	O	O	O	O	O	No
Additional notes - other document types		Unencrypted files only	Unencrypted files only	Unencrypted files only	Unencrypted files only	Unencrypted files only	Unencrypted files only		

Bild 12.11: Erneut gilt: Als reales Gegengewicht zu den hehren Versprechungen der Industrie

Was wir hier im Speziellen meinen, ist zudem die Tatsache, dass, *wie* man (in InDesign) etwas definiert, einen Einfluss darauf hat, *wo* es nach dem Export *wie* funktioniert. Ein Beispiel, was hinter dem komplexen letzten Satzbau steckt:

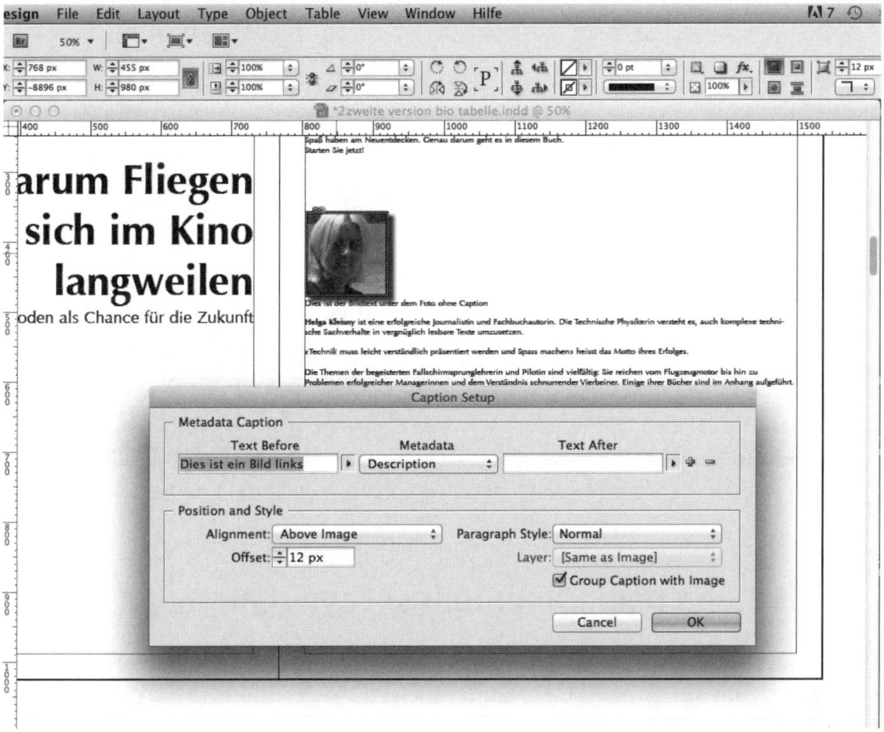

Bild 12.12: Die als Text geschriebene BU steht im ePUB, die mit Caption erstellte nicht

Man kann eine Bildunterschrift in InDesign6 ganz einfach unters Bild schreiben, und so wird sie dann auch meist, wenn das Bild mit dem Text (darüber) verkettet ist, lesbar im ePUB dargestellt. Oder man kann das mit der neuen Funktion Caption machen (*Object/ Caption*) und sehr komfortabel die Schriftart, den Inhalt und, wo der Text in Relation zum Bild stehen soll, definieren. Prima. Klasse. Nur, dass der Text, wenn wir Glück haben, in einem ePUB3, wenn es einen Reader dafür gibt oder auf iBooks so angezeigt wird. In den meisten anderen Fällen steht eben keine Bildunterschrift, weil ihre Erstellung irgendwo einem Programm auf dem Weg zum Leser nicht gepasst hat und so in der weiteren Folge ignoriert wurde.

Die Bildunterschrift mit Caption ist nur ein Beispiel aus praktisch allem, was die Marktleader-Hersteller vollmundig als gelöst ankündigen. Und es mag auch sein, dass in großen Grafikagenturen, mit 20 Jahren Erfahrung an Workarounds, dafür eine Lösung gefunden wird. Dem Einzelkämpfer am Schreibtisch hilft das wenig. Sein Frust wird nur größer, wenn er als Kundenrückmeldung später von seinen Lesern erhält, dass sein liebevoll gestaltetes Buch auf diesem oder jenem Reader nicht so abläuft wie vorgesehen.

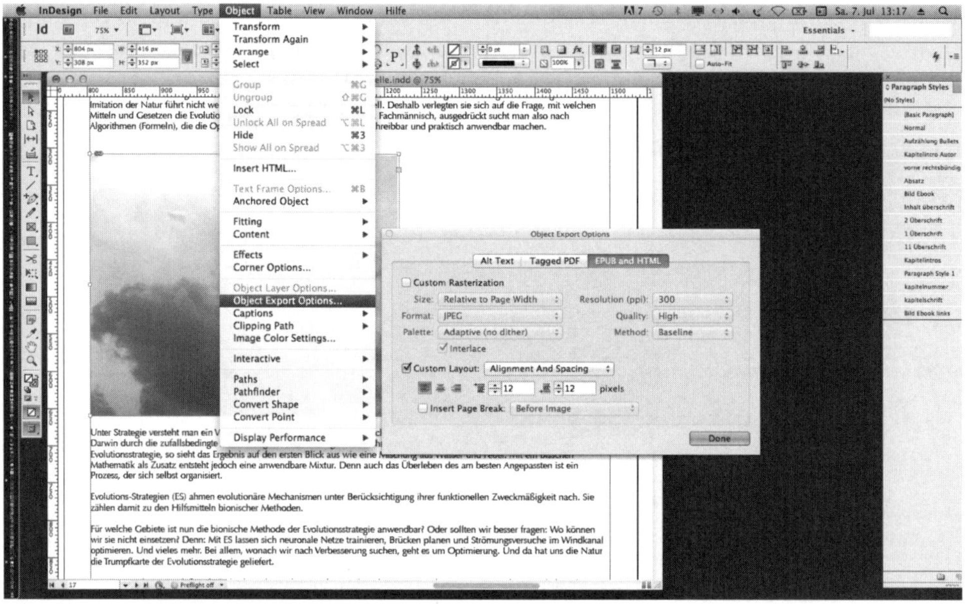

Bild 12.13: Dieser Abstand wird im ePUB nicht notwendigerweise korrekt dargestellt

12.4 ePUB3 und (experimentelles) Layout erstellen

Neu ab InDesign6 ist die Wahl des Dateiexports als ePUB3 und als »ePUB3 with Layout«. Letzteres entspricht allerdings nicht der Standarddefinition des IDPF ePUB mit fixiertem Layout, sondern ist ein Adobe-eigenes Layout.

Schon beim Öffnen des Exportfensters zum ePUB3, respektive »ePUB3 with Layout«, tauchen Warnungen des Herstellers Adobe auf:

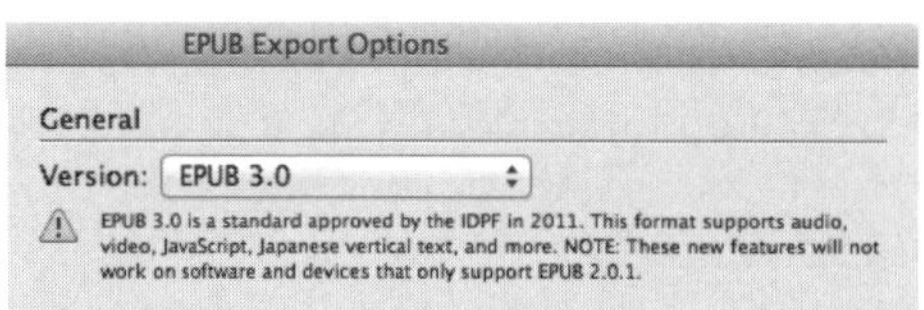

Bild 12.14: Eine noch nicht real einsetzbare Betaversion zum Ausprobieren

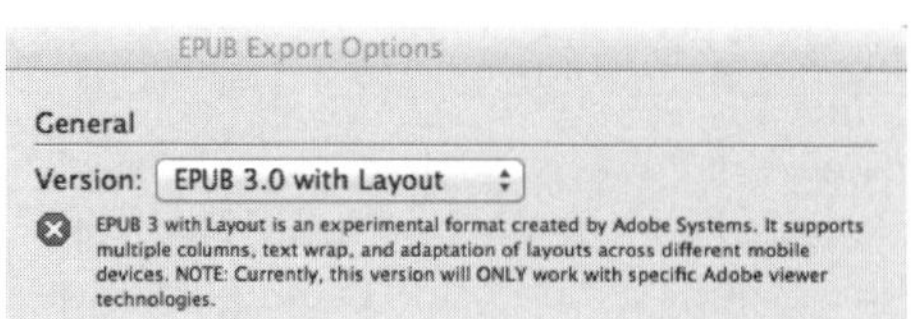

Bild 12.15: Beim Export als »ePUB3 with Layout« wird die Warnung noch eindringlicher

Und deshalb steht dieses Kapitel hier unter »Spezielles im Design«. Denn so richtig anwendbar ist es (zurzeit) noch nicht. In der Hoffnung, dass sich dieser Zustand vom »Experimental«-Status bald zum Standard ändert …

Deshalb haben wir auch InDesign ausgewählt aus den verfügbaren DTP-Programmen. InDesign ist ein (Hersteller-)Vorreiter auf dem Gebiet des ePUB3, und sobald jemand beginnt, ziehen hoffentlich die anderen schneller nach. Dies sollte man honorieren.

Seit Mai 2012 unterstützt Apples iBookstore nach eigenen Angaben ePUB3. Zurzeit gibt es noch Probleme mit der neuen Funktion für die Formeldarstellung MathML und mit JavaScripten. Das vielerseits gewünschte Feature *Fußnoten als PopUps* sollte bereits klappen. Trotz der Anfangsprobleme ist Apple der erste Buchanbieter, der zumindest einiges an ePUB3-Funktionalität unterstützt.

Noch nicht täglich, aber so nach und nach kommen andere Anbieter mit E-Readern für ePUB3 dazu. Auch sie können anfangs noch nicht alle Features darstellen, und so muss man wohl noch einige Zeit lang checken, welches Programm denn nun genau die Punkte weitestgehend umsetzt, die im eigenen Buch enthalten sind.

Fangen wir zunächst beim Export zum ePUB3 aus InDesign6 an:

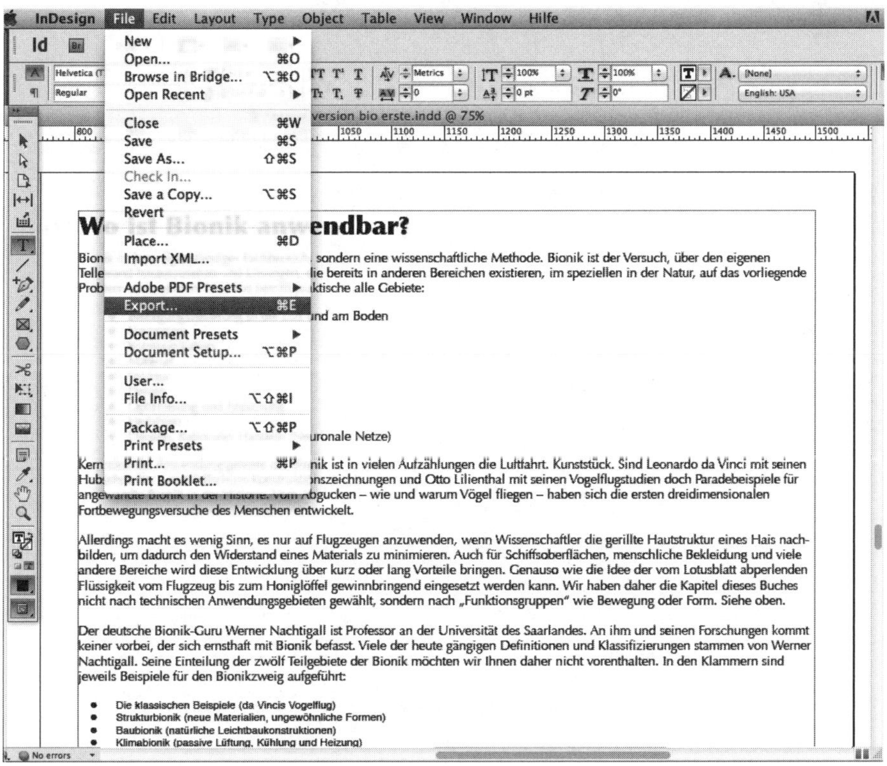

Bild 12.16: Wie gewohnt: Datei nicht speichern, sondern exportieren fürs ePUB

Unter *Datei/Exportieren* (*File/Export*) wählen wir zunächst nur ePUB. Die Wahl auf die Version (3) kommt erst im nächsten Fenster.

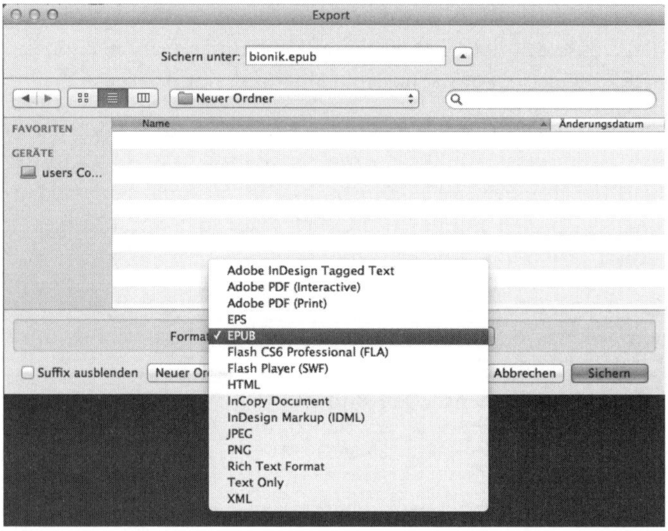

Bild 12.17: Hier gibt es noch keine Wahl der ePUB-Version

Erst mit einem weiteren Klick auf *Sichern* eröffnet sich die Wahl des Formats.

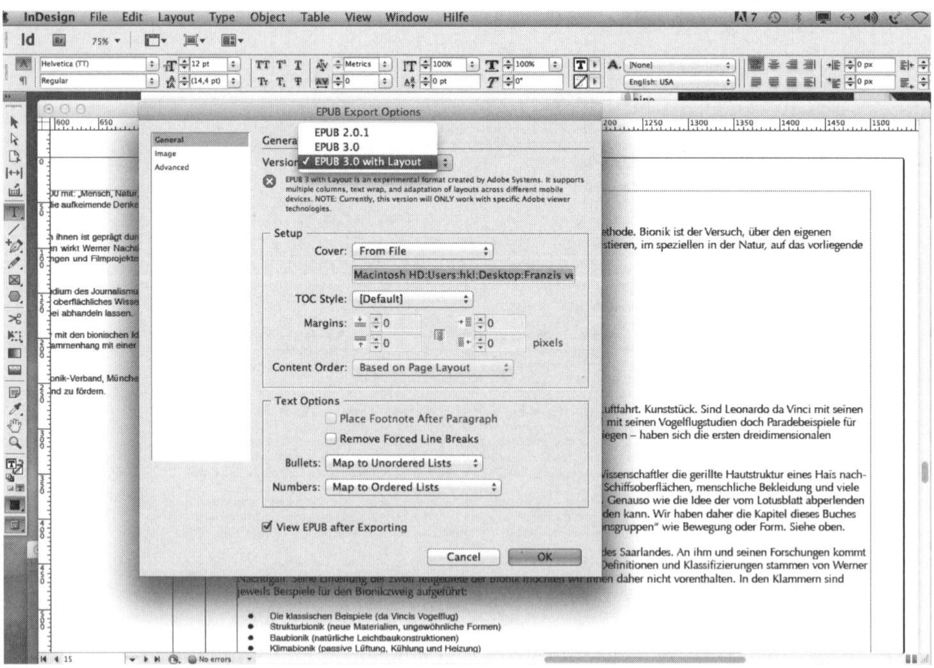

Bild 12.18: Und schon taucht die Warnung auf.

Export als ePUB3

Wir wählen zunächst den ePUB3-Export. Unter dem Submenü *Image* lässt sich die Bildgröße beim Export einstellen. Größer als im Dokument funktioniert natürlich nicht, aber

Herunterreduzieren macht InDesign klaglos. Allerdings verlieren dabei Grafiken und Bilder sehr stark an Qualität. Besser ist es, sie vorher in einem Bildprogramm (Photoshop, GIMP ...) bereits auf die gewünschte Größe zu bringen, sodass sie beim Export hier nur mehr 1 : 1 abgespeichert werden.

Welche Auflösungswerte Sie wählen, hängt mit der Anzahl der Bilder zusammen – Bookstores haben meist Maximalwerte für hochzuladende Files. Wenn es nur »drei« Bilder im ganzen Dokument sind, dann kann man die sinnvollen Maximalwerte für Bilder und Grafiken im Text von 150 dpi durchaus setzen. Für die Titelseite 300 dpi. Bei einer großen Anzahl von Grafiken wird man vermutlich auf 72 heruntergehen müssen.

Eine Überlegung wert ist auch das Retinadisplay des iPad. Sind dessen Nutzer meine primäre Zielgruppe, macht es Sinn, bei der Bildgröße zu optimieren. Welche Bilder kommen auch mit einer geringeren Auflösung beim Leser noch gut an? Was will ich darstellen, wie soll der Inhalt rüberkommen und was ist machbar? Und: Wie weit in die Zukunft orientiere ich mich? Denn die anderen Geräte werden über kurz oder lang nachziehen. Aber vielleicht sind Sie dann ja schon mit der erweiterten zweiten Auflage Ihres Buches zugange ...

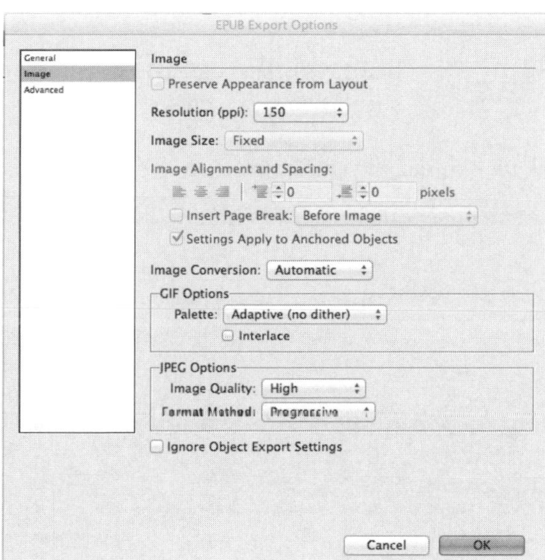

Bild 12.19: Optimieren für das Retinadisplay ...

Unter dem Submenü *Advanced* findet Ihre ISBN-Nummer Platz, falls Sie schon eine haben. Auch Ihre in InDesign erstellten Metadaten möchten hier miteingeschlossen sein. Bei den Metadaten können wir später auch in Sigil noch Ergänzungen und Änderungen vornehmen, aber was bereits vorliegt – her damit! Je eher ein ePUB im Herstellungsprozess komplett ist, umso weniger müssen wir später machen, wenn wir für unterschiedliche Formate unterschiedliche Versionen erzeugen.

Multimediadateien (Audio und Video) in Ihrem Buch sollten bei Export nach ePUB3 dem Standard gemäß abgespeichert werden. Sie können beim Exportieren als ePUB3 noch weitere CSS-Dateien hinzufügen. Auch JavaScripts können Sie beim Export im Advanced

Fenster hinzufügen. Mit JavaScript lassen sich einfache Animationen (Dateigröße!) und Popup-Fenster realisieren.

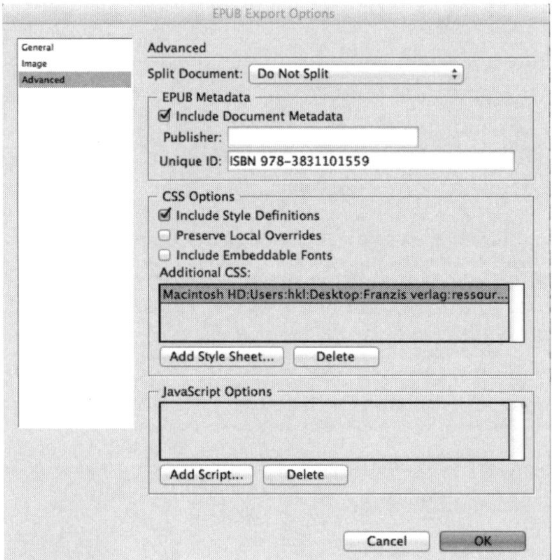

Bild 12.20: Metadaten, ISBN, Style sheets und JavaScripts

Etliche JavaScripts zum Einbauen finden Sie auf dieser Seite:

http://www.javarea.de/index.php3?opencat=Javascript&subcat=Bild-Effekte

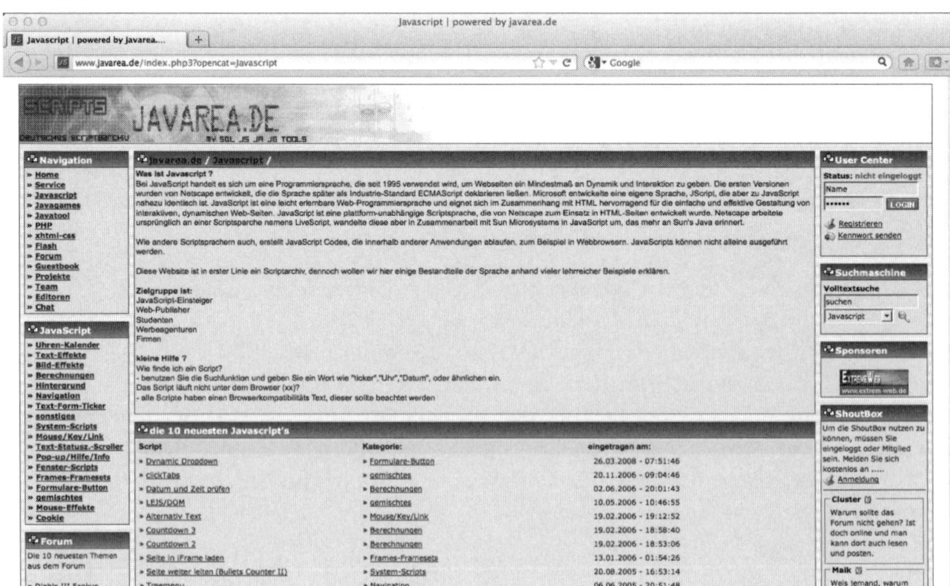

Bild 12.21: Fundierte Quelle für JavaScripts. Nachsehen lohnt, bevor man selbst mühsam programmiert ...

Wenn nicht dabei ist, was Sie suchen, dann ist Java vielleicht ein weiterer Baustein, den es für ein Buch als ePUB3 zu erlernen gibt. Oder man findet jemanden, der dies kostenfrei oder gegen Bezahlung erledigt …

Noch eine spannende Funktion gibt es im Advanced Menu. Diese funktioniert in InDesign6 auch schon für den ePUB(2)-Export und für ePUB3. Wenn wir über die Absatzformate bestimmt haben, wo ein neues »Kapitel« beginnt, dann können wir die Datei hier beim Export in kleinere Einheiten zerlegen. Früher musste das in der Nachbearbeitung (Sigil) erfolgen.

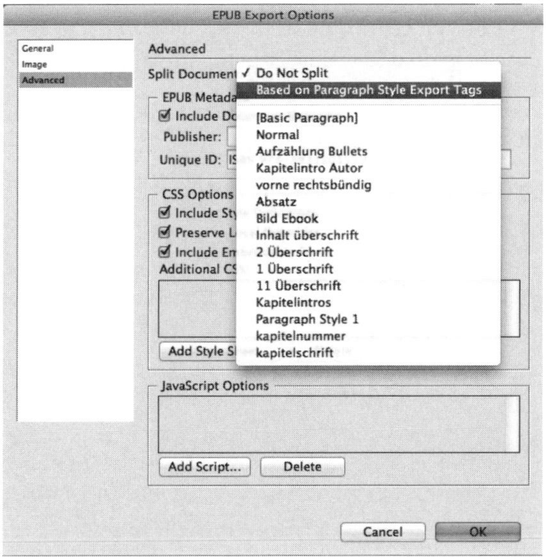

Bild 12.22: Aufteilung in »Kapitel« mit Split nach Absatzformat

Export als ePUB3 with Layout

Abgesehen davon, dass bei dieser Auswahl kein gelbes Warndreieck, sondern gleich ein rotes Stoppschild auftaucht …

Es ist ein Format mit Zukunft. Vielleicht. Zurzeit ist es eine Spielwiese für Experimentierfreudige und auf jeden Fall (noch) keine Wahl, um ein Buch irgendwo real zu veröffentlichen.

Bild 12.23: Das Ausprobieren von Mätzchen kann schon mal schiefgehen

Giftig reagiert der InDesign-with-Layout-Export, wenn der Text nicht in einem durch geschrieben ist, sondern weitere Textrahmen enthält, in denen neuer Text beginnt. Oben nannten wir so etwas »Kapitel«. Ist also erneut ein Fall, bei dem man nicht die gleich angelegte Datei auf unterschiedliche Art weiterverarbeiten kann …

»ePUB3 with Layout« entspricht auch nicht dem offiziellen »Fixed Layout« der ePUB3-Definition. Es ist eine Adobe-Kreation. Wer sich hier rumtreibt, sollte Spaß an Versuch und Irrtum haben und sich nicht durch vieles, das nicht geht, irritieren lassen.

Was könnte dahinter stecken?

Obwohl das ePUB3-Format bereits 2011 der Öffentlichkeit vorgestellt wurde, arbeiten einzelne Arbeitsgruppen des IDPF noch an unterschiedlichen Funktionen, die man vielleicht noch zu ePUB3 ergänzen kann. Eine davon nennt sich CSS Page Templates. Damit sind seitenorientierte CSS-Dateien gemeint, mit denen sich eine Publikation auch optisch viel besser gestalten lässt. Bei Krimis, um wieder bei unseren Buch-Klischees zu bleiben, wird das zu viel des Guten sein. Wer aber schon seit der Erfindung des iPads danach giert, sind Zeitschriftenlayouter. Für die ist die endlose Schriftrolle wenig brauchbar, selbst, wenn sie sich in einzelne Abschnitte untergliedern (Splitten) lässt.

Der Hintergrund dazu erneut auf dem SecretsBlog:

http://epubsecrets.com/css-page-templates-in-epub-3-0.php

Also nur zu, liebe Entwickler. Weiter so! Und ein wenig schneller, wenn's geht. Es pressiert!

13 Sigil

13.1 ePUB editieren

ePUBs sind komplexer aufgebaut als normale Textdateien. Sie bestehen aus mehreren Dateien und ähneln mehr einem gezippten Archiv oder einer HTML-Webseite als einer Textdatei. Wollen wir im ePUB etwas ändern, so ist es ein Unterschied ob dies eine Textänderung ist oder ob es die Formatierung betrifft. Oder auch die Struktur, etwa bei der Ergänzung eines Titelblattes.

Wir können ein ePUB also nicht mit einem Texteditor wie Word, Pages, Open Office Writer oder Ähnlichem ändern.

Eine praktikable Lösung dazu – aber sicher nicht die einzige – ist, das ePUB ins Open-Source-Programm Sigil (http://code.google.com/p/sigil/) zu importieren und dort die gewünschten Anpassungen vorzunehmen.

Sigil akzeptiert für den Dateiimport auch das HTML-Format, wenn Sie dieses, etwa aus Word, abgespeichert haben. Textformate wie .doc, .docx oder .rtf kann Sigil nicht öffnen, auch keine PDFs.

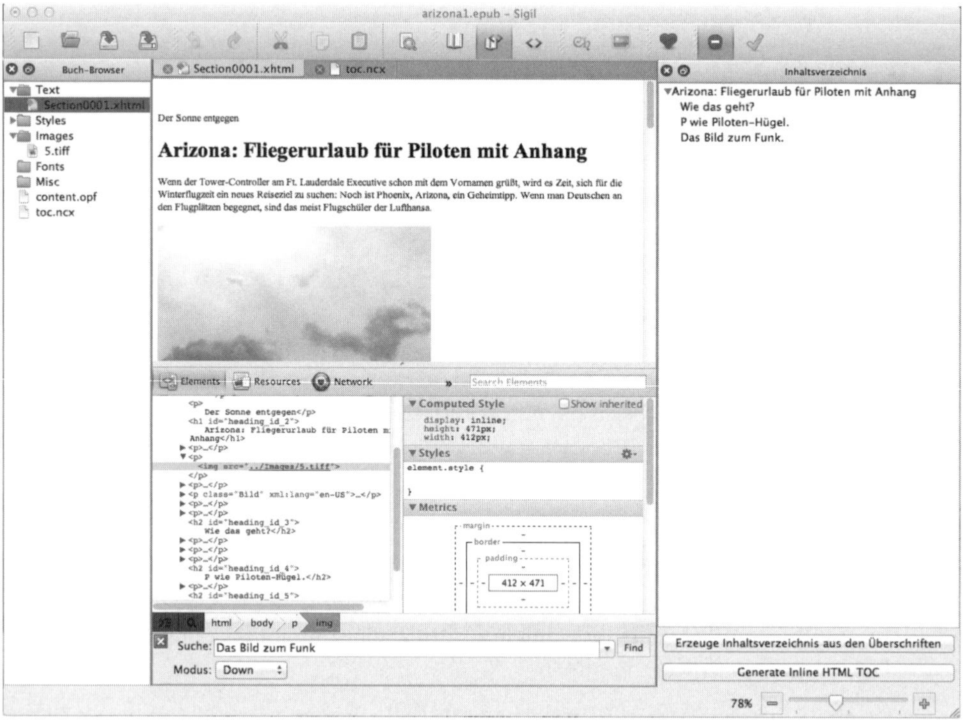

Bild 13.1: Sigil ist einer der verbreitetsten ePUB-HTML-Editoren, zu Recht.

13.2 Einige Worte zu Sigil

Sigil ist ein Open-Source-Programm. Das wissen wir bereits, weil wir es ja schon kostenfrei installiert haben. »Open Source« impliziert aber auch, dass es alle naslang neue Versionen gibt. Das ist einerseits gut, weil die Programmierer schnell auf Kundenwünsche reagieren, neue Features, die unbedingt gefordert sind, in null Komma nichts implementieren und auch Fehler schnell beheben, wenn sie bekannt sind.

Es heißt aber auch, dass während der Wochen des Schreibens dieses Buches Sigil um zwei Programm-Versionen weitergerückt ist. Unter anderem haben sich dabei die Positionen einiger Icons und Schaltelemente leicht geändert. Wenn Sie also ein Icon nicht haargenau in Ihrer Version vorfinden, auf der es in unserem Screenshot abgebildet ist, dann sind Sie vielleicht noch um eine Version weiter. Keine Panik. Mit ein wenig Kreativität lässt sich alles zuordnen.

Mit Sigil lassen sich ePUB-Dateien nicht nur bearbeiten, sondern auch von Grund auf erstellen. Die Kapitel Ihres Buches können gleich in einzelnen *.xhtml*-Dateien angelegt werden. Der Schreibprozess ist auf diese Weise aber erstens mühsam und fördert zudem nicht wirklich den kreativen geistigen Gedankenfluss eines Autors. Auch setzt es mehr als Grundkenntnisse in HTML und CSS voraus, trotz WYSIWYG-Editor.

Sigil bietet Funktionen, die Texteditoren in der Regel nicht haben: Sigil lässt Sie ein Dokument in Kapitel teilen, automatisch ein Inhaltsverzeichnis erstellen und Metadaten einfügen.

Wir setzen das Programm in unserem Workflow ein, wenn wir Textdateien haben, die noch einiges an Formatierung bedürfen, weil sie Bilder, Tabellen, Listen und andere Formatierungen enthalten und somit mehr als nur den Text und die Überschriften des Standardkrimis.

Sigil ist also eine Zwischenstufe der Produktion nach der Texterfassung und ePUB-Erzeugung und vor dem Export für unterschiedliche Endgerät in Calibre.

13.3 Validieren nach dem Import

Gleich nach dem Import der Datei klicken Sie auf das grüne Häkchen rechts oben in der Menüleiste.

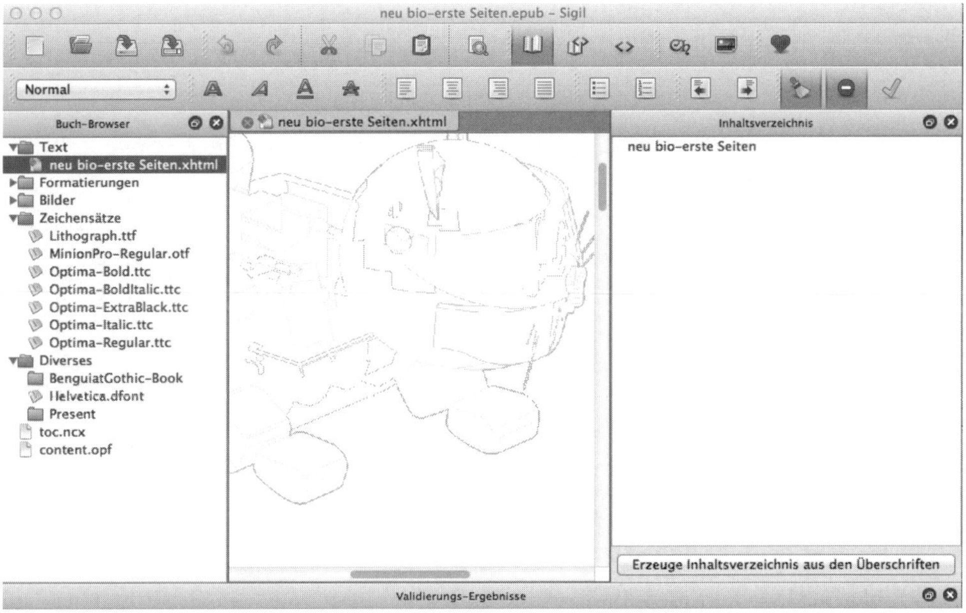

Bild 13.2: Die erste Validierung starten wir gleich nach dem Import

13.3.1 Fehlersuche im Beispiel

Der Text für dieses Beispiel wurde ursprünglich in einer alten QuarkXPress-Version erfasst und nun in InDesign weiterverarbeitet. InDesign hat es wenig gestört, dass drei der Schriften nicht mehr auf dem Computer vorhanden sind. Man hätte dies allerdings auch dort im Schriftenmenü erkennen und beheben können. Aber wir brauchen ein anschauliches Beispiel.

Ein Klick auf den grünen Haken rechts oben nach dem Öffnen des ePUBs und die Validierung in Sigil macht sich sofort bemerkbar. Wir können nun auch in Sigil einfach nachsehen, an welchen Stellen die Schriften noch verwendet sind und sie ersetzen oder löschen. Die fehlenden Schriften stehen links nicht unter *Zeichensätze*, sondern unter *Diverses*.

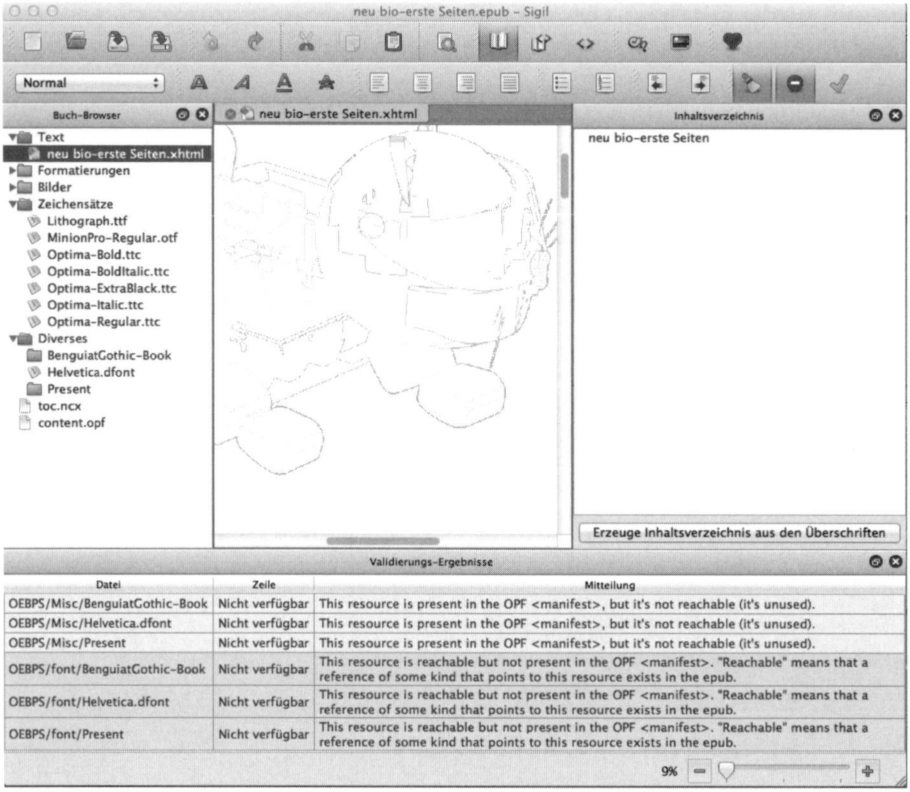

Bild 13.3: Drei Schriften sind im ePUB zwar erwähnt, aber weder eingebunden noch verwendet

Mit einem Klick auf *Bearbeiten/Suchen* öffnet sich unten ein Suchfenster, in das wir eine der angemeckerten Schriften schreiben: Present.

Laut Fehlermeldung kommen die Schriften in der Manifest-Datei vor. Diese trägt bei Sigil den Namen *content.opf*. Beim Doppelklick auf den Dateinamen in der linken Liste folgt die Warnung, dass man nur, wenn man genau weiß, was man tut, hier etwas ändern sollte. Wir schließen uns dem an, allerdings gilt das für alle Änderungen im Quellcode eines ePUBs.

Mit einem Klick auf *OK* öffnet sich die Datei *content.opf*. Mit einem weiteren Klick auf *Bearbeiten/Suchen* forschen wir nun nach einer der bemängelten Schriften: *Present*.

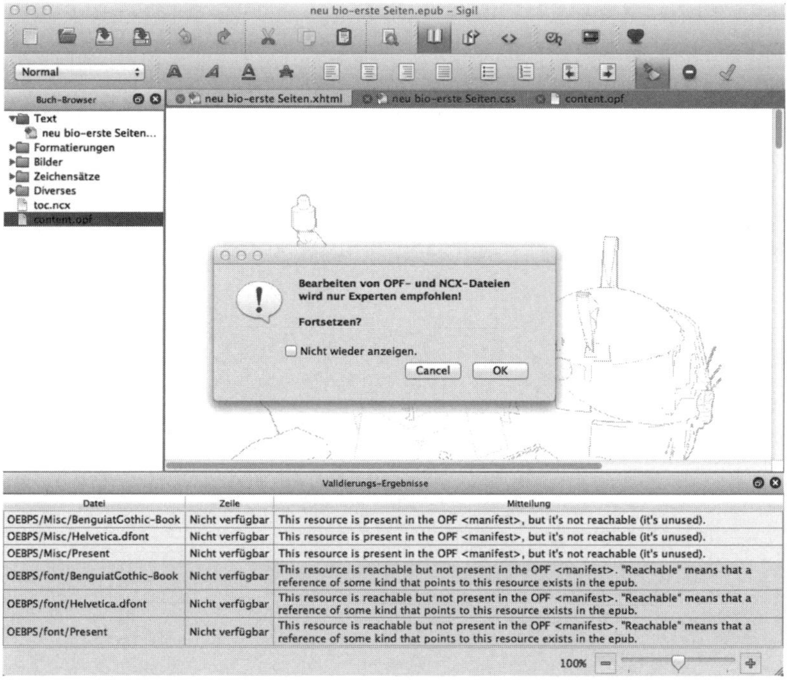

Bild 13.4: Wer in den Eingeweiden des ePUBs herumstochert, sollte wissen, was er tut.

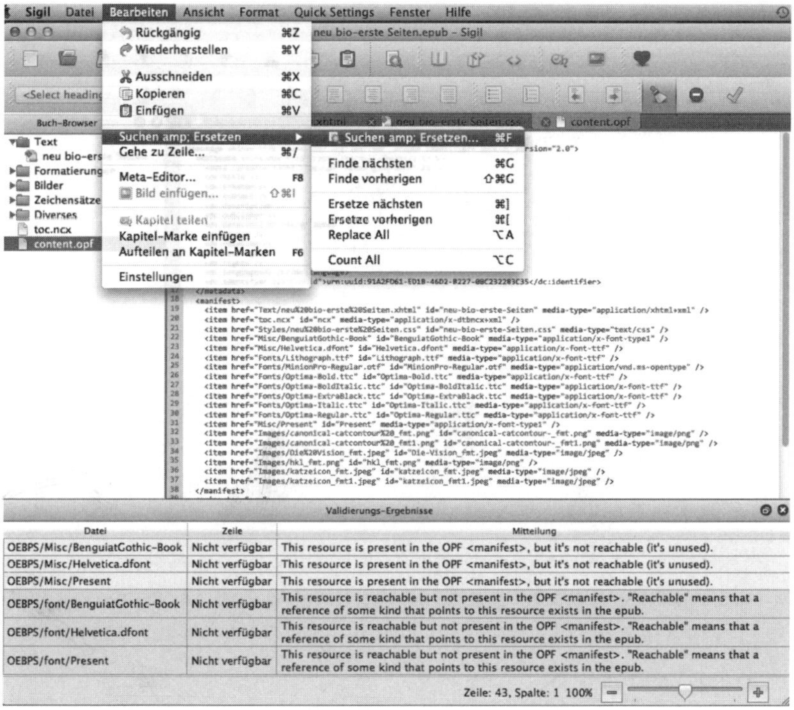

Bild 13.5: Auch das Suchfenster gibt es nicht mehr als Icon, nur unter *Bearbeiten/Suchen*

Und die erste und in diesem Fall einzige Stelle im Manifest, an der die Schrift *Present* erwähnt ist, ist markiert. Wir suchen auch nach den anderen Schriftnamen und löschen folgende drei Zeilen im Ganzen, nicht mehr und nicht weniger!

```
<item href="Misc/Present" id="Present" media-type="application/x-font-type1" />
<item href="Misc/Helvetica.dfont" id="Helvetica.dfont" media-type=
"application/x-font-ttf" />
<item href="Misc/Helvetica.dfont" id="Helvetica.dfont" media-type=
"application/x-font-ttf" />
```

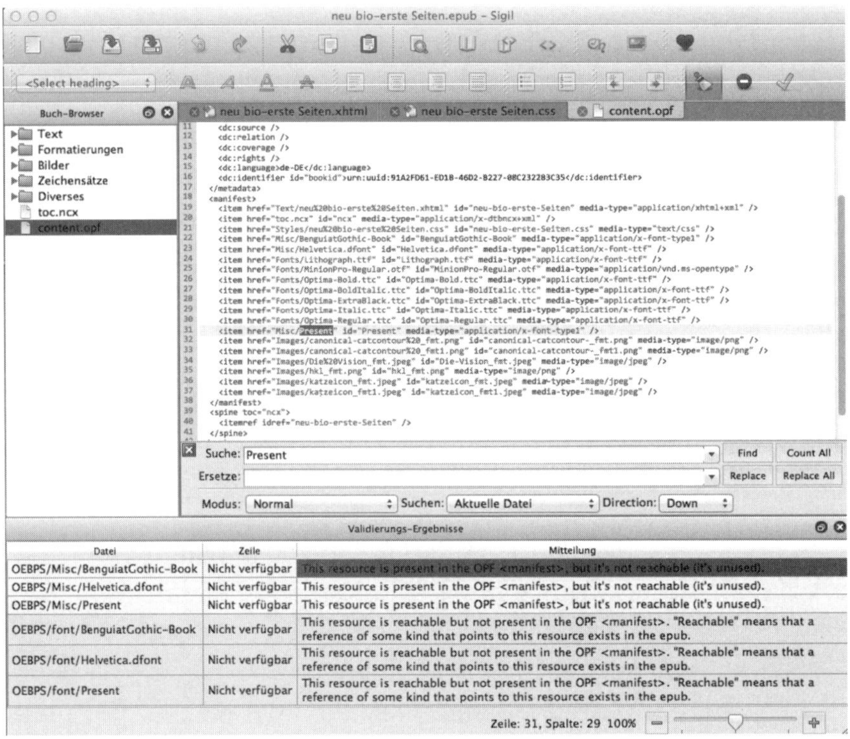

Bild 13.6: In diesem Fall alle betroffenen Zeilen sauber und vorsichtig löschen

> **Tipp:** Wenn Leerzeilen im HTML-Code stehenbleiben, ist das nicht schlimm. Sie können sie der besseren Optik wegen löschen oder auch stehen lassen. Im HTML-Codebereich werden Leerzeilen einfach ignoriert.

Leider sind auch nach dem Löschen der drei Zeilen, bei einem erneuten Klick auf das grüne Häkchen – der erneuten Validierung – nur die ersten drei Fehlermeldungen weg. Die drei nächsten Fehlermeldungen rutschen nach oben und sind noch immer da. Die Schriftnamen treten also auch noch an anderer Stelle auf. Also systematisch weitersuchen.

Im Inhaltsverzeichnis (toc) kommen sie nicht vor.

Sie stehen aber noch immer unter Diverses.

Auf die einzelnen Dateien in der Liste links unter *Diverses* klicken und mit der rechten Maustaste ein Auswahlfenster öffnen. Dort können wir löschen.

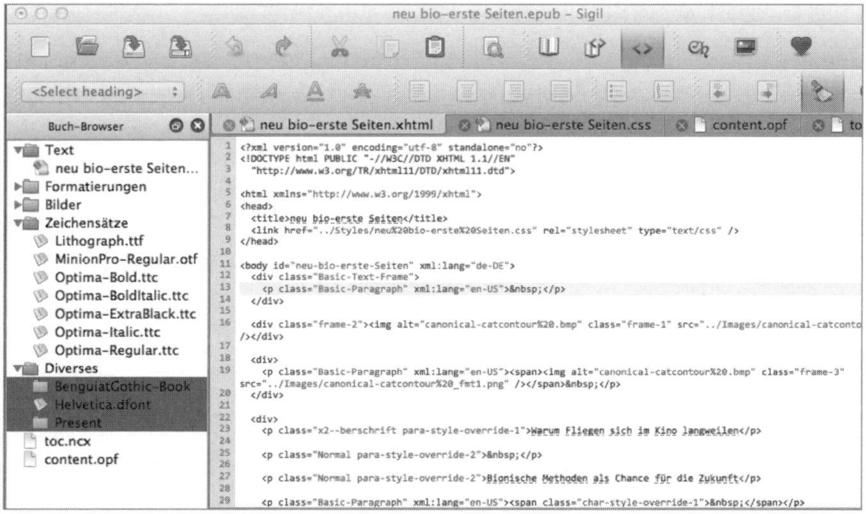

Bild 13.7: Auch hier stehen die gesuchten Schriften ...

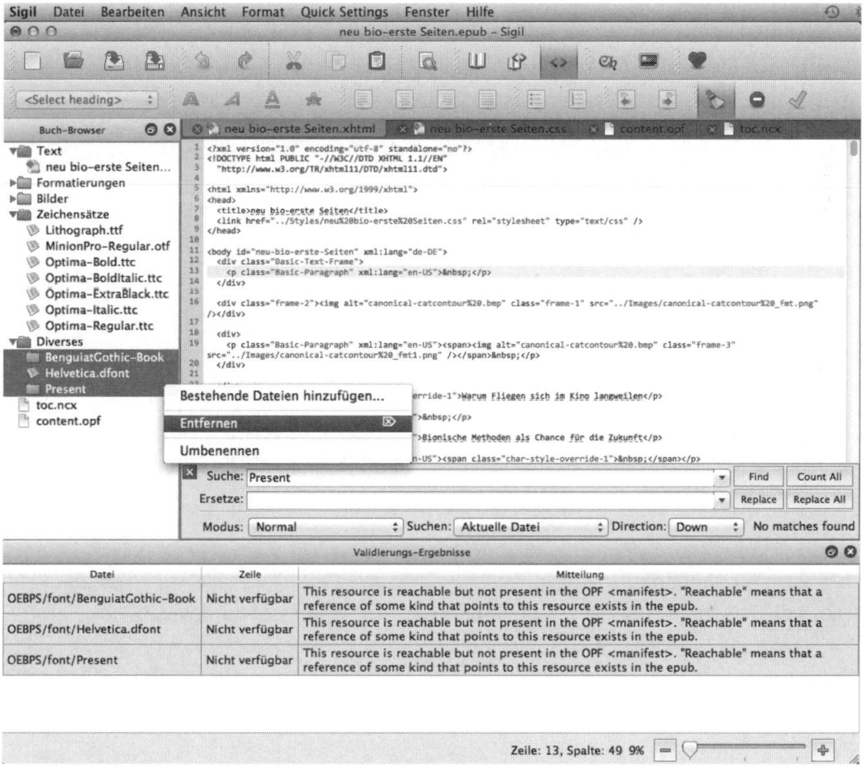

Bild 13.8: ... und werden als gesamte Zeile gelöscht

Die Zeilen mit den Fehlermeldungen bleiben. Das ist also noch immer nicht alles gewesen. Wir suchen weiter und werden im CSS fündig. (Mit etwas Nachdenken ist das auch klar, wir wollten aber zeigen, wie man systematisch nach einem Fehler sucht, wenn die Zusammenhänge nicht so glasklar auf dem Tisch liegen …)

Obwohl nun keine Warnung kommt, ist es wirklich wichtig, hier genau zu löschen. Jede Definition im CSS beginnt mit einer geschwungenen Klammer { nach dem Namen und endet mit einer }. Alles, was zur Definition des Namens gehört, steht also zwischen den beiden Klammern. Wenn diese aber nicht mehr eindeutig zuordenbar sind für ein Programm, dann entsteht ordentlich Murks. Ein Mensch würde das sehen und mit schulterzuckendem »ach so« einfach beheben. Eine rein logisch handelnde, aber nicht denkende Software hat da weniger Chancen.

Also Vorsicht beim Löschen oder Ändern im Stylesheet!

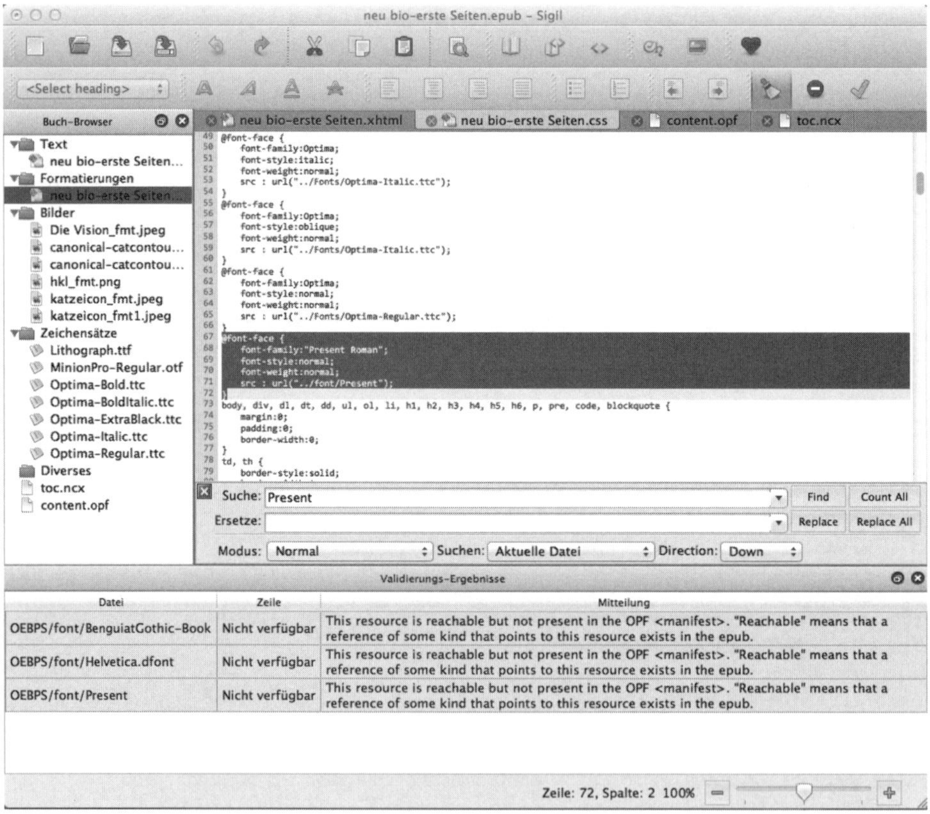

Bild 13.9: Hier heißt es beim Löschen genau hinsehen, was weg muss und was bleibt.

Es folgt ein erneuter Test – das geht so lange, bis keine Fehler mehr nach dem Klick aufs grüne Häkchen auftauchen.

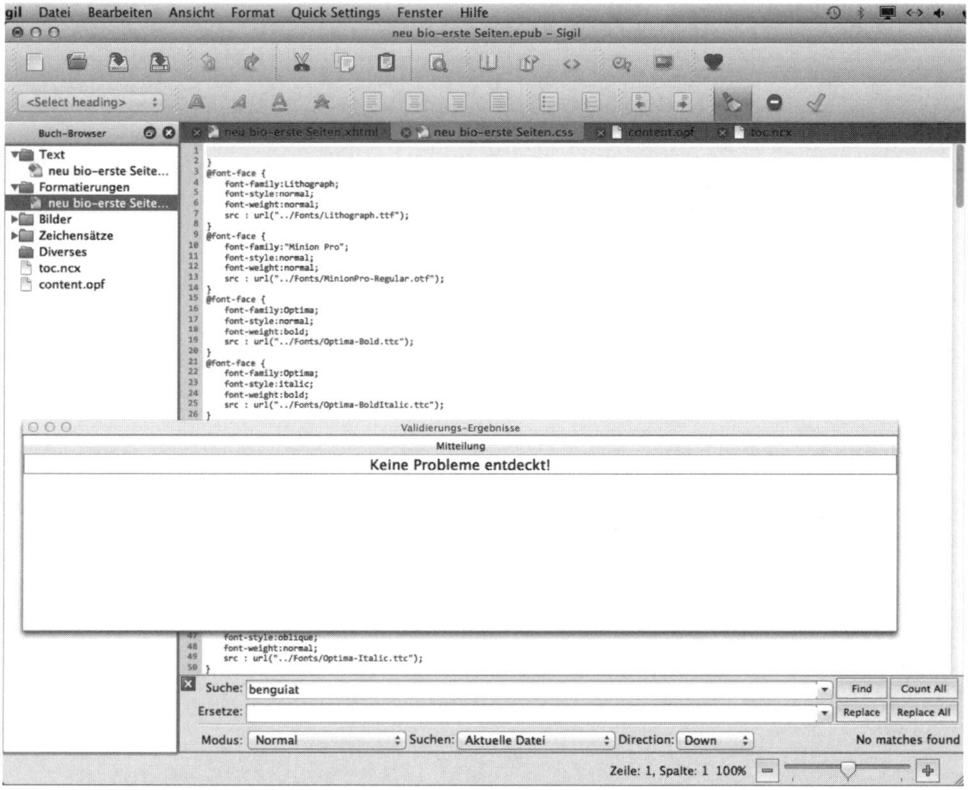

Bild 13.10: Endlich ist Sigil zufrieden und so weit sind alle formalen Fehler behoben

Und endlich ist alles in Ordnung.

Keine Probleme entdeckt!

Honigkuchengrinsen und Freude sind erlaubt.

Bis zur nächsten Fehlermeldung.

Das Validieren wird uns noch nach jedem Produktionsschritt (vor dem Wechsel zum nächsten Programm) und bei jeder neuen, aus Calibre erstellten ePUB-Version begleiten.

13.4 Kapiteleinteilung einfügen

Wenn Sie bisher Ihren Text in einer einzigen durchgehenden »Schriftrolle« vorliegen haben, aber gerne daraus zwölf oder wie viele Kapitel auch immer machen möchten – kein Problem. Das geht am schnellsten hier in Sigil. Und es funktioniert natürlich auch, wenn Sie schon, sagen wir mal zehn Kapitel haben und ein Kapitel in zwei weitere unterteilen möchten.

Wir möchten an der Stelle vor »Auf den Instrumentenanflugkarten ...« ein neues Kapitel einfügen. Ohne weitere Überschrift.

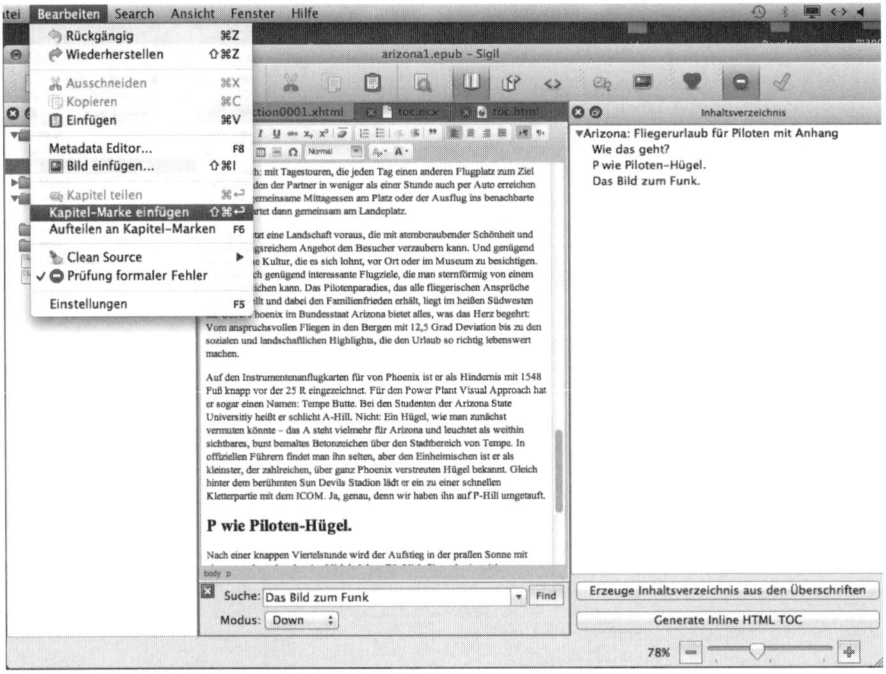

Bild 13.11: Unter *Bearbeiten/Kapitel-Marke einfügen* kommt zunächst eine graue Linie in den Text

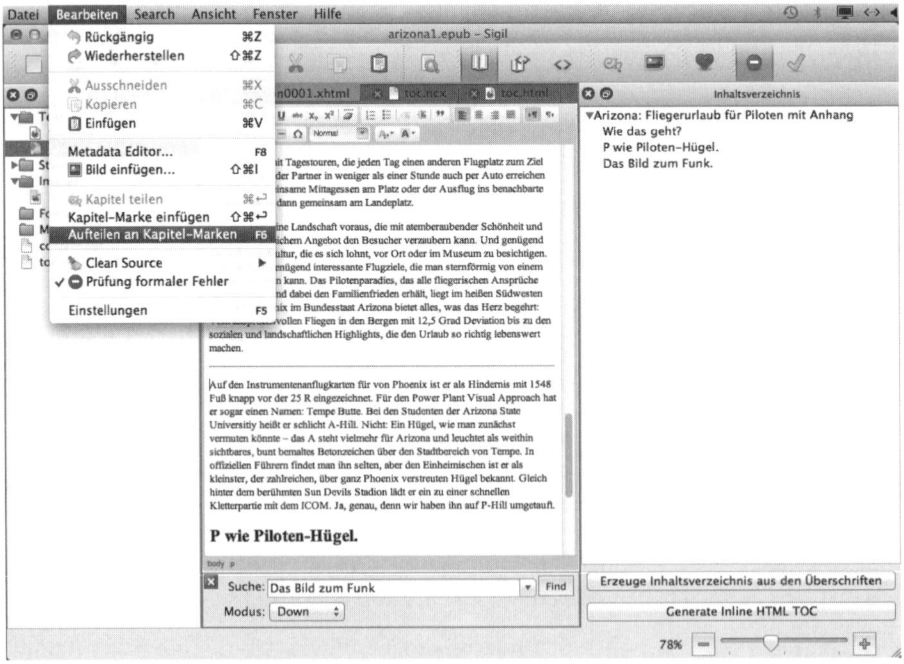

Bild 13.12: Mit *Bearbeiten/Aufteilen an Kapitel-Marken* entsteht ein neues Unterkapitel

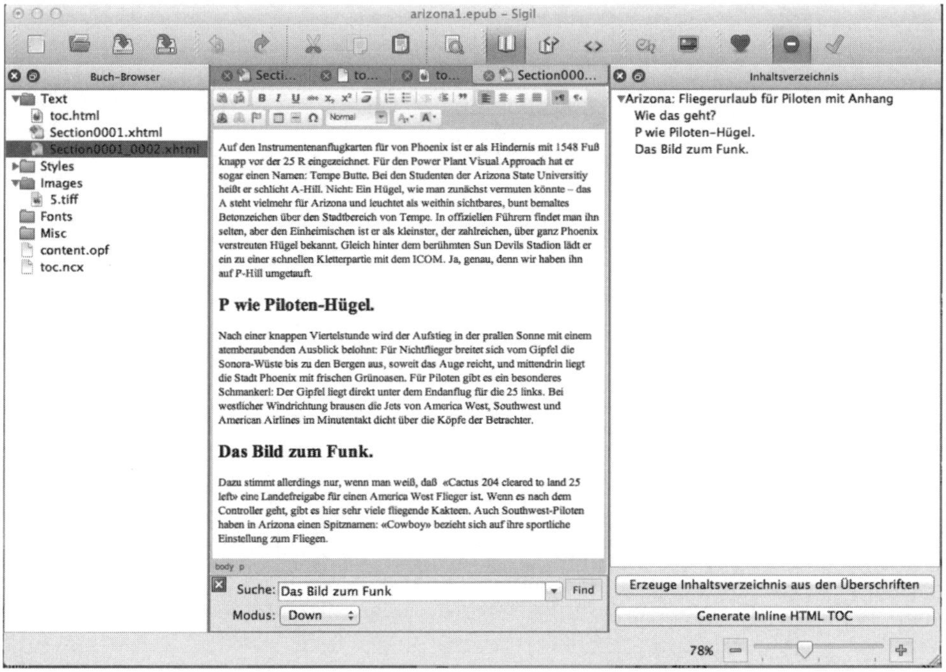

Bild 13.13: Links in der Dateiliste steht das neue Kapitel mit dem Namen Section0001_0002. xhtml

13.5 Inhaltsverzeichnis erstellen

Als »Navigation Map« wird das interaktive Inhaltsverzeichnis bezeichnet, das bei den meisten E-Readern in der linken Seitenleiste zu finden ist. Damit kann der Leser schnell genau an die Stelle springen, an die er möchte. Vorausgesetzt, Sie haben die Datei *toc.ncx* ordentlich erstellt.

Zur Erstellung eines navigierbaren Inhaltsverzeichnisses müssen die Textüberschriften entsprechend gekennzeichnet sein. Alle Zeilen, die wir in Ebene 1, also an oberster Kapitelebene sehen möchten, müssen als *h1* formatiert sein. Dies werden üblicherweise die Kapitelüberschriften sein. Wenn Sie darunter auch noch weitere Unterkapitel auflisten möchten, dann sollten diese als *h2*, *h3* … definiert sein.

Die Funktion »ein Inhaltsverzeichnis erstellen« finden Sie im Menü »Ansicht« unter »Inhaltsverzeichnis«:

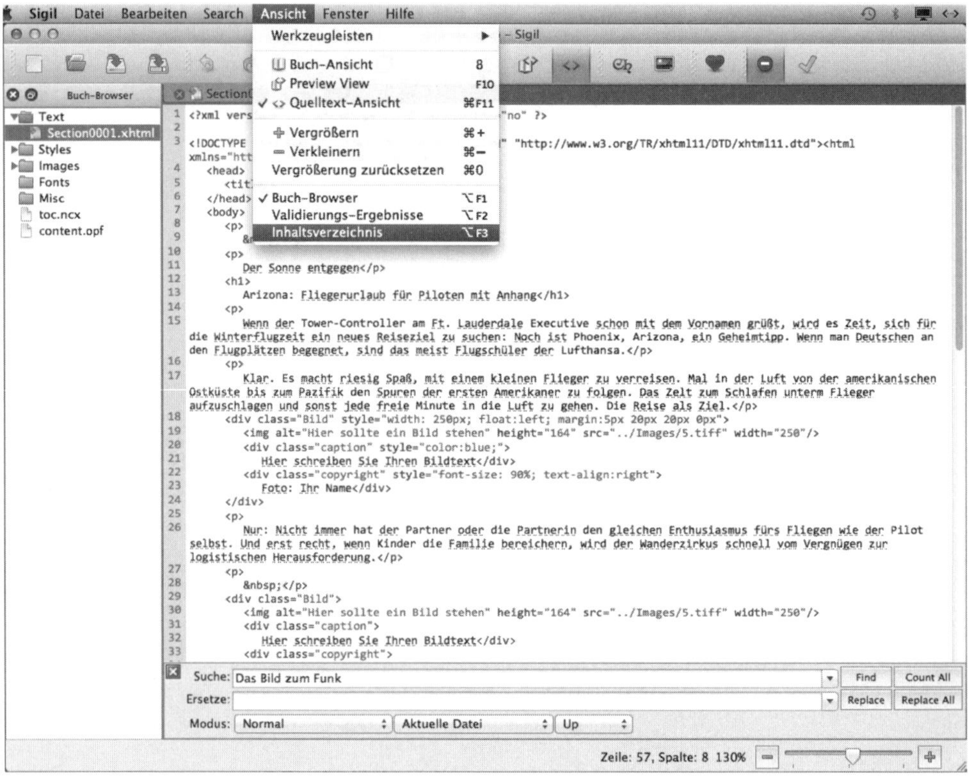

Bild 13.14: Für Fans von Tastenkombinationen: Das Inhaltsverzeichnis erreichen Sie mit Alt+F3

Ein weiterer Klick auf »Erzeuge Inhaltsverzeichnis aus den Überschriften« öffnet das Fenster zum Auswählen der einzelnen Überschriften. Neben jeder Überschrift gibt es ein Kästchen, mit dem Sie durch Häkchen auswählen, ob Sie diese Überschrift in das Inhaltsverzeichnis aufnehmen möchten.

Wenn Sie mit Ihrer Auswahl zufrieden sind, klicken Sie auf »OK«. Nun ist das Inhaltsverzeichnis erstellt und in das E-Book eingebunden. Und Ihr Leser kann vergnüglich in Ihrem spannenden E-Book manövrieren.

Bei der Erstellung geben Sie an, bis zu welcher Ebene die Überschriften eingeschlossen werden sollen.

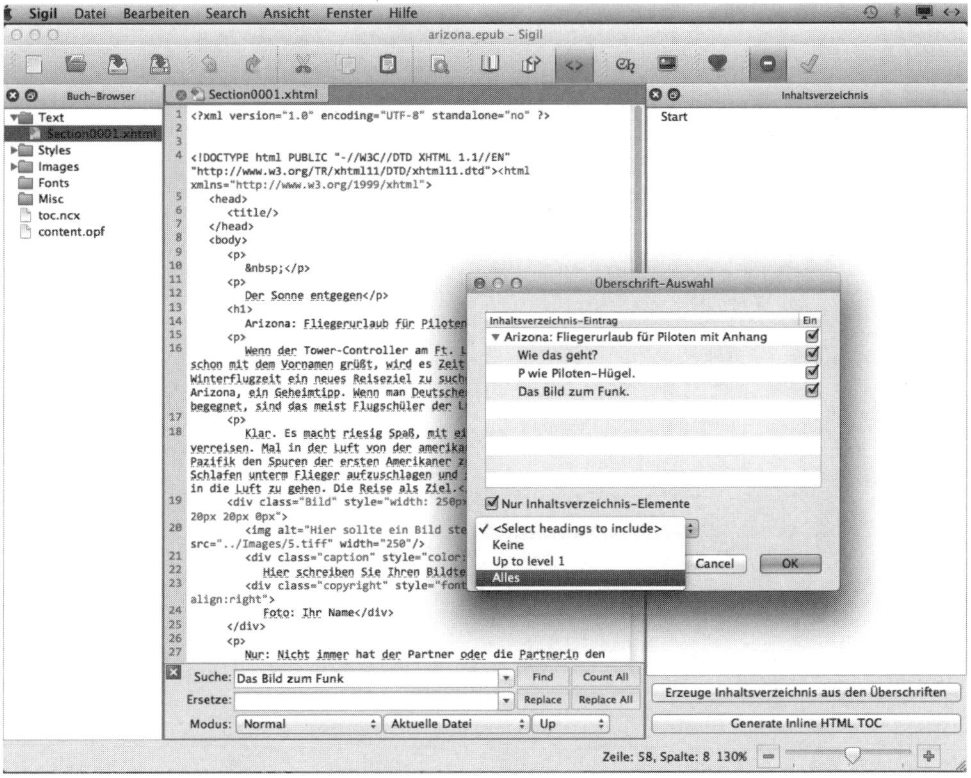

Bild 13.15: In diesem Beispiel gibt es nur zwei Überschriften-Level – »Alles« anklicken ist okay

Und so sieht der Quelltext in der Datei *toc.ncx* aus. Den sehen sie, wenn Sie in der linken Spalte auf die Datei *toc.ncx* doppelklicken. Hier könnten wir nun wieder einzelne Punkte herauslöschen oder weitere ergänzen, die nicht über das Format h1 oder h… definiert waren.

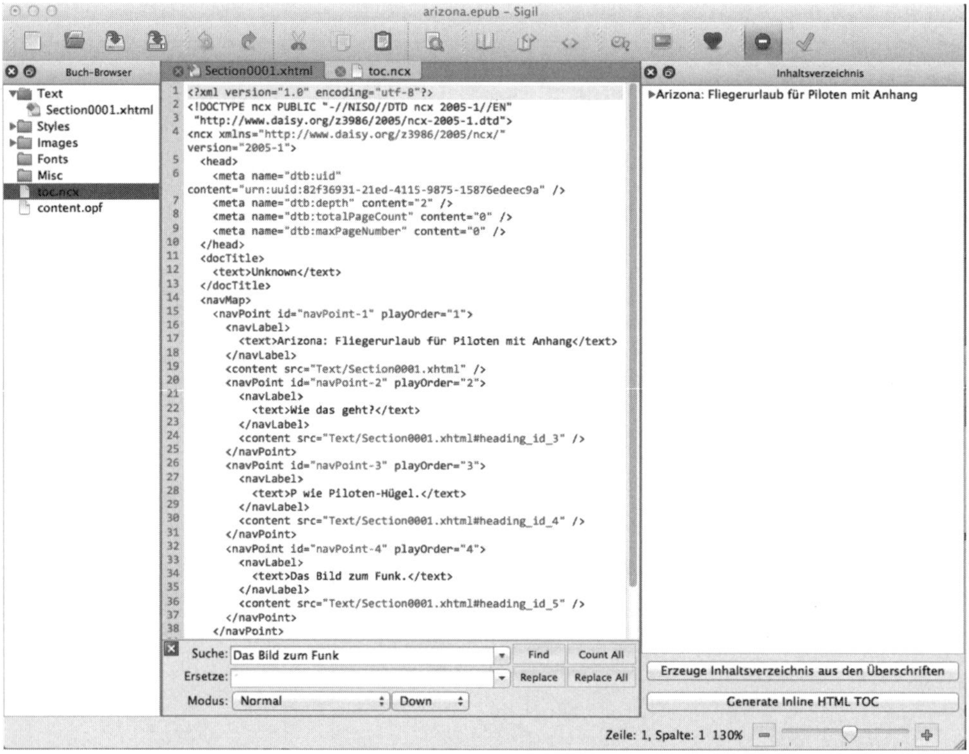

Bild 13.16: Jeder Navigationspunkt (navPoint) besitzt mehrere Eigenschaften

Die Datei ist mit »navPoint«-Einträgen aufgebaut. Sie können nun einfach einen navPoint-Textblock kopieren, um einen weiteren Navigationspunkt einzufügen.

Jeder Navigationspunkt, »navPoint«, besitzt eine id (Identifikation), eine Rangordnung, eventuell ein Label, einen angezeigten Namen in der Inhaltsliste (den können Sie hier übrigens bequem ändern, sodass der Leser trotzdem noch immer zum gleichen Ziel (src) springt) und natürlich einen Link, wohin der NavPoint führen soll. Im Tag `<text>` steht der Text, der nachher angezeigt werden soll. Bei `<content src="Text/MeinKapitel.xhtml" />` muss auf die entsprechende XHTML-Datei verwiesen werden, die Sie damit ansteuern möchten.

Zum Entfernen eines Eintrages immer von `<navPoint id` bis zum Endpunkt `</navPoint>` desselben Eintrages löschen!

```
<navPoint id="navPoint-2" playOrder="2">
<navLabel>
<text>Wie das geht?</text>
</navLabel>
<content src="Text/Section0001.xhtml#heading_id_3" />
</navPoint>
```

Tipp: Weitere Kapitelüberschriften hinzufügen können Sie nicht nur im Quelltext, wie eben gezeigt, sondern sogar im WYSIWYG-Modus von Sigil.

Der entsprechende Text wird mit der Maus markiert. Links oberhalb des Textes sehen Sie ein Menü, das mit »Normal« beschriftet ist. Die Schaltfläche »Normal« hat sich in der Position gegenüber der Vorgängerversion von Sigil in der Position leicht verschoben und wird nun etwas markanter dargestellt. Die Funktionalität ist die gleiche geblieben.

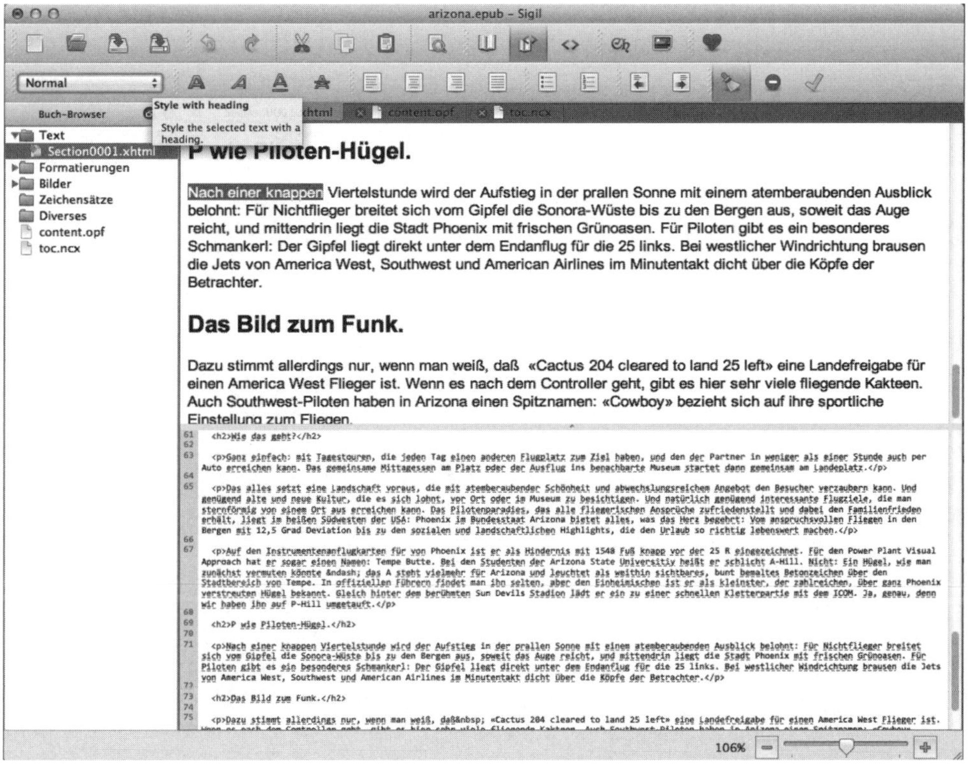

Bild 13.17: Hinter der Schaltfläche »Normal« verstecken sich die Überschriftenformate

Wenn Sie das Menü »Normal« anklicken, finden Sie eine Liste der Textformatierungen. Wählen Sie (in diesem Beispiel) »Überschrift 2«, und schon ist unser selektierter Text eine weitere Überschrift.

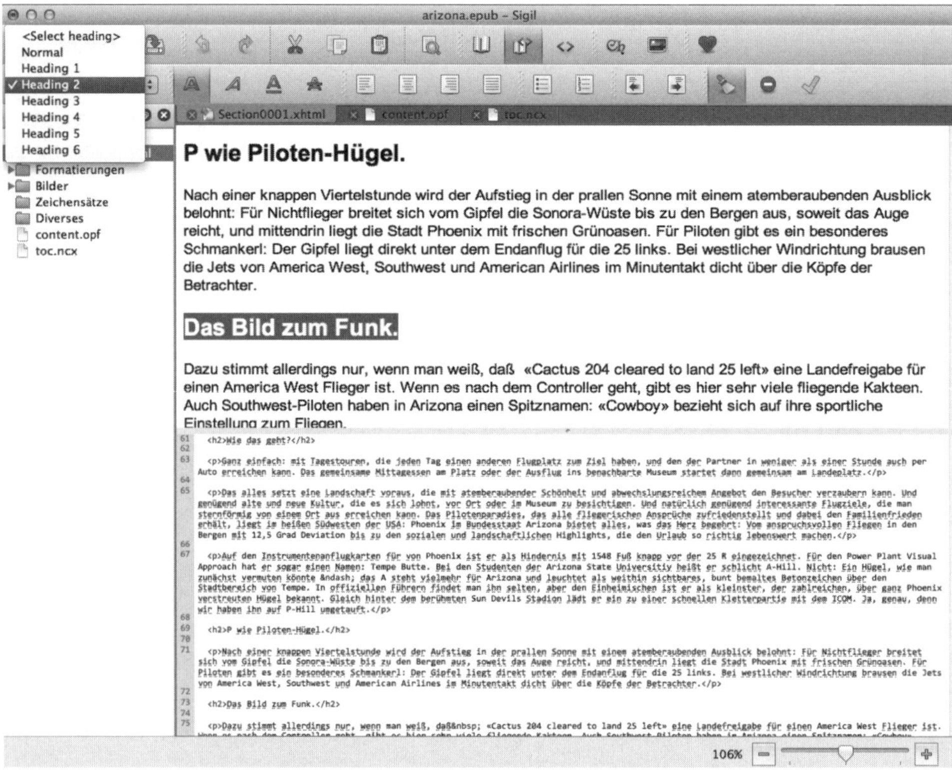

Bild 13.18: Sie wählen, welche (Überschriften-)Art der markierte Text bekommen soll

Tipp am Rande: Ein Inhaltsverzeichnis für ein ePUB (also eine Navigation Map) zu erstellen, geht auch in Open Office mit dem W2E-Plugin. Wenn die Überschriften sauber als h1 (oder h2, h3, je nachdem wie viele Ebenen Sie dazunehmen möchten) definiert sind, dann kann man ein Inhaltsverzeichnis im Open Office Writer oder InDesign erstellen, und beim Export zum ePUB ist ein navigierbares Inhaltsverzeichnis bereits enthalten.

13.6 Metadaten einfügen

Rein prinzipiell geht das auch recht gut im Programm Calibre. Sie können das aber natürlich auch schon hier erledigen. Bequem und ausführlich. Als Marketinginstrument.

Tipp: Importieren Sie in Sigil bestehende (kostenfreie) ePUBs und sehen Sie sich an, was die anderen so geschrieben haben. Und machen Sie es besser!

Zunächst klicken Sie bei Ihrer in Sigil geöffneten Datei unter »Bearbeiten« auf den »Metadata Editor«.

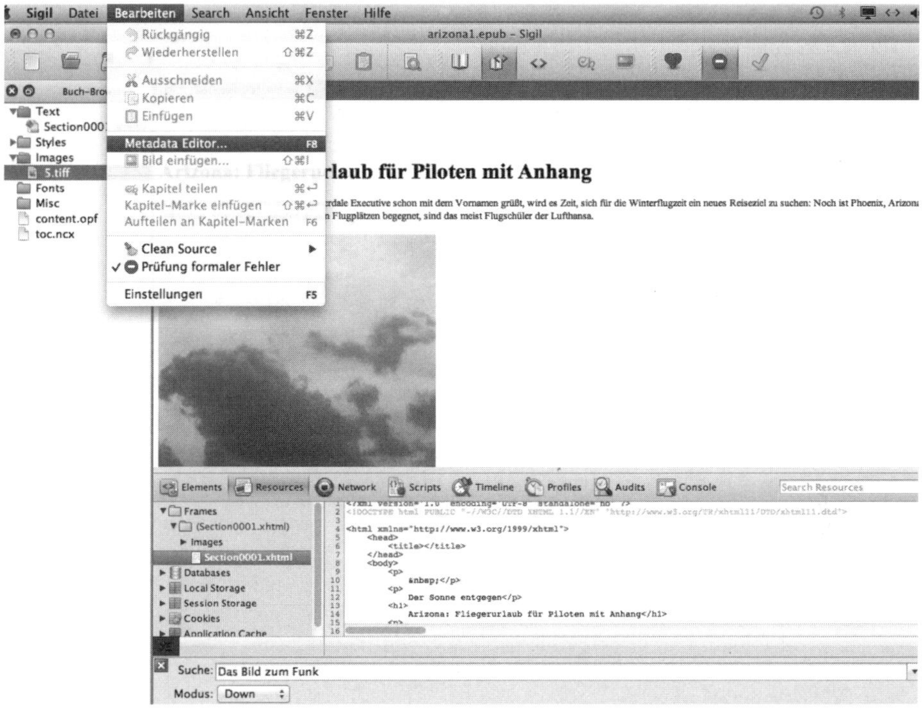

Bild 13.19: Leider nicht mehr hinter einem Icon versteckt, man muss übers Menü gehen

Sie haben die Qual der Wahl, welche Felder Sie mit welcher persönlichen Information ergänzen möchten. Füllen Sie so viele Felder wie möglich und so gut passend wie möglich aus.

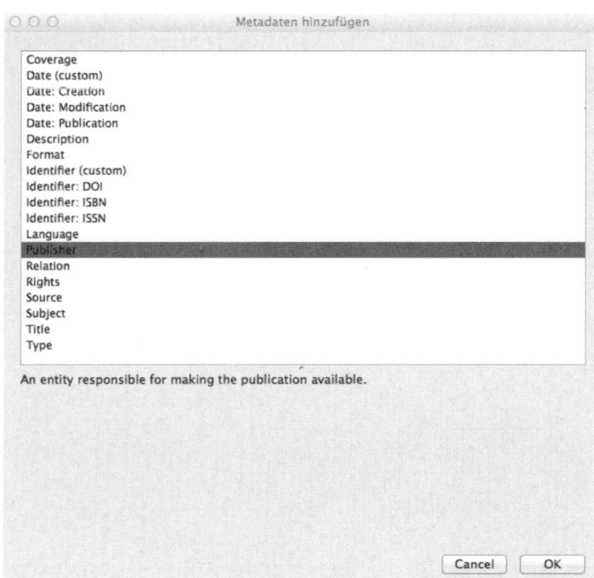

Bild 13.20: Arbeit, die sich bezahlt macht – im besseren Gefundenwerden

Natürlich sollte in den Metadaten zu Ihrem Buch Sinnvolleres stehen als in unserem Beispiel. Aber wir wollen ja nichts vorgeben …

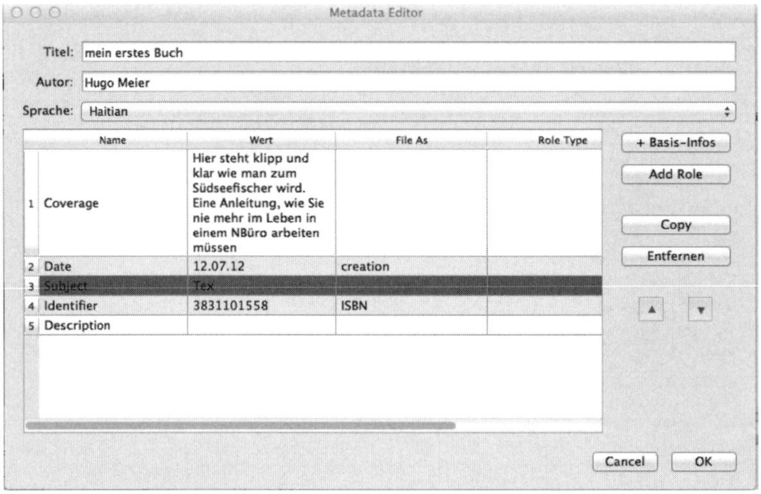

Bild 13.21: Ihre Chance – mit Ihren Angaben

13.7 Bild umfließen

Aus Textverarbeitungsprogrammen wie Word und Satzprogrammen wie QuarkXPress oder InDesign kennen wir das »Umfließen« von Bildern oder Grafiken. Im ePUB realisieren Sie das (leider) noch immer am einfachsten, wenn es passgenau sein soll und korrekt auf vielen E-Readern wiedergegeben werden soll: im HTML-Code.

Dazu ist in der Textdatei in Word das Bild (die Grafik) an einer bestimmten Stelle in den Text eingebettet, also an einer Textstelle fixiert. Das Bild steht mittig, rechtsbündig oder zentriert im Text.

Bild 13.22: So sieht die Originaldatei in Word aus

Wir weisen dem Bild gleich in Word eine eigene Formatierung mit dem Namen »Bild« zu. Sie können auch einen anderen, sinnvollen Namen wählen, beispielsweise *Bild links*, aber er sollte einen Wiedererkennungswert besitzen, wenn wir später im Code die Eigenschaften ändern.

Um ein ePUB zu erhalten, platzieren wir die Word-Datei in InDesign.

Einschub: *Konvertierung aus Word zu ePUB ohne InDesign*

Eine kostenfreie Alternative zu InDesign, wenn es nur ums Abspeichern als ePUB geht, ist das Plugin *W2E*. Dies gibt es kostenfrei für die beiden Open-Source-Programme *Open Office* und *Libreoffice* (Linux).

Das Plugin *Writer2ePub* (*W2E*) ist eine Erweiterung, mit der Sie aus Open Office Writer heraus ePUB-Dateien erstellen können.

Download: *http://extensions.openoffice.org/en/project/Writer2ePub*

Natürlich kann man auch direkt von Word zu Calibre gehen, dort den *.doc*- oder *.rtf*-Text importieren und daraus ein ePUB erstellen. Wenn Sie dieses ePUB aber dann doch noch in Sigil importieren, weil Sie weitere Formatierungen vornehmen wollen, kann es zu Problemen kommen. Der direkte Weg: Word – Calibre ist nur empfehlenswert, wenn Sie nicht danach mit Ihrer Datei nochmals zu Sigil wollen.

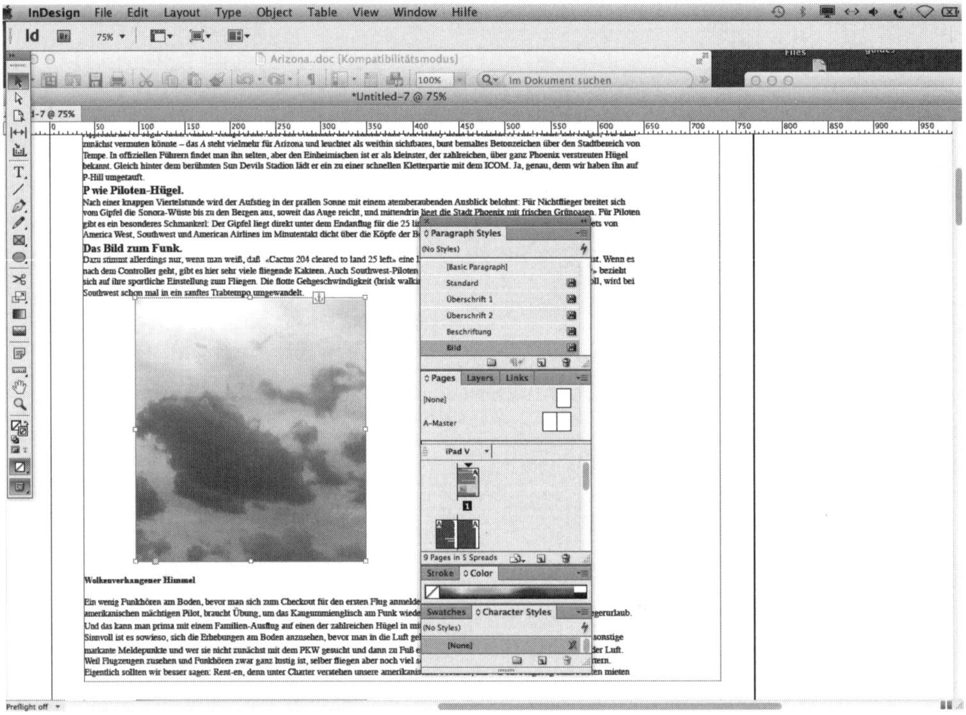

Bild 13.23: So sieht das nach dem Import in InDesign aus: Das Bild ist verankert und hat den Stil *Bild*

Anmerkung: Mit allen neuesten Updates der Programme klappt nun sogar der Import in Sigil mittels Umfließen des Bildes, wenn er in InDesign entsprechend festgelegt wurde. Zur Übung, und weil nicht jeder InDesign hat, gehen wir dennoch davon aus, dass das Umfließen im ePUB noch nicht festgelegt ist. Sie können ja etwa auch ein Bild in Sigil einfügen und dann ist Folgendes hilfreich.

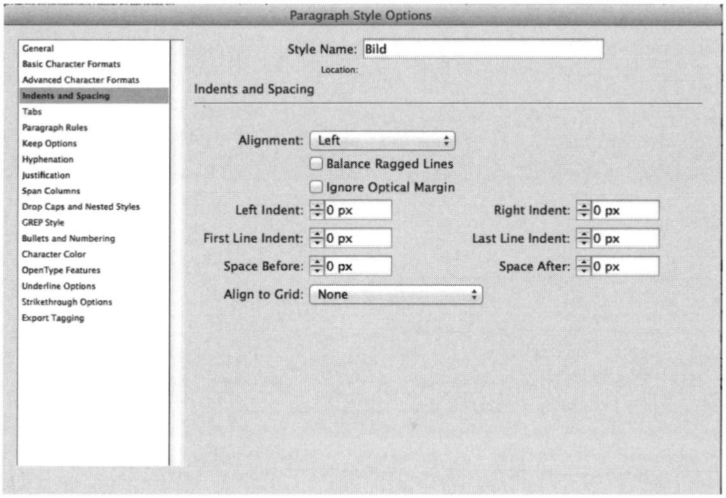

Bild 13.24: Der Stil *Bild* ist als linksbündig definiert, und um das Umfließen kümmern wir uns später

Wir exportieren die Datei als ePUB und öffnen sie in Sigil. Sieht auch in etwa so aus. Es geht in diesem Beispiel nur um das Bild, der umgebende Text wurde nicht speziell formatiert.

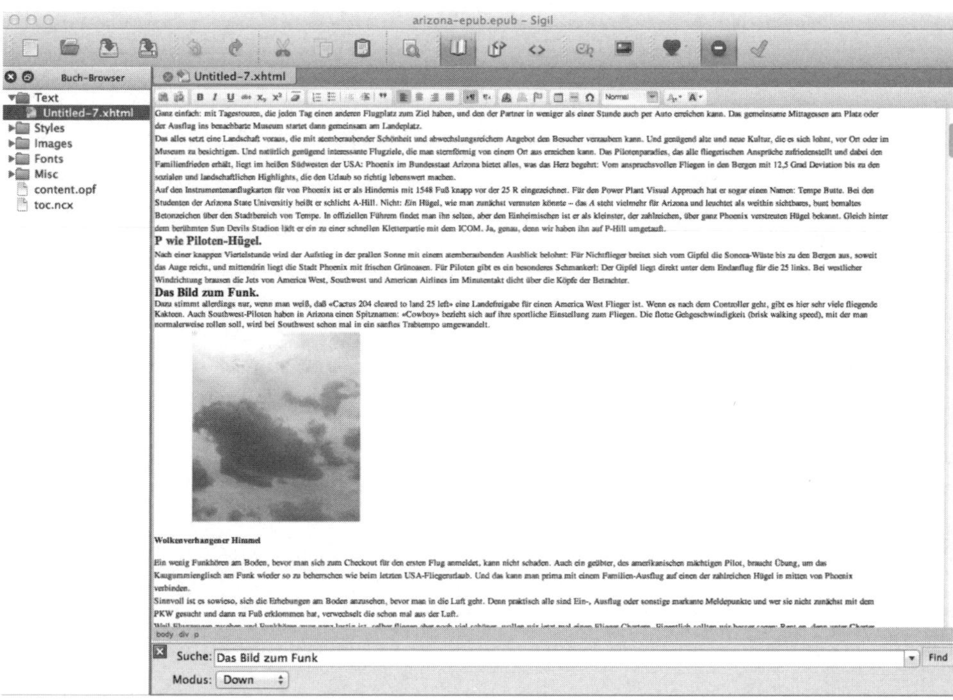

Bild 13.25: So sieht das Bild nach dem Import in Sigil aus ...

Wenn Sie auf die beiden spitzen Klammern <> in der Menüleiste oben klicken, dann sehen Sie den Quellcode zu obiger Textstelle mit dem Foto. Sie können auch den Bildschirm teilen und dann den Quellcode und die Buchansicht gleichzeitig betrachten. Das läuft zurzeit leider noch nicht gekoppelt, aber das ist sicher nur eine Frage der Zeit.

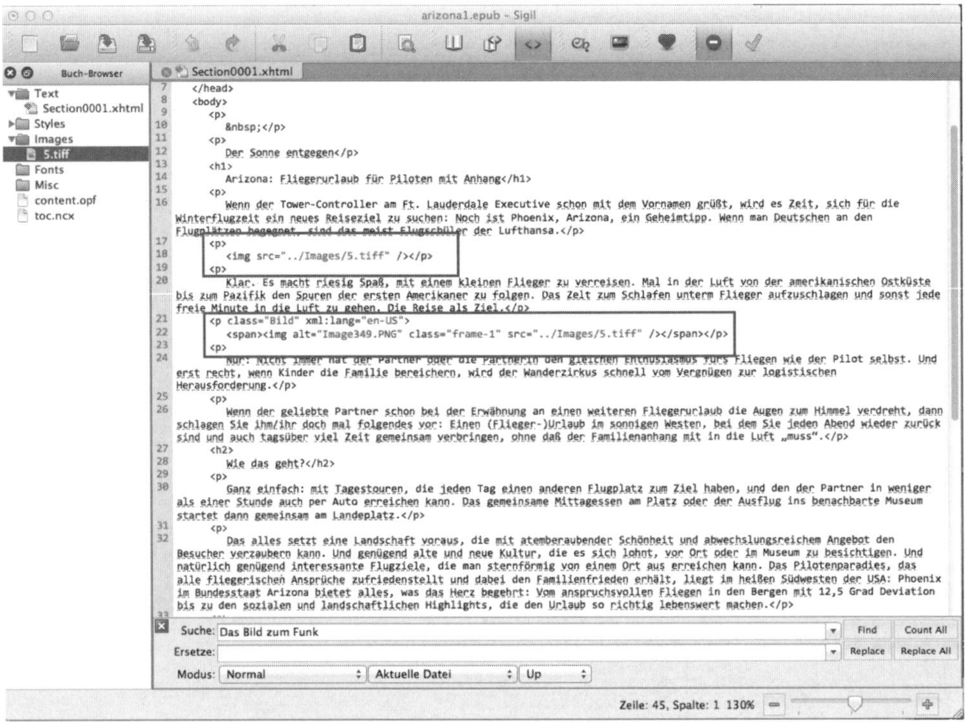

Bild 13.26: ... und das ist der HTML-Code dazu

Wir haben hier etwas fingiert und zwei der vielen Möglichkeiten gezeigt, wie sich Ihr Bild im Quellcode wiederfinden kann (siehe die beiden Kästen in Bild 13.26). Real ist also das Bild zweimal unterschiedlich manuell in den Quellcode eingefügt. Und es ist auch egal, wenn bei Ihnen eine dritte Version im Text steht ...

Wichtig ist: Sie sollten das Bild im Quelltext wiederfinden können. Suchen Sie einfach nach dem Namen des Formatstils, den Sie dem Bild zuvor verpasst haben, und der hoffentlich eindeutig ist. Oder nach dem Namen des Bildes, wenn es nur einmal vorkommt.

Tipp: Bei allen Änderungen im Sourcecode, das gilt im Speziellen beim Ersetzen von Codezeilen, alles, was dazugehört, mitnehmen und alles, was nicht dazugehört, stehen lassen. Bei Änderungen im Code besser vorher nochmals abspeichern als Backup, falls doch etwas schiefgeht.

Alle Elemente wie `<p>` oder `<div>` müssen ein End-Tag haben mit der gleichen Bezeichnung und einem Schrägstrich davor. Beides gehört wie eine Klammer um den Inhalt darin zusammen.

Also: beim Entfernen einer Zeile nach dem <p> muss bis zu dem dazugehörigen Endtag </p> einschließlich getauscht oder gelöscht werden. Oder:

<div> .... bis </div>

Vorsicht: eine div-Box kann auch weitere divs enthalten, also nicht einfach nur bis zum nächsten passenden End-Tag schauen. Wir suchen den Deckel (EndTag) zur richtigen Box und schließen alle darin enthaltenen »Matroschka«-div-Boxen mit ein.

Das alles ist mehr als platt erklärt, aber wir wollen hier ja auch keinen HTML- oder CSS-Kurs abhalten. Nur das Schlimmste verhindern.

Ein Beispiel, wie Sie eine Bildunterschrift mit einschließen können:

Nun fügen wir folgende Zeilen, die natürlich an Ihren Namen angepasst sein sollten, in den Quelltext ein.

a.) Für nur ein Auftreten des Bildes, falls Sie die Werte je Bild anpassen möchten:

```
<div class="Bild" style="width: 250px; float:left; margin:5px 20px 20px 0px">
<img alt="Hier sollte ein Bildname stehen" height="164" src="../Images/
Bildname.tiff" width="250" />
<div class="caption" style="color:blue;">Hier schreiben Sie Ihren Bildtext</
div>
<div class="copyright" style="font-size: 90 %; text-align:right">Foto: Ihr
Name</div>
</div>
```

b.) Oder mit der Definition im CSS, falls Sie viele Bilder haben, die alle in Bezug aufs Format gleich aussehen sollen:

Die folgenden Zeilen sollten an die Stelle, wo die jeweiligen Bilder im Code stehen; der Bildname ist vermutlich anders an jeder Stelle, oder, wenn es etwa ein Kapitelabschlusszeichen ist, kann es natürlich auch stets die gleiche Bildreferenz sein.

```
<div class="Bild">
<img alt="Hier sollte ein Bild stehen" height="164" src="../Images/5.tiff"
width="250" />
<div class="caption">Hier schreiben Sie Ihren Bildtext</div>
<div class="copyright">Foto: Ihr Name</div>
</div>
```

Dazu ergänzen Sie am Ende des CSS Style Sheets folgende Definitionen:

```
.Bild {
width: 250px;
float:left;
margin:5px 20px 20px 0px;
}
.caption {
color:blue;
}
```

```
.copyright
font-size: 90 %;
text-align:right;
}
```

Alle Zahlenwerte und Farben sind anpassbar und die Variablen-Namen, wenn man versteht, worum es geht, auch. Nach `src` (Source) sollte der Dateipfad Ihrer Bilddatei stehen. Wenn Sie die Datei im WYSIWYG-Mode in Sigil einbinden oder sie bereits aus Word/InDesign entstanden ist, dann steht bereits der korrekte Datei(pfad)name dort.

Formatierung mit oder im CSS ist keine Hexerei. Sie erfordert allerdings ein gewisses Grundverständnis, man könnte auch sagen: Grundwissen. Und, wenn Sie vorformatierte Schnipsel (wie oben) einsetzen, zusätzlich noch Genauigkeit. Denn jedes Komma, jeder Strichpunkt und jede geschwungene Klammer haben ihren Platz, und wenn etwas fehlt, ist der restliche Code für das Programm (Sigil) nur mehr Kauderwelsch.

Für HTML-Profis

Prinzipiell kann jedes Element »gefloatet« werden: `p`, `div`, `table`, `img`, und so weiter. Elemente mit der Eigenschaft `float:left` oder `float:right` müssen immer eine definierte Breite (`width`) besitzen. Man wählt üblicherweise die Breite des Bildes.

Der Außenabstand oder Margin ist ein Puffer, der verhindert, dass Elemente direkt aneinander kleben. Die Margin-Werte sind wie folgt zugeordnet:

```
margin: 0px 0px 0px 0px
```

```
margin: top right bottom left
```

... also im Uhrzeigersinn: oben, rechts, unten, links.

Der Innenabstand oder Padding sorgt für einen Abstand innerhalb des Elementes. Als Beispiel bringt `padding: 10px` in einem Textrahmen einen Innenabstand zwischen Text und Begrenzung des Text-Elementes.

13.8 Einige HTML-Kurztipps zum Verschönern in Sigil

Auch das ist kein HTML-Kurs. Das funktioniert nicht in solch engem Rahmen, wenn es seriös sein soll. Hier einige Tipps für Leser, die schon mal selbst am Code Ihrer Website erfolgreich gebastelt haben:

Absatzstile für Besonderheiten ändern

Auf alles, was im Quelltext »p = paragraph« heißt, wird haargenau die Formatierung angewendet, die unter *p* im Stylesheet steht.

Wollen Sie nur die Textformatierung in einem Buchstaben, Satz oder einem Absatz ändern, ersetzen Sie im Quelltext (Klick auf <>) nur für diesen Teil das <p> durch eine abgewandelte `p`-Definition, hier `p1`:

```
<p class="p1">.
```

Nach dem Ende des neu formatierten Textteils folgt das ganz normale End-Tag von <p>:

```
<p class="p1">blabla blabala</p>
```

Wollen Sie etwa einen extra großen, anders formatierten Buchstaben am Kapitelanfang haben, heißt der Befehl (angenommen, die ersten Worte wären »Erster Satz«):

```
<p class="p1"><span class="initial">E</span>rster Satz................ </p>
```

wobei das E des Textteiles *Erster Satz* in diesem Fall der Großbuchstabe wäre.

Im CSS dazu muss Folgendes definiert sein (die Werte für den Farbcode, die Schrift ... sind wie immer nur Beispielwerte):

```
.initial {
color: #990000;
font-size: 1.5em;
font-family: Verdana;
}
.p1 {
font-style: normal;
font-family: Verdana;
text-indent: 0;
margin: 0;
}
```

CSS-Einfügungen einfach immer am Ende, nach der letzten vorhandenen Zeile im CSS, ergänzen.

Ein eingerückter Text, etwa für ein Zitat, könnte folgende Änderungen in einer anderen p-Definition enthalten:

Ändern im Stylesheet: Unter .p1 den Befehl margin: 0; ersetzen durch die vier Befehle:

```
margin-top: 10px;
margin-left: 20px ;
margin-right: 10px;
margin-bottom: 10px;
```

Und oben im Text, im Absatz mit dem Zitat, weisen Sie im Quellcode dem Absatz Ihr neu definiertes p zu:

```
<p class="p1">
```

Probieren Sie's aus. Spielen Sie mit den Werten. Und haben Sie in jedem Fall immer eine Basiskopie der Datei parat, falls doch einmal eine Änderung schiefgehen sollte. Dann eben nochmals von vorne! Auf geht's!

13.9 Fragezeichen im E-Reader statt Schriftzeichen

Diese Überschrift ist eine Kurzform für folgendes Problem: In Sigil werden manche Zeichen korrekt dargestellt, die dann später in diversen E-Readern als Fragezeichen enden.

Sie erinnern sich vielleicht an die Thematik der selbst definierten Bullets in Aufzählungslisten mit Pfeilen, Fäusten, Sonnen oder was auch immer.

Eine Liste der Zeichen, die auf den meisten Readern vorhanden sind, finden Sie hier:

http://www.adobe.com/devnet/pdf/pdf_reference_archive.html, Appendix D, tables D.1 and D.3.

Wenn Sigil über eine Schrift nicht verfügt, die Sie in Ihrem Dokument verwenden, dann substituiert das Programm eine andere dafür. Schriftersetzung (Font Substitution) nennt sich das. Das ist zwar im ersten Moment schön, hilft aber dem Endkunden nicht weiter. Also bei der Definition von Sondermätzchen auf jeden Fall testen, und zwar auf so vielen Geräten wie möglich, um die bösen Überraschungen selbst zu machen und sie nicht dem Leser zu überlassen.

Wollen Sie unbedingt ein bestimmtes Zeichen einer bestimmten Schrift in Ihrem ePUB enthalten haben, so müssen Sie diese Schrift in das ePUB einbetten. Dabei ist im Moment ein rechtliches Problem, denn jeder (Leser) kann aus einem ePUB dort eingebettete Schriften extrahieren. Nun meinen einige, damit vertreibe man die Schrift an unendlich viele potenzielle Käufer und müsse dafür natürlich eine hohe Lizenzgebühr als Schriftdistributor bezahlen. Hanebüchener Unsinn, aber rechtlich zurzeit nicht geklärt.

Die Lösung sind kostenfreie Schriften aus dem Netz, die es da in Hülle und Fülle gibt. Profi-Designer meinen allerdings, dass diese nichts taugen und vollkommen unprofessionell aussehen. Dann bleibt einem nur die Wahl zwischen: einem geschenkten Gaul … oder wie die Amerikaner sagen: There is no free lunch …

13.10 Rand für das gesamte ePUB einfügen

Im CSS können Sie direkt und einfach und auch so, dass Sie sicher sein können, dass er genau so umgesetzt wird, einen Dokumentrand definieren.

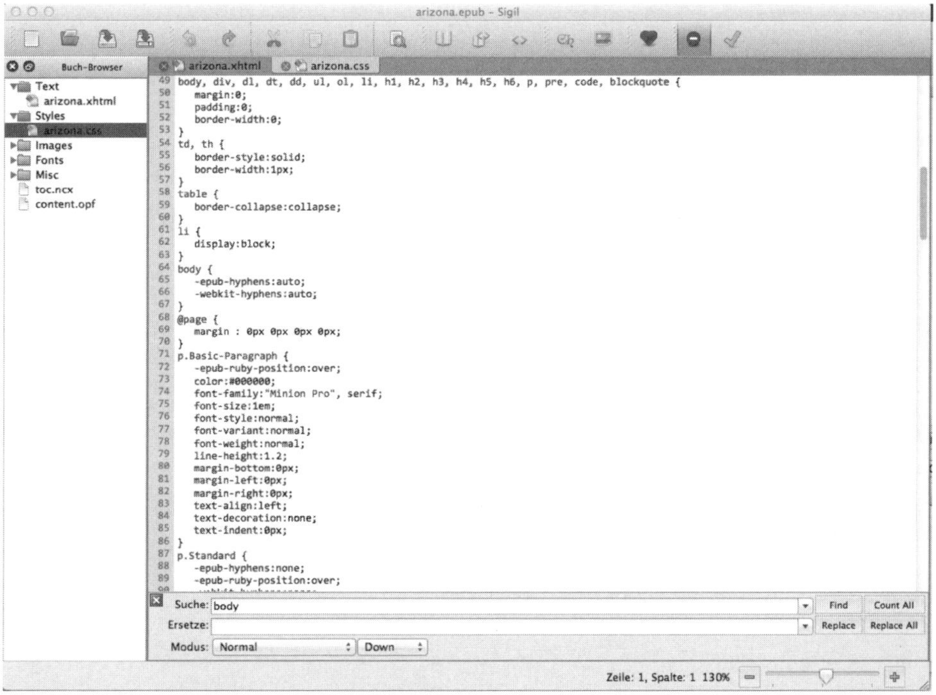

Bild 13.27: Die CSS-Datei Ihres ePUBs enthält ein `@page` oder Sie fügen dies am Dateiende hinzu

Ergänzen Sie folgenden CSS-Code am Ende der CSS-Datei. Welche Zahl Sie als Wert einsetzen, bleibt dabei Ihnen überlassen, 5 % (der Bildschirmgröße) sind ein guter Wert.

```
@page {
   margin-left: 5 %;
   margin-right: 5 %;
}
```

Damit sind nun der linke und der rechte Rand durchgängig fürs Dokument gesetzt.

Hier steht mehr zur Formatierung im CSS:

http://www.w3schools.com/CSS/css_margin.asp

14 Validieren eines ePUBs

14.1 Warum validieren? Was ist das überhaupt?

Beim Validieren eines Programmes, in unserem Fall eines E-Books, sieht sich ein anderes Programm, das diese Software (Ihr Buch) validieren kann, genau an, wie die Syntax, der Aufbau des Programmcodes ist. Also beim E-Book, ob der HTML-Code in Ordnung ist, irgendwo Tags (meist End-Tags) fehlen oder etwas anderes nicht passt. Strukturen untersuchen und gegen eine Standardvorlage vergleichen, kann ein Programm recht gut, sogar besser als ein Mensch, der vielleicht flüchtig darüber liest.

Wenn wir sehen, dass etwas nicht so ist, wie es sein soll, wissen wir, wo der Fehler liegt und können so direkt bei der Fehlerbehebung einsetzen.

Trickreicher sind die kleinen Ausrutscher, die lange nicht hervortreten oder bei bestimmten E-Readern nicht hervortreten, aber bei anderen dann vielleicht sogar das Öffnen oder Importieren des Buches verhindern.

Calibre etwa reagiert giftig, wenn nicht alles so läuft wie vorgesehen. Es importiert ein ePUB einfach nicht, wenn es grobe Fehler enthält, die dem Programm nicht genehm sind. Sigil ist da pflegeleichter.

Daher ist der Umweg über Sigil manchmal sinnvoll, auch wenn Sie im ePUB nach der Ersterstellung nicht mehr allzu viel ändern wollten. Es hängt von Ihrem gewählten Erstellungsweg des ePUBs ab und von den dabei eingesetzten Programmversionen.

Genauso pingelig ist der kostenfreie E-Reader von Adobe: Digital Editions (DE). Der ist schon beim Download sehr eigen, und auf manch älterem Mac funktionier bereits das Herunterladen des Programmes nur über Umwege.

Hat man das geschafft, ist DE allerding optisch sehr ansprechend und besitzt auch eine eigene Bibliothek mit etlichen kostenfreien E-Books. Das wiederum ist immer gut, so können Sie sich in Ruhe ansehen, wie andere etwas realisiert haben.

Validiert wird stets erneut, wenn irgendetwas an dem ePUB geändert wurde. Validieren ist also kein einmaliger Vorgang.

Tipp: Validieren Sie nach jeder größeren Änderung. Je öfter, umso leichter lässt sich ein etwaiger Fehler eingrenzen. Und testen Sie auf allen Ihnen zugänglichen E-Readern (Software und Hardware). Kein Mensch besitzt vermutlich alle Kindle-Variationen, und permanent taucht neue Hard- und Software auf. Da hilft es, Freunde und Bekannte einzuspannen und zu fragen, ob Sie nicht Lust hätten, als Testleser das allerneueste und sicher auch das beste Buch zu testen …

14.2 Was muss ich tun, wenn ich validieren will?

Gute Frage. »Mach mal« ist immer leicht gesagt, wenn man gar nicht weiß, was man wie tun soll.

Die allererste Validierung haben Sie bereits hinter sich, denn die macht das Programm, aus dem heraus Sie das Original-ePUB erstellt haben. Also etwa InDesign, Open Office Writer oder Pages. Wäre etwas nicht o.k. in Ihrem Code, würden Sie bei der Erstellung zumindest Warnungen erhalten.

Sobald Sie aus Ihrem Text ein ePUB erstellt haben, sollten Sie nach jeder größeren Änderung, auf jeden Fall aber vor dem Wechsel zu einem anderen Programm – etwa dem Schritt Sigil -> Calibre – eine Validierung starten.

Validieren eines ePUBs

- entweder aus dem Programm heraus, in dem Sie das ePUB bearbeitet haben,
- mit dem Aufruf auf Ihrem Computer eines Checkprogramms oder
- online.

Es gibt Programme in der ePUB-Herstellungskette, die irgendwo eine Schaltfläche oder einen Menüpunkt *Validieren* besitzen und mit einem Klick darauf rattert das Programm los und spuckt nach kurzer Zeit seine Fehlermeldungen aus. Nein. Das natürlich nicht. Es kommt bei Ihrem Buch hoffentlich zum Ergebnis: Keine Probleme entdeckt!

Zu den Programmen mit dem Menüpunkt *Validieren* gehören Sigil, ePUB Check und oXygen XML. Bei InDesign erhalten Sie schon während der Produktion eher sanfte Hinweise, wenn etwas nicht so (schön geformt) ist wie erforderlich. Oder es versteckt sich hinter irgendwelchen Aufklappmenüs, die gerade nicht offen sind. Schlimmstenfalls verweigert InDesign einfach die Erstellung des ePUBs dann beim Export. Als richtige Validierung wollen wir das nicht werten. Denn wenn jemand weiß, wo die Knackpunkte liegen könnten, in welchen Submenüs er dazu nachschauen muss, dann hat er diese Fehler vermutlich schon gar nicht erst gemacht. Diese Katze beißt sich in den Schwanz.

Sinnvoller geht dies bei Sigil.

14.3 Sigil

Unter Sigil haben wir bereits die Validierung mit Klick auf das grüne Häkchen gemacht – nach dem Import des ePUBs aus dem Texterstellungsprogram oder aus InDesign. Statt dem Klick auf das Icon mit dem Grünen Häkchen können Sie auch unter *Datei/ePUB validieren* die Überprüfung starten.

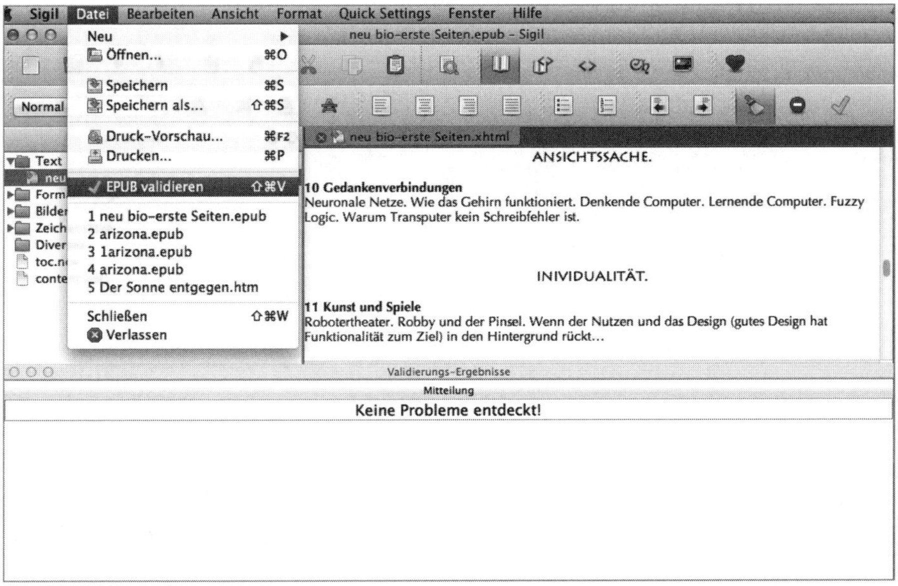

Bild 14.1: Validierung mit Sigil: Häkchen, Drop-Down-Menü und Ergebnis in einem Bild zu sehen

14.4 Calibre

Wenn Sie ein ePUB aus Calibre als ePUB exportieren wollen (weil Sie seit dem Import in Calibre Änderungen vorgenommen haben), macht Sie das Programm darauf aufmerksam, dass dies bereits ein ePUB ist, führt den Vorgang aber durch, und vermutlich kommt es dann auch zu dem Ergebnis, dass die Syntax und alles korrekt ist.

Der Punkt »Fehlersuche« (der rote Marienkäfer) in Calibre wird erst sichtbar, wenn Sie auf das große Icon »Bücher konvertieren« in der oberen Zeile geklickt haben.

Wenn Sie links unten auf den roten Marienkäfer klicken (ja, die Oberfläche von Calibre ist etwas verspielt) – Debug –, werden Sie noch gefragt, wo das Programm die Ergebnisse der Überprüfung ablegen soll.

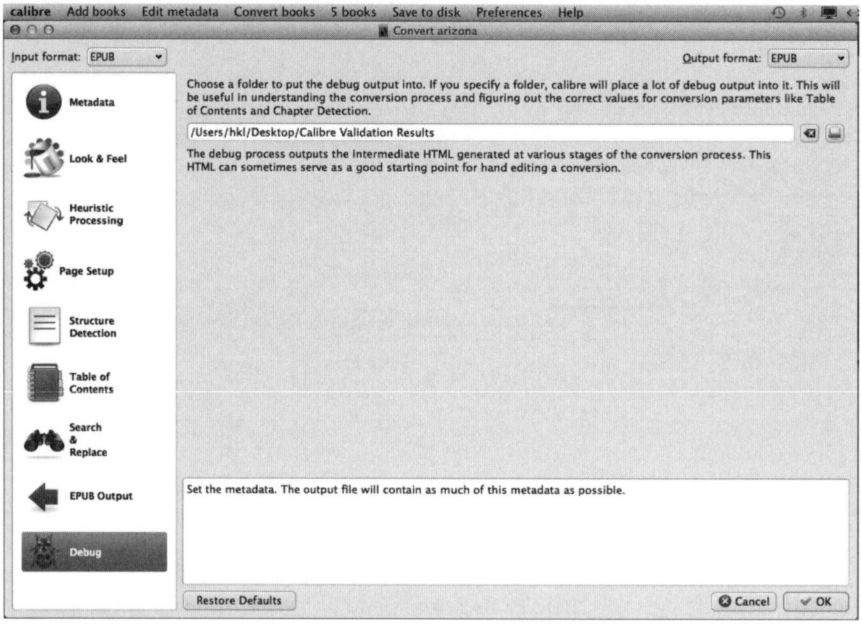

Bild 14.2: Von ePUB nach ePUB zu konvertieren ist sinnvoll für eine weitere Validierung des Codes

Bild 14.3: Struktur der Validierungsergebnisse von Calibre

In dem von Ihnen definierten Ordner finden sich nach der Konvertierung folgende Verzeichnisse:

- input
- parsed
- structure
- processed

Alle Ordner enthalten ihr gut sortiertes ePUB im jeweiligen Erstellungsstadium. Das erleichtert die Fehlersuche.

14.5 ePUB Check online

Sehr pflegeleicht ist die Online-Validierung: ePUB hochladen, auf Start klicken und das Ergebnis abwarten. Dazu muss man kein Programm kaufen oder installieren.

Aber auch hier gilt die Sache mit dem »No free lunch«. Erstens laden Sie damit ihr Buch auf eine (fremde) Onlineseite und, wenn Sie jetzt darüber lächeln, dann ist das wohl okay. Wer aber auf dem Weg zur Zielseite ihre privaten Daten abfängt und was auch immer dann damit anfängt, ist vielleicht auch nur eine Gedankenspielerei. Zweitens ist die Datenmenge begrenzt und muss pro Vorgang kleiner als 10 MB sein. Und drittens darf das ePUB nur »nicht kommerziell« sein, was auch immer man darunter zu verstehen hat. Denn bevor ein Buch fertig getestet online zum Verkauf ansteht, ist vermutlich kein ePUB kommerziell. Oder haben wir da etwas falsch verstanden?

http://validator.idpf.org/

14.6 ePUB Check lokal auf Ihrem Computer

ePUB Check lokal auf Ihrem Computer zu nutzen, ist etwas aufwendiger als online. Sie starten es entweder von der Kommandozeile Ihres Computers (Konsole auf dem Mac), als Java-Server-Side-Anwendung oder als Java-Bibliothek.

In allen drei Fällen sollten Sie genau wissen, was Sie da tun. Eine abgedruckte Tippanleitung ohne Hintergrundverständnis im Terminal einzugeben, halten wir für gefährlich. Da könnte neben dem ePUB auch Ihr Computer Schaden nehmen.

http://code.google.com/p/epubcheck/downloads/list

14.7 oXygen XML

oXygen XML ist eigentlich ein XML-Editor. Seit Version 14 unterstützt oXygen XML auch ePUB-3.0-Dateien und die ePUB-Validierung nach dem 3.0-Standard. Die Überprüfung erfolgt mit ePUB Check, das in oXygen enthalten ist.

Das Programm ist nicht kostenfrei, wenn man von der Trialversion absieht. Für Autoren, die sich beim HTML-Code wie ein Fisch im Wasser fühlen, ist es als Produktionsweg eine Überlegung wert. Denn ein ePUB hat mehr mit HTML als mit Texterfassung in einem Texteditor zu tun. Aber das wissen wir ja schon lange.

Bild 14.4: Nicht ganz billig, aber für den direkten HTML-ePUB-Weg eine passable Möglichkeit

15 Calibre

Sie haben es fast geschafft. Die Recherche ist erledigt, der Text ist im Kasten, alle Illustrationen sind vorhanden und der Großteil bereits an Ort und Stelle, wo sie im Text stehen sollen. Nun geht es zum fast letzten Schritt – der Konvertierung in das/die Zielformat(e) Ihres Buches.

15.1 Die bunte Welt von Calibre

Calibre ist ein mächtiger E-Reader (Software), der auf praktisch allen Betriebssystemen arbeitet, die erste Version wurde für Linux geschrieben. Calibre wird auch von vielen Menschen genutzt, die gar kein eigenes Buch veröffentlichen wollen, sondern nur E-Books aus dem Internet laden und lesen möchten. A la Apples *iBooks*.

Calibre kann viel mehr mit heruntergeladenen E-Books machen kann als ein einfacher Nur-Reader. Sie können in allen Büchern die Metadaten ändern und ergänzen, Favoriten setzen, die Schriften verändern, das Buch in andere Formate konvertieren und vieles mehr.

Die Funktionen von Calibre:

- Verwalten und Kategorisierung Ihrer E-Book-Bibliothek (PDFs, ePUBs ...)
- E-Books konvertieren
- Synchronisieren mit E-Book-Readern (Hardware)
- News und Dokumente aus dem Internet herunterladen und sie in ein E-Book passend konvertieren
- Umfangreiche E-Book-Anzeige (Software, Viewer)
- Content Server zum Online-Zugriff auf Ihre Büchersammlung
- Zugang zu vielen E-Book-Onlineshops

Calibre kann folgende Input-Formate lesen:
CBZ, CBR, CBC, CHM, DJVU, ePUB, FB2, HTML, HTMLZ, LIT, LRF, MOBI, ODT, PDF, PRC, PDB, PML, RB, RTF, SNB, TCR, TXT, TXTZ

... und in folgende Formate ausgeben (exportieren/umwandeln):
AZW3, ePUB, FB2, OEB, LIT, LRF, MOBI, HTMLZ, PDB, PML, RB, PDF, RTF, SNB, TCR, TXT, TXTZ

Das war eine Mein_Auto_Mein_Boot_Meine_Frau-Machtdemonstration. Dass nicht alles Gold ist, was glänzt, zeigen wir gleich. Denn wer genau hinsieht, findet bei den Imports auch das PDF-Format. Na prima, denken Sie jetzt vermutlich. Dann kann ich ja jedes PDF importieren und auf Klick erhalte ich mein Buch als ePUB und kann es auf die Vertriebsplattform hochstellen. Wozu also der ganze Diskurs?

Natürlich kann man einem Fünfjährigen ein iPad in die Hand drücken, und er wird sich mit Vergnügen dranmachen, alle Apps darauf auszutesten. Zu erwarten, dass dabei aber eine vorzeigbare Firmenbilanz in drei Sprachen, mit sinnvollen Zahlen fürs Finanzamt und die Geldgeber herauskommt, wäre etwas blauäugig.

Also ja: Calibre zeigt Bücher und Publikationen im PDF-Format an. Zaubern kann aber auch das mächtigste Programm nicht. Die Umwandlung aus einem fixierten Dateiformat ist die schlechteste aller Optionen fürs Umwandeln überhaupt. Wenn Sie es dennoch angehen wollen, hier gibt es eine Anleitung für Calibre dazu (inklusive einer Liste, was dabei nicht funktionieren wird):

http://manual.calibre-ebook.com/conversion.html#pdfconversion

Und wir zitieren die letzten Zeilen daraus (die Übersetzung steht gekürzt im Absatz oben):

To re-iterate PDF is a really, really bad format to use as input. If you absolutely must use PDF, then be prepared for an output ranging anywhere from decent to unusable, depending on the input PDF.

Daher beschränken wir uns im Folgenden auf den Input als ePUB oder HTML-Datei. Und wenn Sie mit anderen Formaten experimentieren möchten, nur zu.

Man kann mit Calibre viel machen und schon viel früher im Produktionsprozess mit diesem Programm einsteigen. Ein geringer Prozentsatz an Autoren tut das auch und schwört darauf. Für den überwiegenden Teil sind die Änderungsangebote im Fenster für Formatierungen da zu spartanisch und unanschaulich. Das Interface ist für inhaltliche Formatierungs-Änderungen an unserem Buch nicht wirklich prickelnd, aber machbar wäre einiges.

Dafür ist die generelle Oberfläche von Calibre recht verspielt, farbenfroh und mit Icons übersät. Auch nicht jedermanns Geschmack. Aber genug des Meckerns. Das Programm ist mächtig und kostenfrei, und was es alles für Sie als Autor tun kann, sehen wir uns jetzt einmal genauer an.

15.2 Ausgangsbasis für die Bearbeitung in Calibre

Für das Folgende gibt es einen zeitlichen Ablaufplan in Teil III dieses Buches. Einen mit vagen Vorschlägen für die Zeitbereiche der einzelnen Aufgaben und einen leeren als Vorlage zum Ausfüllen und Ergänzen für Ihr Buch.

Wir haben nun bereits vorliegen:

Der Text ist geschrieben, mehrfach selbst und wenn möglich, auch von anderen lektoriert – auch die beste automatische Rechtschreibkorrektur holt nicht alle Fehler heraus, die wir beim Schreiben nachts nach getaner Lohnarbeit unbeabsichtigt eingefügt haben.

Alle Überschriften sind nach ihrer Rangordnung (h1 = Header 1 als Kapitelüberschriften, h2 = Header 2 für kleinere Überschriften innerhalb der Kapitel und so weiter) definiert. Mehr als vier Hierarchiestufen sollten es nicht sein.

Text ist mit »Sichern unter« (Save As) entweder als HTML oder als *.doc* gespeichert und mit einem Programm zum ePUB konvertiert.

Fotos und/oder Bebilderungen sind an den gewünschten Stellen platziert und eingebunden.

Auch danach muss nochmals ein Korrekturdurchgang erfolgen. Ist alles noch immer so, wie Sie es geplant haben?

Das Manuskript liegt nun in einer der folgenden Formen zum Import in Calibre vor:

- als HTML-Datei abgespeichert
- als ePUB-Datei

15.3 Calibre installieren

Vermutlich haben Sie Calibre bereits zum Validieren Ihres E-Books eingesetzt und also schon auf dem Computer installiert. Falls nicht, dann geht es hier direkt zum Download der Software: *http://calibre-ebook.com/download*

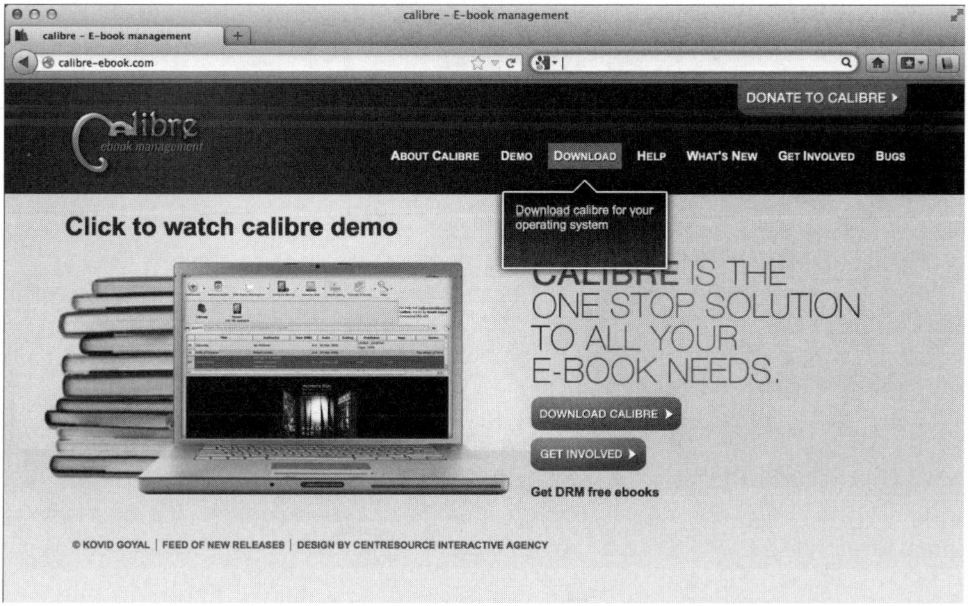

Bild 15.1: Calibre ist ein mächtiges E-Book-Programm für viele Betriebssysteme

Wenn Sie das Programm zum ersten Mal starten, begrüßt Sie Calibre mit dem Willkommens-Assistenten (Welcome Wizard). Das ist ein kleines Programmchen, das zunächst nach der Sprache fragt. Standard ist Englisch, aber Calibre versteht auch Deutsch. Dann wählen Sie, wo Sie Ihre E-Book-Bibliothek speichern wollen. Sie können den Speicherort-Vorschlag des Wizards auch ändern.

Rufen Sie den Wizard später irgendwann auf (unter *Einstellungen/Willkommens-Assistenten*), lässt sich damit recht einfach eine ganze Sammlung an einen anderen Ort stellen.

Tipp: Wenn Sie über ein Icon oder eine Schaltfläche mit der Maus drüberfahren und (auch bei einem superschnellen Rechner) viel Geduld mitbringen, dann öffnet sich ein kleines Info-Fensterchen, das beschreibt, was das bunte Bildchen nach dem Anklicken bewirkt.

Tipp: Und gleich ein kleiner Hinweis zum Umgang mit Calibre und Geduld. Gerade, wer die kurzen Reaktionszeiten eines Rechners der neuesten Generation gewohnt ist, verzweifelt anfangs bei der therapeutischen Langsamkeit von Calibre. Besonders das Öffnen eines E-Books braucht seine Zeit. Und (nachvollziehbares) öfteres, ungeduldiges Klicken verlangsamt die Angelegenheit nur noch weiter, weil Calibre stur alles ausführt, was Sie dem Programm aufgeben. Und das Buch dann eben fünfmal öffnet. Wenn Sie noch immer am Rechner sind …

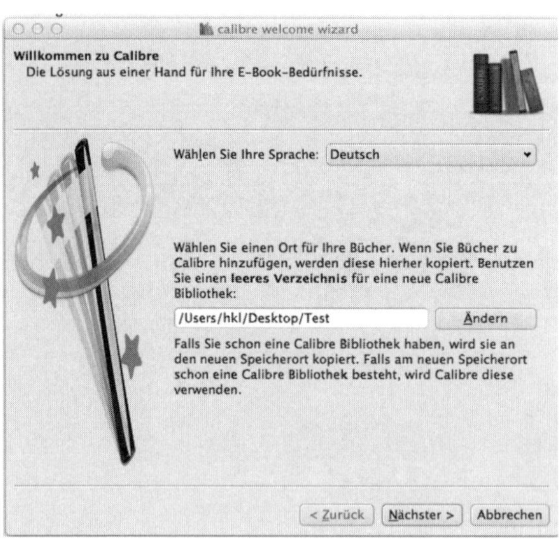

Bild 15.2: Mit dem Welcome Wizard einfach und schnell Bibliotheken verschieben

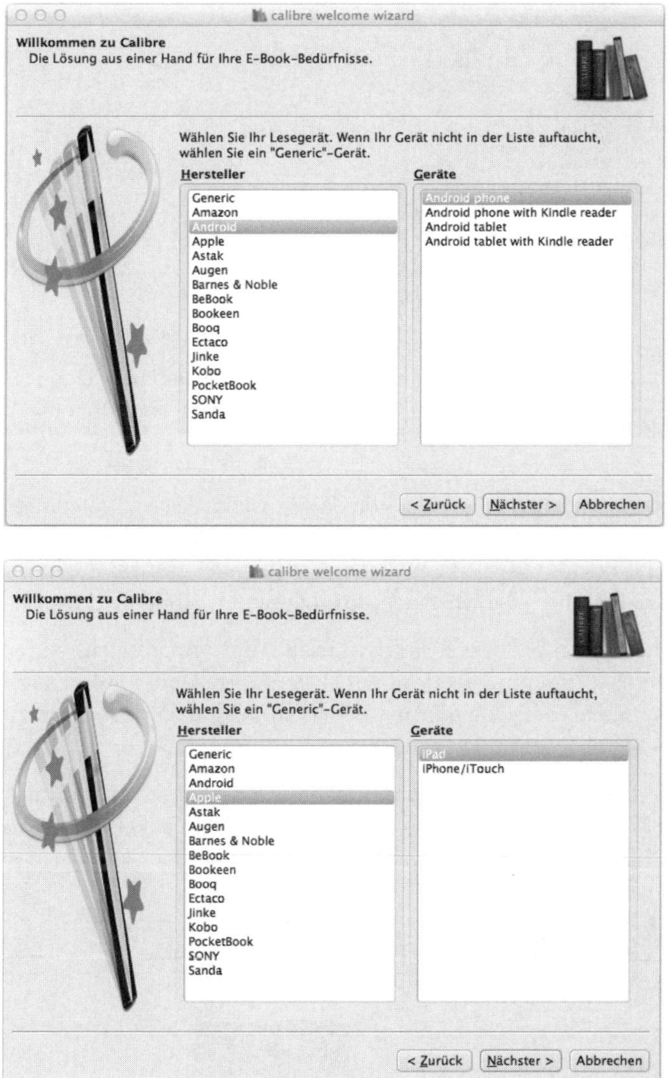

Bild 15.3: Die Liste der mobilen Geräte lässt kaum einen Wunsch offen, ein normaler Computer läuft unter »Generic«.

Und schon kann es losgehen. Der Videolink führt zu Kovid Goyal's Einführungsvideo auf der Calibre-Website. Die Sprache ist, wie im Benutzerhandbuch auch, Englisch.

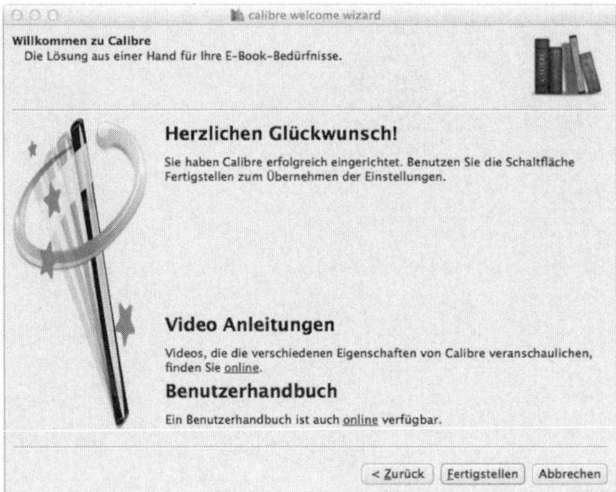

Bild 15.4: Videos und Benutzerhandbuch sind eine erste Anlaufstelle

Hier gibt es nun wieder einmal einen kleinen Hinweis aus der Praxis. Calibre ist ein kostenfreies Programm und wie viele Open-Source-Programme übertrumpft es sich selbst in der Versionsanzahl pro Zeiteinheit. Während des Verfassens dieses Buches gab es zwei größere Programmupdates, von denen zumindest bei einem die Oberfläche grundlegend verändert wurde.

Der Vorteil dieser zahlreichen Updates ist, dass Kundenwünsche und Anregungen schnell und relativ unproblematisch erfüllt und umgesetzt werden. Der Nachteil (für ein Buch wie dieses) ist, dass ein Icon links oben vielleicht nun in der neuen Version rechts unten zu finden ist, oder sich in einem Menüunterpunkt versteckt.

Das Programm ist aber generell ausgereift in der Funktionalität und wird sich vermutlich daher diesbezüglich nicht mehr grundlegend ändern (Prophezeiung, kein Fakt). Mit etwas intelligentem Suchen finden Sie sicher schnell, wo der Hase nun lang läuft.

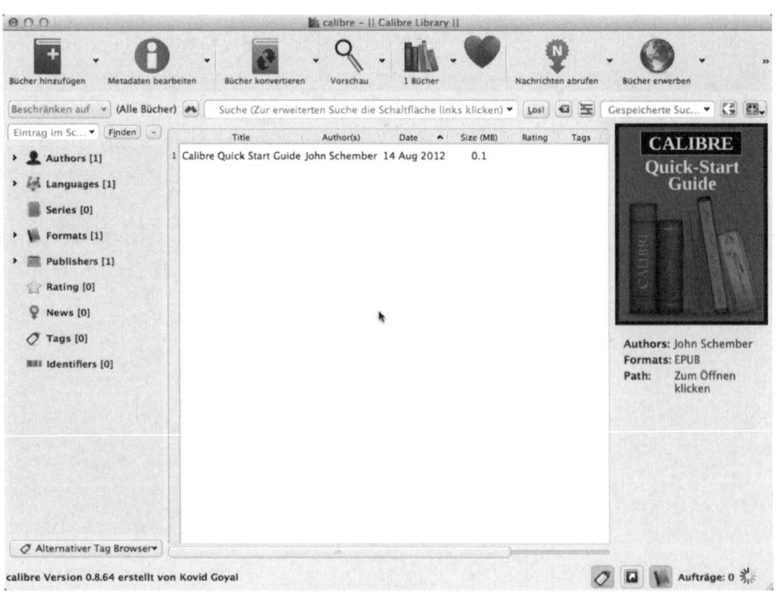

Bild 15.5: Das Startfenster. Calibre ist erfolgreich installiert

Nach zwei Klicks kann das aber z. B. auch so aussehen: Die Buchdateien sind andere im nächsten Bild, aber gemeint ist mit »anders aussehen« die Sichtbarkeit der Funktionen in der Gesamtansicht. Vor dem folgenden Screenshot gab es einen Klick auf das erste Icon rechts unten (Etikett): »Ausblenden Schlagwort-Browser«. Damit entfällt die linke Spalte und ein Klick auf das dritte Icon (Buch) rechts unten: »Ausblenden Buchdetails« entfernt die rechte Spalte.

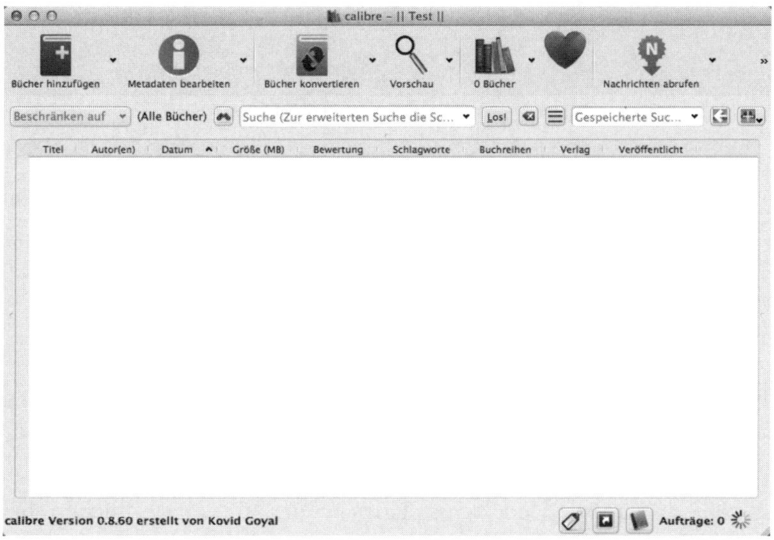

Bild 15.6: Mit zwei Klicks sind die Spalten links und rechts weg

15.4 Bücher laden und ansehen

Nun importieren Sie die HTML-Datei Ihres Buches oder das ePUB aus Sigil oder einem anderen Programm in Calibre. Dazu klicken Sie in das rote Buchicon links oben für »Add Books«. Laden Sie Ihr fast fertiges E-Book und, falls vorhanden, danach weitere E-Books, die Sie bereits im ePUB-Format auf Ihrem Rechner oder auf Ihrem mobilen Gerät haben. Denn ein Vergleich, wie etwas bei anderen realisiert ist, erleichtert oft die eigene Umsetzung.

Falls die Anzahl von E-Books auf Ihrem Rechner außerhalb von iBooks noch sehr begrenzt ist, dann suchen wir eben mit Calibre weitere Bücher, die es dann gleich in seine Bibliothek importiert.

Dazu gibt es einen Klick rechts oben in das große Icon mit der blauen Erdkugel: Bücher erwerben. Auf *Nach E-Books suchen* klicken. Den oder die Händler können wir später noch aus dem Gesamtangebot auswählen.

Bild 15.7: Die blaue Erde führt ins Reich der E-Books

<Schnipp>: Eine Begrenzung bei der Suche auf einige wenige Händler – und falls nötig, eben mehrere Suchen nacheinander – verkürzt die Suchzeit auf ein erträgliches Maß. »Alle« (Händler) anklicken oder die Suche nicht einzuschränken, strapaziert die Geduld arg. <Schnapp>

Und falls Sie sich fragen, was das rote Herzchen soll, das bei der Suche nach Büchern bei der Information in der Buchzeile gehäuft auftaucht – es bedeutet dasselbe wie auf der normalen Oberfläche von Calibre auch: Der Programmentwickler freut sich über eine Spende.

Bild 15.8: »Alle« anklicken dauert, die Suche liefert weitere Informationen zu den E-Books

In einem Menü lassen sich die Suchzeit je Händler und andere Kriterien der Suche ganz spezifisch einstellen. Die Suchzeiten stehen in einem Menü nach einem Klick auf das kleine »Schräubchen«-Icon links unten neben dem Kästchen: im externen Browser öffnen.

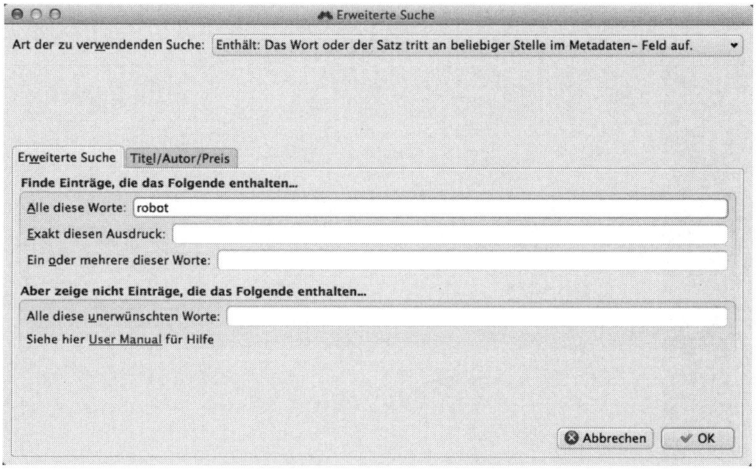

Bild 15.9: Gezielte Auswahl, welche Begriffe gesucht werden sollen und welche nicht

15.5 Importiertes E-Book verändern

Entdecken Sie die Calibre-Funktionen doch einfach spielerisch. Am besten anhand der (kostenfreien) E-Books, die Sie über die Suchen-Funktion bereits in Ihre Calibre-Bibliothek geladen haben. Sehen Sie sich alle bunten Icons und Felder an, klicken Sie und staunen Sie, was dahinter steckt. Vielleicht kann man genau diese Funktion für das eigene Buch gebrauchen. Das gilt vor allem auch für die kleinen versteckten, hinter denen sich manchmal ein wichtiges Aufklappmenü befindet. Die Logik, welche Icons übergroß und welche mickrig klein in einer Ecke platziert sind, ist nicht immer ganz nachvollziehbar. Also: nicht wundern, ausprobieren. Anwenden!

Einige Beispiele sehen wir uns jetzt gemeinsam an, und als Erstes machen wir uns an die Metadaten eines Buches. Was steht da bei einem Buch aus einem Internetbuchladen drin? Überlegen wir doch mal, ob das bei unserem Buch nicht besser geht. Wir wählen das heruntergeladene Buch »What the Moon saw« und klicken »Edit Metadata«.

»Edit Metadata« ist die zweite große, runde Schaltfläche links oben – blau mit einem weißen »i« in der Mitte.

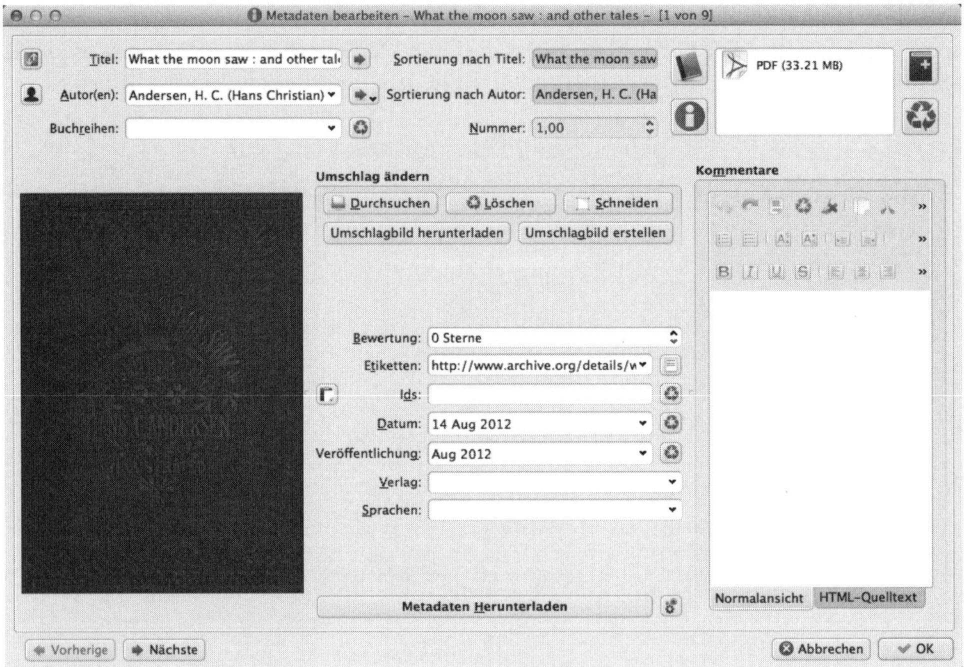

Bild 15.10: Metadaten einer Geschichtensammlung von Hans Christian Andersen

Ein weiterer Klick auf die Schaltfläche (unten mittig): »Metadaten herunterladen« ergibt bei Internetverbindung des Rechners folgendes Fenster:

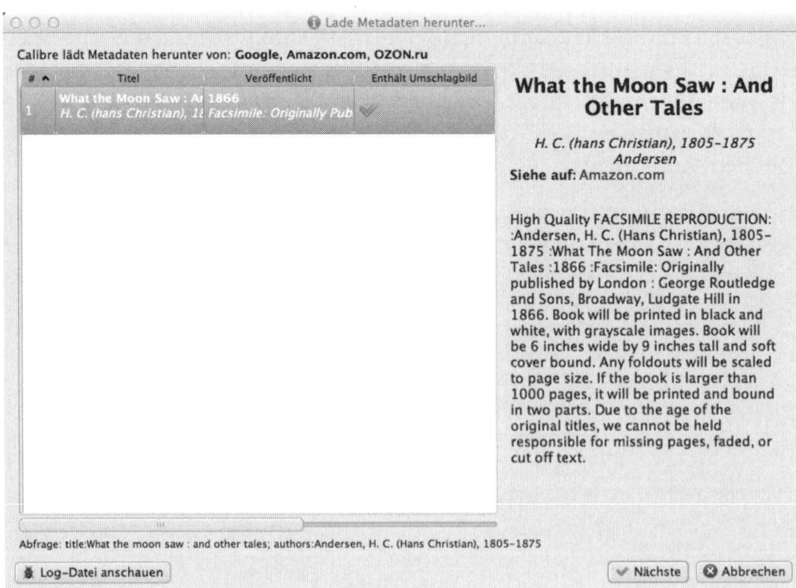

Bild 15.11: Hier rechts stehen mehr Informationen zum Buch, aber das geht noch besser

Wir erhalten weitere Informationen zum Buch, aber so wirklich prickelnd ist auch das nicht. Der Platz könnte für eine Synopsis, eine Kurzbeschreibung des Inhalts, genutzt werden und für Links zu weiteren Informationen für den Leser. Ihrer Kreativität sind keine Grenzen gesetzt.

Nebenbei erwähnt: In Calibre können Sie auch jedem Buch aus dem Internet ein neues Cover verpassen oder das vorhandene ändern. So wie man Zeitschriften, deren Titelbild einem nicht gefällt, eben bis zur Entsorgung mit der Rückseite nach oben auslegt – und hofft, dass die Werbung auf der letzten Seite ansprechender ist als der Titel – kann der Leser/Käufer hier nun auch ein (E-)Book behandeln: einfach das Cover ersetzen. Kein Verlag hat bei E-Books die Gewalt, wie Sie als Leser das Buch (an)sehen möchten. Und das gilt natürlich auch für Ihr Buch ...

Ganz praktisch sind die Schaltflächen *Vorherige* und *Nächste*. Damit bleibt das Metadaten-Fenster offen, aber nun werden gleich die Metadaten des nächsten Buches der Bibliothek darin angezeigt.

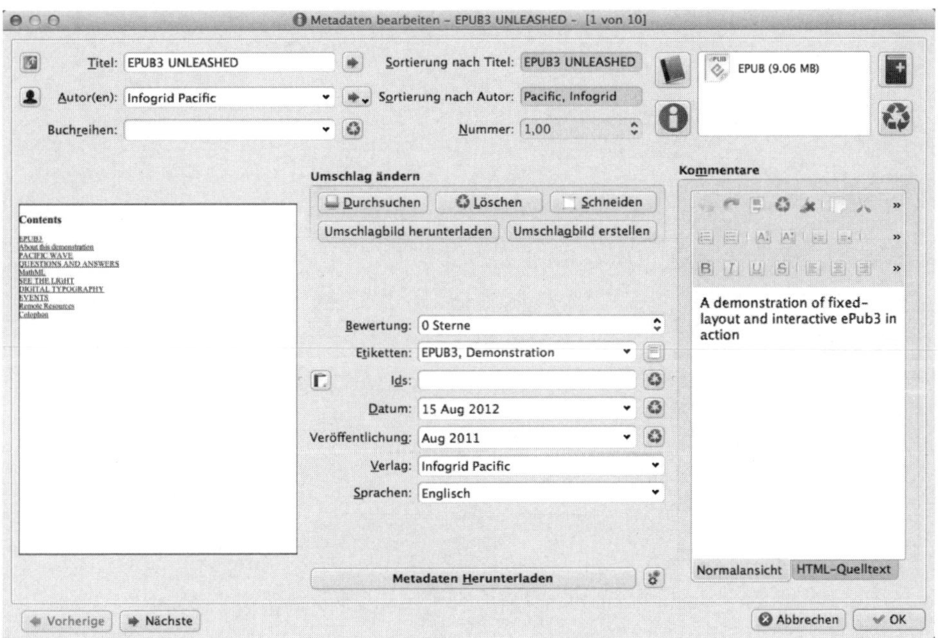

Bild 15.12: Inhaltsverzeichnis statt ansprechendem Titelblatt

Bei einem weiteren Buch aus der Bibliothek, zum Thema: ePUB3 (ePUB3 unleashed), fehlt das mitreißende Titelbild. Calibre zeigt hier das Inhaltsverzeichnis an. Das passiert normalerweise, wenn die Publikation keine eigene Titelseite hat, dafür aber ein (starres) Inhaltsverzeichnis, das an erster Stelle steht. In diesem Fall liegt es daran, dass Calibre mit einem – übrigens wunderschön gestalteten – ePUB3-Buch nichts anzufangen weiß und es nicht korrekt darstellen kann.

Läuft in die gleiche Richtung wie der Flop eines amerikanischen T-Shirt-Herstellers, der im letzten Sommer mit großem Brimborium tiefschwarze T-Shirts mit 3-D-Aufdruck vorstellte. Darauf zu sehen waren Kunstflugzeuge in Neonfarben, die sich bei der Beschau mit Plastikbrillen wie im richtigen Leben in allen Dimensionen tummelten. Nur, wie kriege ich den Rest der Welt dazu, mich und mein super(teures) T-Shirt mit Plastikbrillen anzustarren?

Zurück zu ePUB3: Apples iBooks kann es ... als einziger! Dies als Fakt zum Nachdenken, falls Sie noch immer mit dem Gedanken liebäugeln, alle Features für ePUB3 in Ihr Buch zu implementieren. Wenn das Gros der E-Reader das Buch nicht darstellen kann, hilft alle Schönheit dieser Welt nicht.

Die uralte Basisregel der Kommunikation zählt auch im digitalen Zeitalter: Wichtig ist, was beim Empfänger ankommt, und nicht, was der Sender in die Welt pustet.

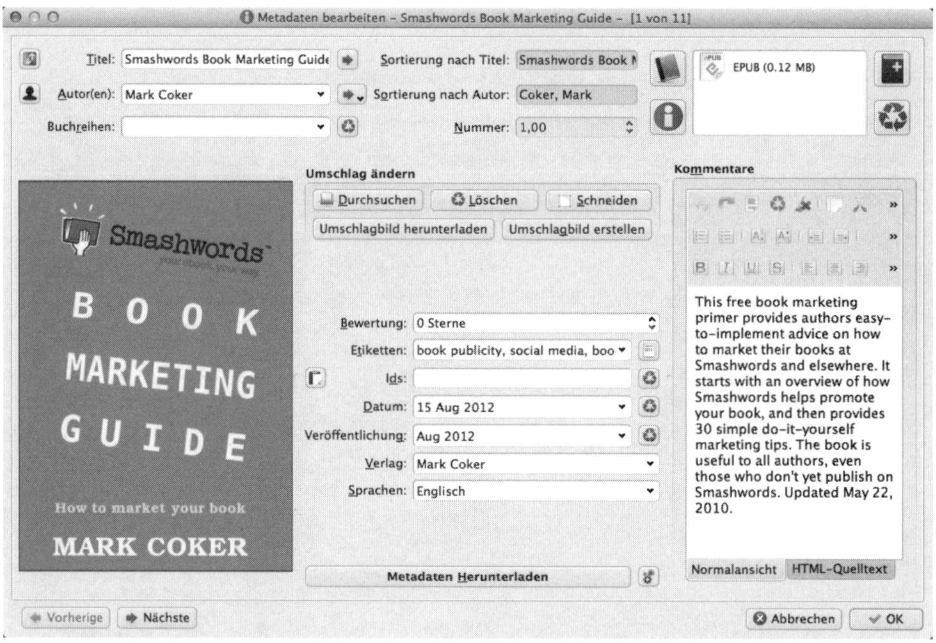

Bild 15.13: Ein anderes Buch, diesmal im ePUB-Format mit besseren Metadaten

Das nächste Buch: Book Marketing Guide nutzt die Möglichkeiten der kostenfreien Informationsbeimengung zum Buch besser. Mit herausstechendem Titelbild – über die Schönheit lässt sich streiten, aber es fällt als E-Book sogar in der Briefmarkendarstellung auf. Zudem nutzt der Autor auch kräftig Schlagwörter, wie man auf Klick in der Zeile »Etiketten« (etwa in der Mitte des Fensters) auf das rechte kleine Icon mit der linierten Blattseite sieht.

Schlagwörter sind immer gut. Zwar kann sie der Leser bei Calibre selber ergänzen oder nach eigenem Gutdünken streichen, aber wenn Sie als Verfasser sie vor dem Veröffentlichen angeben, sind die Schlagwörter Teil Ihres E-Books und können damit auch von

Webseiten oder Bookstores zum Kategorisieren Ihres Buches oder auch zum Finden bei Suchmaschinen beitragen. Daher: Alles, was sinnvoll und machbar ist, angeben!

Der Autor des Book Marketing Guides hat auch die Informationsmöglichkeit zu seinem Buch (rechter Kasten) ausführlich genutzt. Zwar kommt es dabei nicht auf die Länge des Textes an: ein knackiger, kurzer Text, der den Leser oder potenziellen Käufer für Ihr Buch begeistert, wirkt besser als seitenlanges Gelaber. Doch nutzen sollte man das weitere kostenfreie Marketing für das Buch auf jeden Fall. Und wenn die 30 Tipps so neugierig machen, dass der Leser das Buch dann unbedingt haben will, was braucht es mehr?

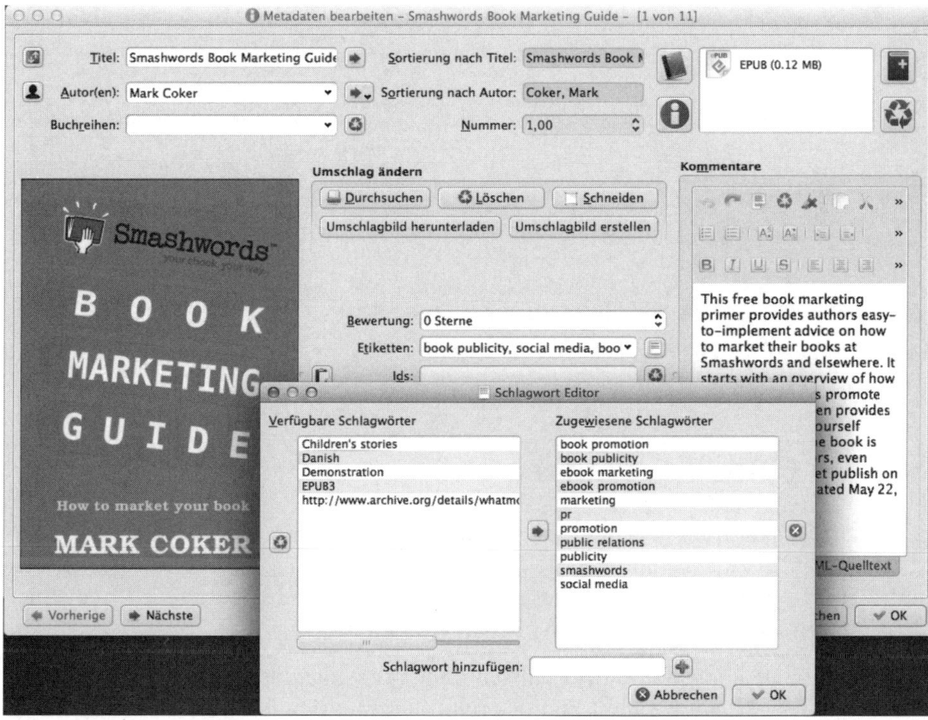

Bild 15.14: Schlagwörter helfen Webseiten und E-Readern, Ihr Buch einzuordnen

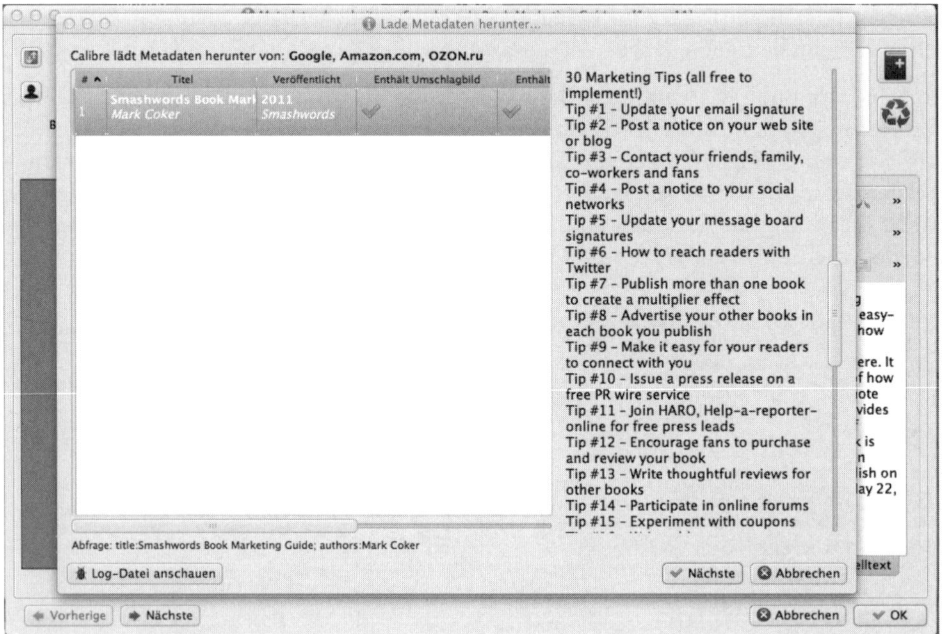

Bild 15.15: Nutzen Sie alle Möglichkeiten für spannende Informationen zu Ihrem Buch

15.6 Ihr E-Book optimieren

Nun aber zurück zu Ihrem neuen, selbst erstellten E-Book. Wenn Sie das Buch – was dringend zu empfehlen ist – an anderer Stelle vor dem Importieren in Calibre zusätzlich als Sicherheitskopie gespeichert haben, dann probieren Sie zunächst auch mit Ihrem Buch aus, was wir uns an den Beispielwerken oben angesehen haben.

Die folgenden Ergänzungen und Änderungen finden nun alle unter dem Klickpunkt »Bücher konvertieren« (*Convert Books*) statt. Daraufhin öffnet sich folgendes Fenster mit linker Seitenleiste für die nächsten Bearbeitungsschritte.

In den folgenden beiden Bildern beachten Sie bitte das jeweils gewählte Ausgabeformat: ePUB oder mobi (für Amazon-Geräte) rechts oben. Und dann die veränderte Größe des Bildes je Format, an der man die unterschiedlichen Proportionen des Buches sieht. Man erkennt es am besten am grauen Rand rechts und links von der Zeichnung.

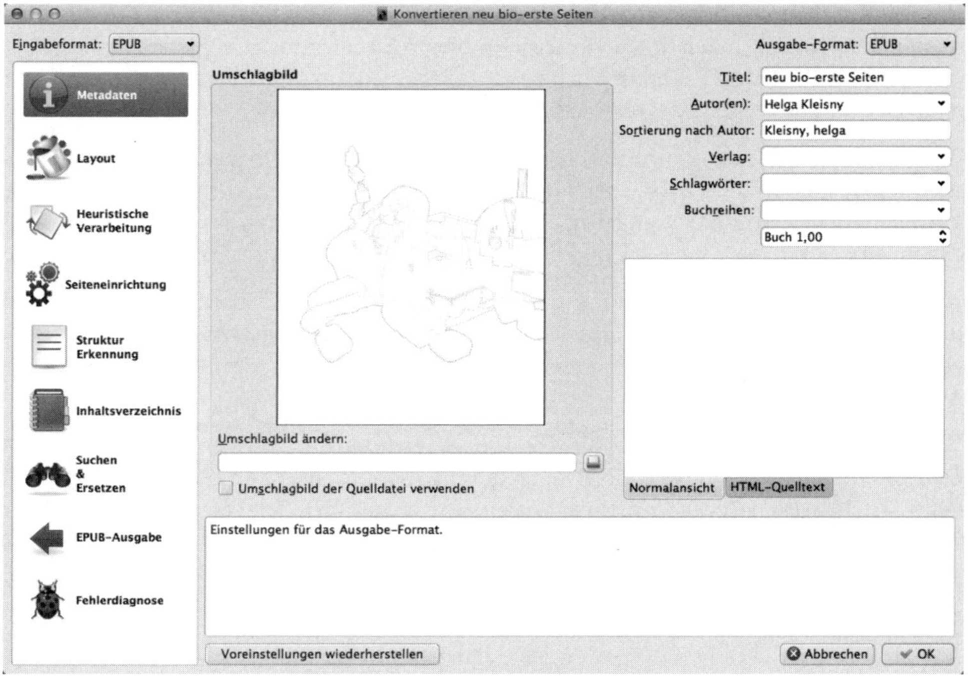

Bild 15.16: Die Buchproportionen bei ePUB als Ausgabeformat

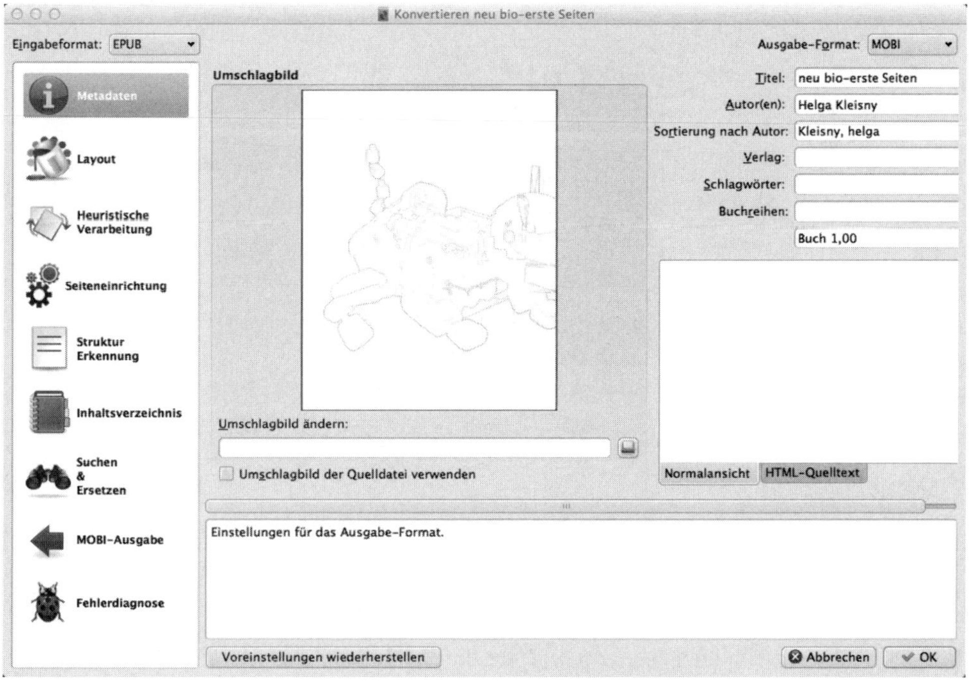

Bild 15.17: Die Buchproportionen bei mobi als Ausgabeformat

Das war Anschauungsmaterial in der Praxis. Nun aber zu den relevanten Funktionen hinter den Icons in der linken Spalte. Erneut: Probieren Sie alles aus, was Sie interessiert und wovon Sie denken, dass es Ihrem Buch zu Gute kommen könnte. Man weiß nie, die Technik bietet immer wieder Überraschungen.

Bei einem gut formatierten und vorbereiteten Buch (siehe die vorhergehenden Kapitel dieses Buches) sollte es aber ausreichen (= die besten Ergebnisse liefern), wenn wir in Calibre nur mehr an die Metadaten rangehen, eventuell an den Button »Layout« (*Look&Feel*) und das Inhaltsverzeichnis (*Table of Contents*). Und dann ins gewünschte Format konvertieren.

Wir ändern zunächst den Titel für unser Buch in der Calibre-Bibliothek auf *Kinobuch* und fügen ein anderes Titelblatt ein. Ein Klick auf das blauweiße kleine Druckericon rechts neben der Zeile für: »Umschlagbild ändern« führt in den Dateibrowser Ihres Rechners zum Auswählen der Bilddatei.

Vorsicht: Wenn das vorherige Cover des Buches nicht bereits als eigene Datei im ePUB-Ordner enthalten ist, sondern als erste Seite im E-Book steht, dann bleibt die ursprüngliche (Titel-)Seite natürlich im Buch bestehen und Sie oder der Leser haben dann mit der Hinzufügung eines Titels in Calibre zwei Titelbilder im resultierenden E-Book. (Das sollten wir besser in Sigil regeln, und bereits dort die ungewünschte Bildseite entfernen, oder besser dort gleich korrekt die Bildseite als Titeldatei abspeichern.) Vorbereitung ist eben die halbe Miete.

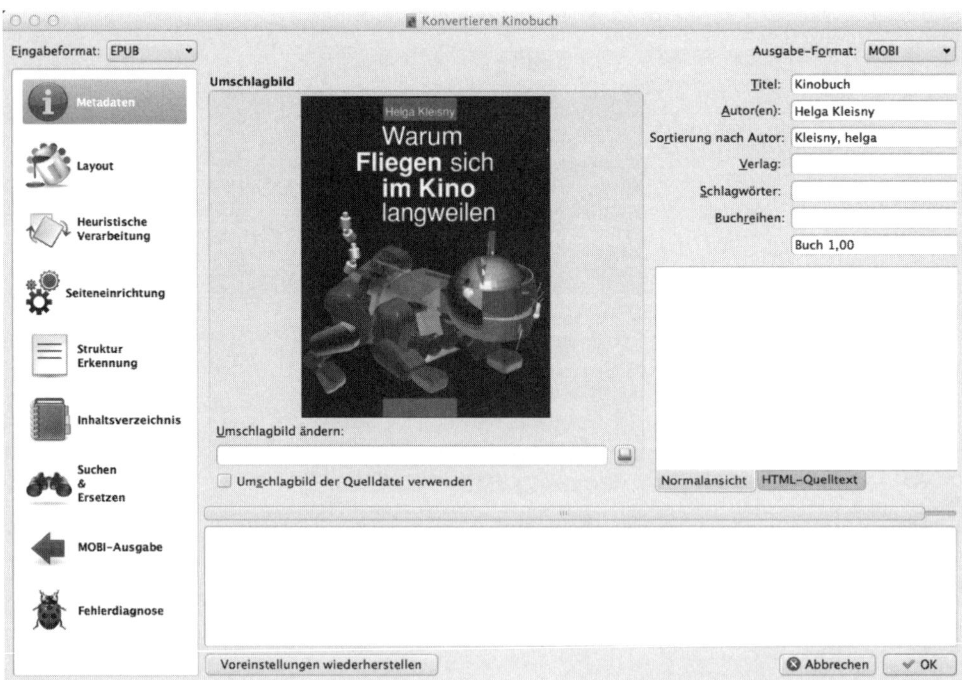

Bild 15.18: Beim Definieren eines neuen Titels die alte Seite in Sigil (zuvor) entfernen

Damit sind wir bereits bei einem weiteren Punkt, den man beim Arbeiten mit Calibre beachten sollte. Solange Sie alle Änderungen aus der Calibre-Oberfläche durchführen und nur machen, was das Programm zulässt, sollte auch die Dateistruktur des ePUB in Ordnung bleiben. Worauf Calibre aber mit Unverständnis und sehr giftig reagiert, sind Änderungen in den ePUB-Dateien aus einer Calibre-Bibliothek mit anderen Programmen. Das kann ordentlich schiefgehen.

Tipp: Wenn Sie feststellen, dass Sie doch noch einige Anpassungen, Änderungen oder Ergänzungen im Sourcecode machen möchten, dann heißt es, einen Schritt in der Herstellung zurückzugehen, zu Sigil oder einem anderen HTML-Bearbeitungsprogramm.

Auch wenn Sie nur an einer Datei des ePUBs außerhalb von Calibre gearbeitet haben (toc, Inhalt ...), stellen Sie sicher, dass dieses Programm (Sigil ...) danach wieder ein korrektes ePUB erzeugt, das Sie dann erst wieder gesamt in Calibre neu importieren. Und danach können Sie wieder munter weiter in Calibre mit dem Buch arbeiten, konvertieren und was auch immer.

Versuchen Sie, alle Kästchen mit Informationen zu füllen. Alles, was das Interesse und den Verkauf ankurbelt, hilft. Auch oben in der Zeile *Schlagwörter* können Sie Ihr Buch mit Details ausstatten.

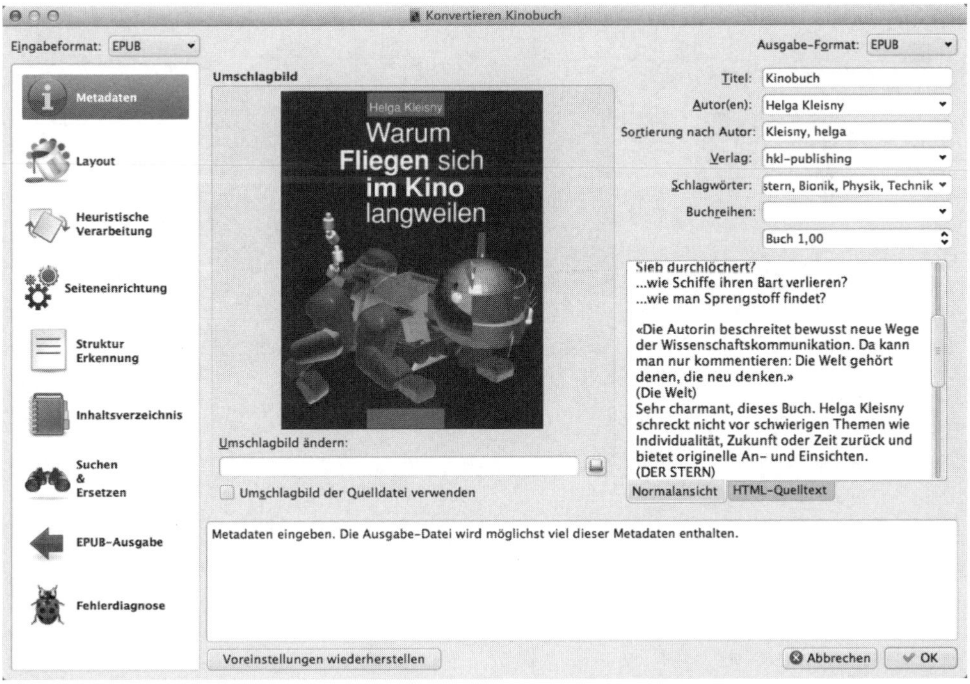

Bild 15.19: Schreiben Sie alles ins rechte große Kästchen, was das Interesse ankurbelt

Bild 15.20: So sieht die Information dann der Leser (zumindest auf Calibre)

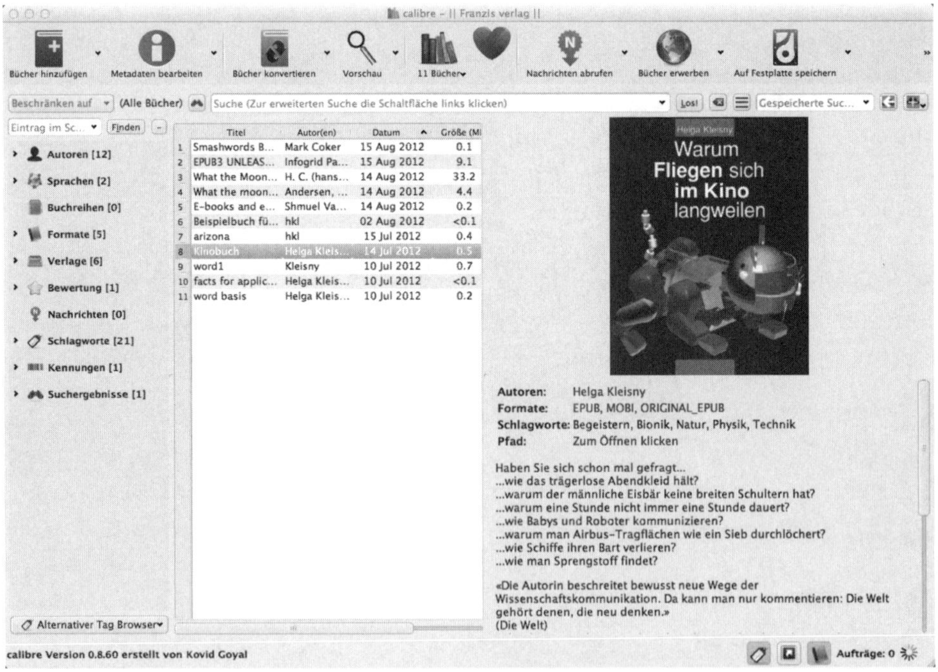

Bild 15.21: Der Informationstext rechts ist im ePUB unter Kommentar miteingeschlossen

Ebenfalls unter »Bücher konvertieren« findet sich der Punkt »Seiteneinrichtung«. Hier können Sie nochmal genauer vor dem Export in Ihr gewünschtes Format definieren, für welches Gerät das ePUB einsetzbar sein soll. Wünschen Sie mehrere, unterschiedliche Zielgeräte und/oder Formate, dann müssen Sie jedes separat abspeichern.

Nach einem Klick auf das grüne OK rechts unten wird das vorherige ePUB nun in das mobi-Format fürs Hochladen auf die Amazon-Website gespeichert. Das sieht man rechts oben in der kleinen Box für die vorhandenen Formate eines Buches in der Calibre-Bibliothek. Und, wenn alle Formatierungen in Ordnung sind, dann war's das auch.

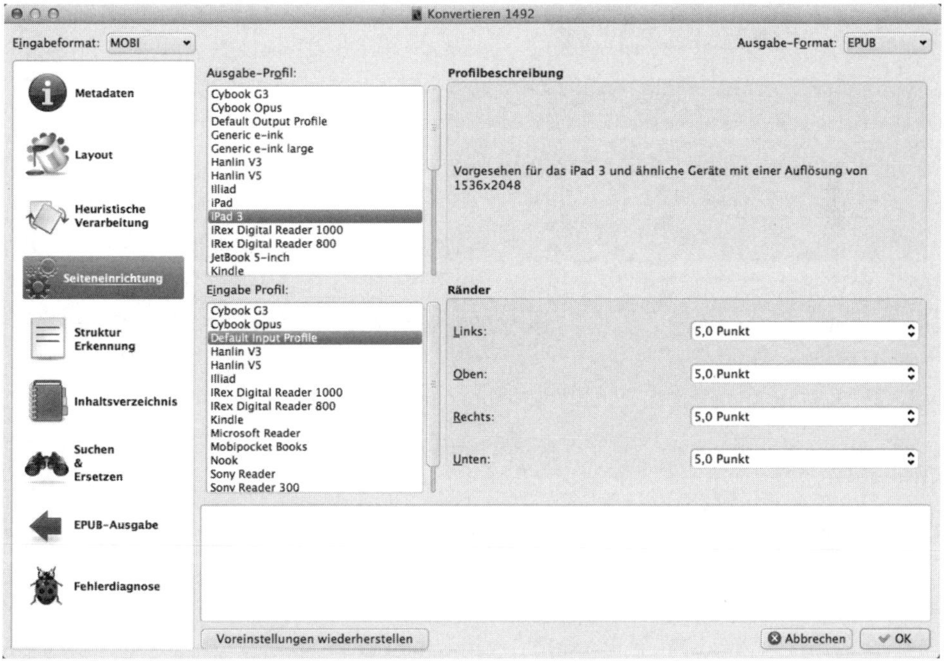

Bild 15.22: Wählen Sie Ihren E-Reader für dieses Abspeichern

Ein Hinweis in eigener Sache: Wenn Sie denken, das ist ein bisschen viel Werbung für ein E-Book, seien Sie beruhigt. In der Realität existiert das Kino-Fliegen-Buch nicht als E-Book, sondern nur als Printbuch. Es wurde für die Beispiele gewählt, weil die Text- und Bildrechte garantiert beim Autor liegen.

Eine andere Sache, die Calibre recht gut kann, ist die Erstellung des flexiblen Inhaltsverzeichnisses *toc*. Haben Sie dieses bereits in Ihrem ePUB aus einem anderen Programm erstellt, dann wären Sie schon fertig. Falls nicht, klicken Sie im Fenster, das sich nach dem Klick auf »Bücher konvertieren« öffnet, auf den Punkt »Inhaltsverzeichnis«.

Bild 15.23: Rechts unten ist das Icon für die laufenden Aufträge. Ein Klick öffnet dieses Fenster

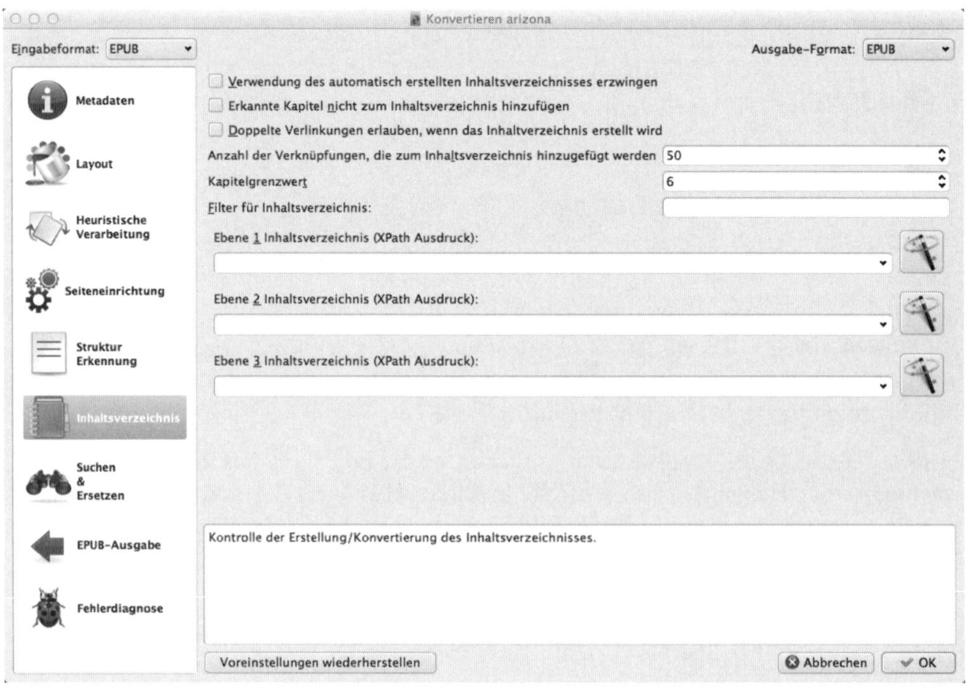

Bild 15.24: Das Fenster, wenn das Buch noch kein Inhaltsverzeichnis besitzt

Unter »Inhaltsverzeichnis« setzen Sie ein Häkchen vor »Verwendung des automatisch erstellten Inhaltsverzeichnis erzwingen«.

Unter »Ebene 1 Inhaltsverzeichnis (XPath Ausdruck)« wählen Sie die Formatierung für die Überschriften, die Sie in Word oder Sigil eingestellt haben: *h1*, oder für die Ebene 2 dann: *h2* und so weiter.

Mit einem Klick auf den Zauberstab rechts steht dann in der Zeile jeweils

.//h:h1 für "Heading 1"; //h:h2 für "Heading 2"; //h:h3 für "Heading 3"...

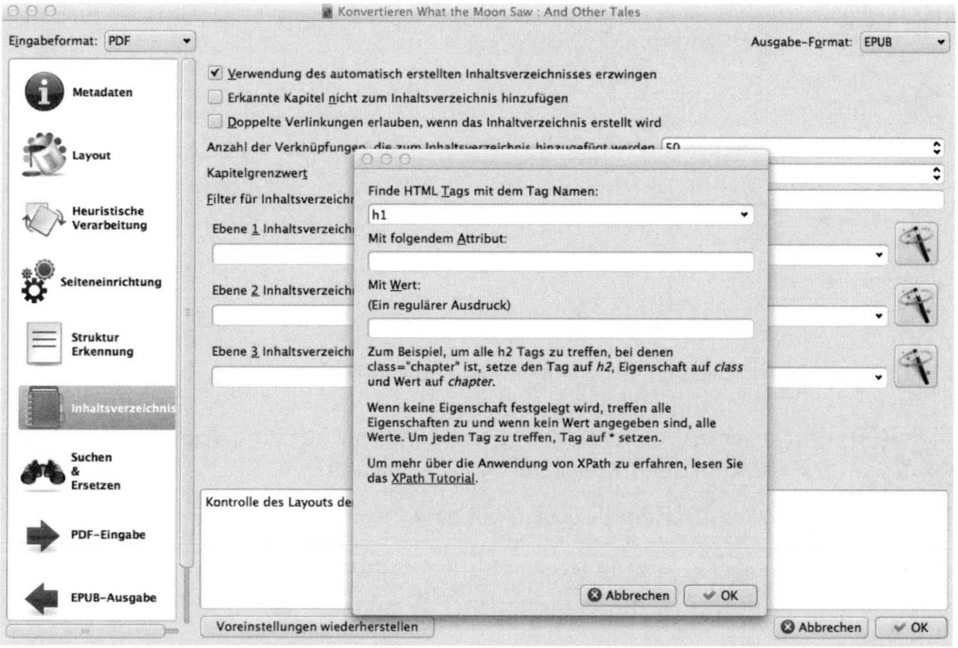

Bild 15.25: Ist alles vorher definiert – dann ist das Inhaltsverzeichnis jetzt ein Klacks

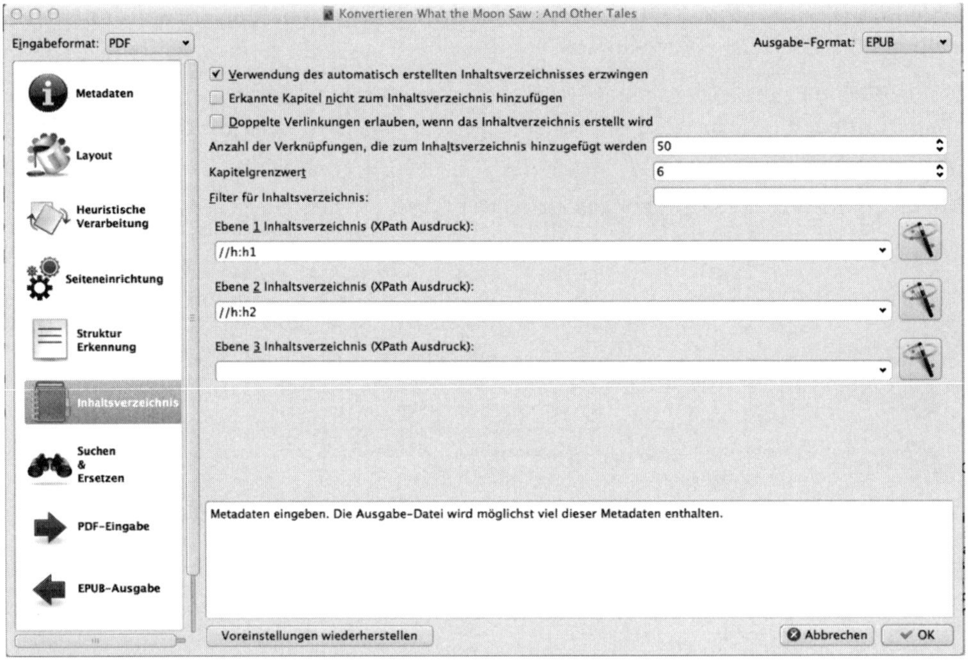

Bild 15.26: In diesem Beispiel sind nur h1 und h2 definiert

Wer tiefer in die Formatierung einsteigen möchte, für den gibt es im Netz ein XPath-Tutorial (Nutzerhandbuch auf Englisch):

http://manual.calibre-ebook.com/xpath.html

Sinnvoll ist es, vor jedem *h1*-Kapitel einen Seitenumbruch einzufügen. Aber das macht man sinnvollerweise bereits in Word oder spätestens in Sigil. Im Zweifelsfall bitte dahin zurück.

Generell sind alle Änderungen, die Sie in den weiteren Icons der linken Spalte von »Bücher konvertieren« machen können, bei der Bearbeitung in Sigil einfacher und besser nachzuvollziehen. In Calibre bedarf es mehr Herumprobieren und Testen, ob das Ergebnis Ihren Wünschen entspricht. Einige kleine Tweaks, die man setzen kann, sehen wir uns aber noch an:

»Layout« (*Look&Feel*) erlaubt grundlegende Einstellungen wie: »Abstand zwischen den Paragrafen entfernen«. Das kann man anklicken. Besser wäre es aber gewesen, gar keine Leerzeilen von vornherein in die Datei einzufügen, sondern, wie mehrfach erwähnt, dies über die Absatzformatierung zu regeln …

Als »Einzugsgröße« könnte man 0,5 statt 1,5 ausprobieren. Ist Geschmackssache. »Linksbündig«, wenn Sie das nicht schon lange zuvor gesetzt haben, macht auch Sinn statt der großen Löcher beim Blocksatz.

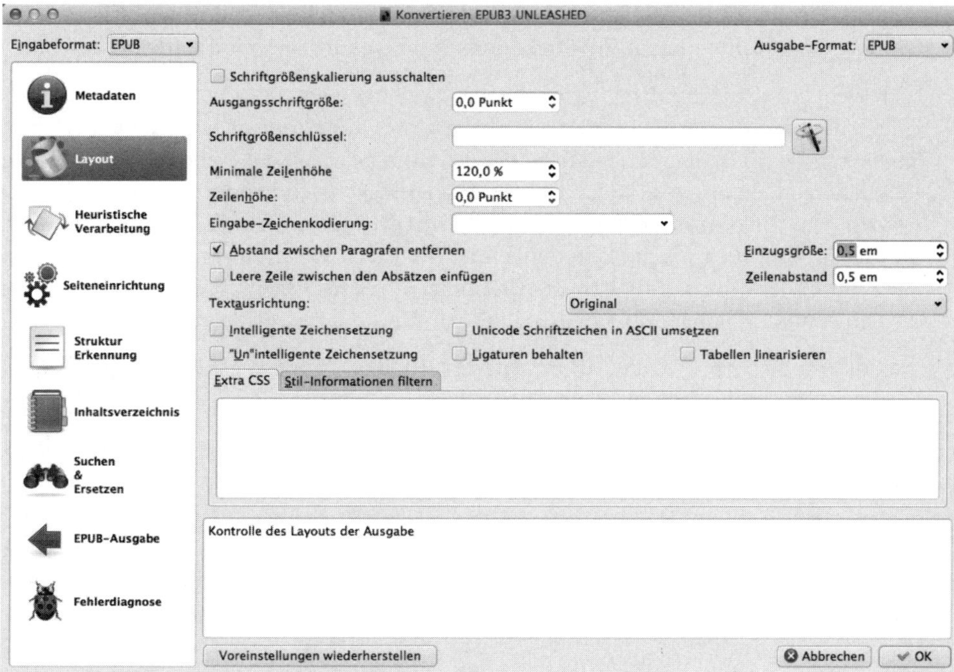

Bild 15.27: Hier muss man nichts einstellen, kann aber ausprobieren

Im Zweifelsfall die Standardeinstellung lassen oder ausprobieren, was bei der eigenen gewählten Formatierung hier noch bessere Ergebnisse bringen könnte. Leise gehaucht eine Anmerkung: einfacher und schneller geht das Perfektionieren der Formatierung in einem früheren Stadium der Erstellung Ihres Werkes …

So, das war's eigentlich.

Sinnvollerweise speichern Sie das E-Book nun auch außerhalb der Calibre-Bibliothek ab, damit Sie es von dort auf die Vertriebsplattform hochstellen können. Das funktioniert mit dem (großen) Icon rechts oben: »Auf Festplatte speichern«.

Damit ist das E-Book in Ihrem oder Ihren gewählten Formaten sauber aus Calibre exportiert. Und für alle weiteren Abenteuer gerüstet.

~~~~~~~~~~~~~~~~~~~~~

Für die meisten Online-Plattformen kommen Sie mit dem ePUB-Format prima zurecht, und wenn dort etwas noch anders gewünscht wird, wird dies beim Hochladen ausgeführt. Alle Amazon-Formatvarianten sind aber eine eigene Schiene, und deshalb gibt es hier noch einige allgemeine Hinweise speziell dafür.

- Nicht alles, was ein Händler anpreist, ist von solch praktischem Nutzen, wie er es gerne hätte. So gibt es von Amazon ein Programm, das *doc*-Dateien direkt ins mobi-Format umwandelt. Der von Amazon empfohlene »Mobipocket Creator« kann die Umwand-
~~~~~~~~~~~~~~~~~~~~~

lung zwar durchführen, die Ergebnisse sind jedoch ernüchternd und wenig brauchbar. Der Weg über Calibre ist im Endeffekt der schnellere und nervenschonendere.

- Man kann ein ePUB auf die Amazon-Kindle-Seite hochladen, und es wird während des Hochladens zum Amazon-Format (es gibt mehr als nur ein *mobi*-Format) konvertiert. Das ist richtig. Es ist aber leider auch aus der Praxis bekannt, dass schon geringe, eigene Verschönerungen im Format dabei ignoriert, herausgestrichen oder nicht so umgesetzt werden, wie vom Autor gewünscht. Knallhart und unerbittlich. Es ist eine Maschine, die die Umwandlung macht, kein denkender Mensch und schon gar kein Autor, dessen Herzblut in dem Buch enthalten ist. Man muss also kein Perfektionist sein, wenn man die Umwandlung lieber selbst in die Hände nimmt und den Outcome steuern kann.
- Weil das mobi-Format eben kein normiertes ePUB ist, hier der Link zum kostenfreien Kindle-Testtool: kindle previewer

http://www.amazon.com/gp/feature.html/?docId=1000765261

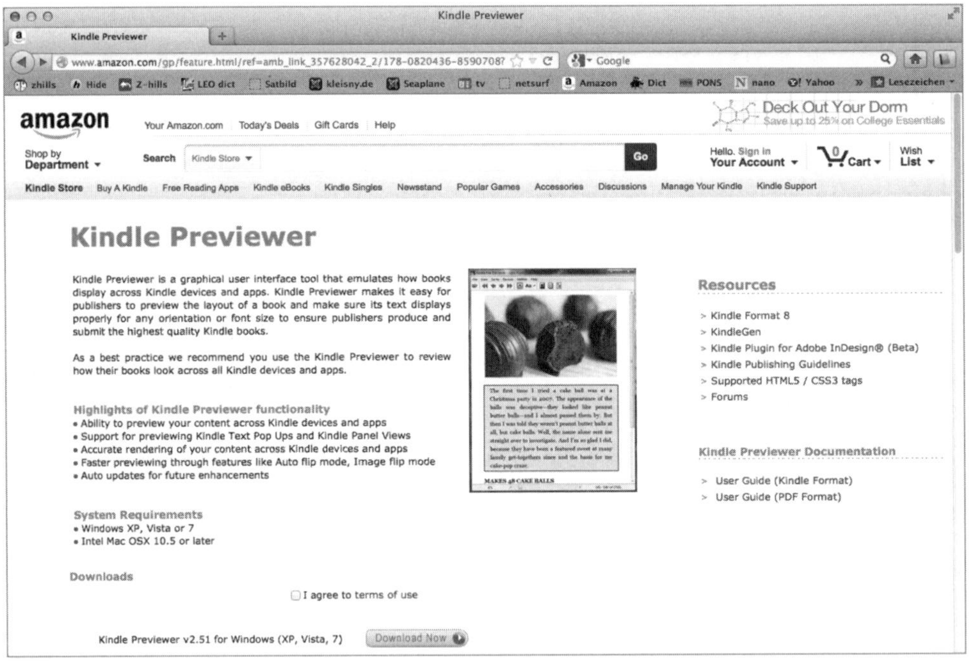

Bild 15.28: Das eigene Buch testen vor dem Hochladen auf die Amazon-Plattform

Damit lässt sich vorab am eigenen Computer betrachten, wie das Buch bei einem Nutzer auf unterschiedlichen Amazon-Kindle-Geräten aussehen wird.

Wir haben das E-Book, das wir aus einer Textdatei in ein ePUB-Dateiformat umgewandelt haben, nun auch als mobi, so wie wir es möchten, vorliegen und könnten es gleich auf Kindle Direct Publishing hochladen:

https://kdp.amazon.com/self-publishing/signin

Wir raten dringend dazu, vorm Hochladen noch diese Seite zu besuchen und den Inhalt zu lesen, die Terms and Conditions, zu gut Deutsch: das Kleingedruckte:

https://kdp.amazon.com/self-publishing/help?topicId=APILE934L348N

Und für Barnes&Noble-Fans gibt es das eigene Buch natürlich auch in der Nook-Version:

Sie entscheiden, welche und wie viele Versionen Ihres Buches Sie erstellen, nach der Anzahl und der Auswahl der Online-Stores.

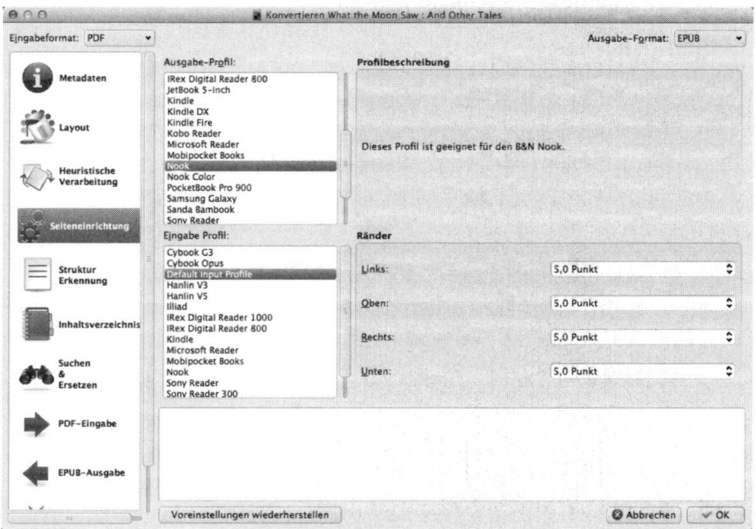

Bild 15.29: Wählen des Ausgabeformates für das Lesegerät Nook.

15.7 Schlussbemerkung zum Hochstellen

Der Möglichkeiten, was Sie nun mit Ihrem fertigen E-Book anfangen, wo Sie es zum Verkauf oder Download bereitstellen, gibt es viele. Die (aus welchen Gründen auch immer) Herausragenden haben wir uns im ersten Teil näher angesehen.

Sie unterscheiden sich nicht nur in der Verkaufsart gravierend, sondern in ihren Chancen, versteckten Kosten und nicht zuletzt in den Anforderungen zum Hochladen auf ihre Plattform. Bei großen Vertriebshändlern sind die Anleitungen dazu Broschüren mit 80 oder mehr Seiten. Bei kleineren, noch jungen Portalen gibt es zu den Hochladehinweisen meist einen realen Menschen, der einem bei Schwierigkeiten hilft.

Die Einzelheiten der Bedingungen ändern sich laufend, und wir raten dringend, das Kleingedruckte im Vertrag des gewünschten Partners aktuell zu lesen.

Verlage und Onlinehändler wollen, wie auch Online-Vermittler, verdienen. Autoren sind Ihre Einkommensquelle. Die Muster, nach denen der (erhoffte) Geldfluss vom Autor zum Vertragspartner fließt, sind unterschiedlich: Manchmal bezahlt man eine fixe Summe anfangs und dann später je verkauftem Buch einen kleineren Prozentsatz; oder zu Beginn ist alles kostenfrei, dafür geht pro Buch ein ordentlicher Prozentsatz an den oder die Zwischenhändler. Das kann auch das US-amerikanische Finanzamt sein oder eine Summe aus Vermittler und Online-Plattform. Sehen Sie genau hin, was von Ihrem Nettobuchpreis noch abgezogen wird und von wem. Kalkulieren Sie, wie viel Ihnen bleiben soll und was andererseits der Käufer noch gewillt ist, zu bezahlen.

All das haben wir uns schon in den vorhergehenden Kapiteln im Detail angesehen und überlegt. Nun entlassen wir Sie hoffentlich wohlvorbereitet in die Obhut Ihres gewählten Vermittlers oder Online-Händlers. Folgen Sie seinen Anleitungen beim Hochstellen des Buches. Uns bleibt nur noch, Ihnen viel Freude und Erfolg mit Ihrem Buch zu wünschen!

16 Erste Hilfe für Problemfälle

16.1 Ist das Gerät angeschlossen?

Nein, das genau fragen wir hier natürlich nicht. Schließlich geht es um die Fehlersuche in einer Software, in einem Programm. Trotzdem ist der Ansatz bei unserer Fehlersuche genauso fundamental wie die Steckerfrage.

Also: Gehen Sie bitte in sich und checken Sie als Erstes, ob alle Punkte aus Teil I, in dem es um die saubere Formatierung des/der Dokumente ging, erfüllt sind. Sind die Formatvorlagen für eine bestimmte Art wie Überschrift oder Bildunterschrift oder kursiven Text durchgehend gleich festgelegt? Oder mogelte sich beim Zusammenführen der einzelnen Kapitel in eine Datei ein wenig gemischter Murks in die Formatierung?

16.2 Der Problemverursacher

Nicht alle Fehlermeldungen sind selbsterklärend. Aus: »Das E-Book konnte nicht erstellt werden« lässt sich so ungefähr alles als Ursache ableiten. Der berühmte »Buffer-Überlauf« (falsche Abspeicherung innerhalb des Programmes) hilft vielleicht dem Programmierer, aber dem Durchschnittsnutzer normalerweise gar nicht. Doch die Zeiten ändern sich, und wenn Ihre Fehlermeldung zumindest Rückschlüsse auf den Teil gibt, der Probleme liefert, dann können wir dort ansetzen.

Dreht es sich in der Fehlermeldung beispielsweise um einen Kasten, einen Texteinschub mit Erklärungen, Zusammenfassung oder ein kurzes Interview, das Sie zum Thema gemacht haben und genau an dieser Stelle einfügen möchten, dann haben wir schon einen Ansatzpunkt.

Folgende Schritte sollten Sie weiterbringen:

```
Fehlermeldung zu einem bestimmten Element im Text

Checken Sie nochmals, ob die Definition (der Code) des Elementes genau mit
der übereinstimmt, die Sie dafür haben.
Fragen Sie gegebenenfalls denjenigen, der den Codeschnipsel erstellt hat,
oder von dem Sie den Code erhalten haben  (Newsgroup, Buchautor …)
```

16.3 Nächste Station: Internet

Ob das World Wide Web, gemeinhin mit Internet gleichgesetzt, nun wirklich alles weiß, darf bezweifelt werden. Für fast sämtliche Fälle aber gibt es Rat und Tat zum Nachlesen und Nachgucken.

Einige Anlaufstationen:

16.3.1 Suchmaschine

Das Naheliegendste ist natürlich googlen, es kann aber auch eine andere Suchmaschine sein. Man glaubt es nicht, aber es gibt derer noch immer einige. Ausprobieren. Die indische Yahoo.com (*http://in.yahoo.com*) bringt beispielsweise manchmal ganz unerwartete Ergebnisse, die Google wohl erst nach zwanzig Seiten listet. Über den Tellerrand gucken. Einfach ausprobieren.

Und wenn Deutsch nicht gleich das optimale Ergebnis liefert, mit *www.google.com* erreichen wir auf Englisch eine wesentlich größere Zielgruppe. Damit steigt die Wahrscheinlichkeit für eine Lösung.

Meist sind alle sinnvollen Suchbegriffe in den Haupt- und Zeitwörtern enthalten. Manchmal bringt es auch die Lösung, einfach die Fehlermeldung 1 : 1 abzutippen und zu sehen, wer damit auch schon Probleme hatte. Hilft schon allein dazu, dass man sich nicht mehr so alleingelassen mit seinem Problem fühlt, und meist hat auch schon ein Fachguru eine Antwort parat.

Der Suchtrend geht immer mehr dahin, dass man die Frage einfach so hinschreiben kann und die Suchmaschinen mit der Vielzahl der (unnötigen) Bindewörter wie: und, der, die, das und so weiter nicht mehr überfordert sind.

16.3.2 YouTube

Vor allem, wenn Sie Erklärungen lieber optisch nachvollziehen, als lange Texte zu lesen, dann finden Sie für praktisch alle Fälle im Leben ein YouTube-Video.

Zur Suche entweder in Google oder Ihrer bevorzugten Suchmaschine die Suchworte eingeben: »Youtube ebook erstellen *Fehler Spezifikation des Fehlers*«, oder erst *www.youtube.com* aufrufen und dann nach sinnvollen Wörtern suchen.

16.3.3 Facebook

Ist als größtes soziales Netzwerk zum Finden von netten Mitmenschen prädestiniert, die einem weiterhelfen können. Durch seine Massenverbreitung weltweit und seine Sonderstellung daraus ist es ein guter Startpunkt, wenn Sie da sowieso schon unterwegs sind. Facebook entwickelt sich mehr und mehr zum eigenen Universum, und so finden Sie hier auch eigene Newsgroups zu praktisch jedem Thema.

16.3.4 Andere soziale Netzwerke

Es gibt noch mehr im Leben als Facebook. Das trifft sogar fürs Internet zu. Gerade im deutschsprachigen Raum hat XING viele beruflich kompetente Teilnehmer und Newsgroups, und im englischsprachigen Raum ist LinkedIn im E-Book-Bereich stark vertreten.

Generell sollten Sie dort starten, wo Sie auch sonst schon präsent sind. Es beschleunigt die Suche und auch die eigene Anerkennung in der jeweiligen Gruppe.

16.3.5 Newsgroups

E-Book Newsgroups außerhalb von Facebook gibt es in vielen Sprachen. Die wichtigsten alt.binaries-Newsgroups mit E-Books in deutscher Sprache:

- alt.binaries.e-book.german
- alt.binaries.e-book.technical
- alt.binaries.e-books.german
- alt.binaries.german.alt

Sollten alle Hinweise bis hierher noch nicht zu einer problemlosen Abspeicherung als E-Book geführt haben, dann müssen wir tiefer ansetzen. Also, durchatmen. Siehe nächster Punkt.

16.4 Der letzte Rettungsanker

Kein Autofahrer würde im Normalfall, zum Reduzieren der Fahrgeschwindigkeit, die Handbremse aktivieren. Dazu ist der rechte Fuß da. Wenn aber nichts anderes mehr funktioniert, dann kann der Griff nach unten vielleicht noch die Situation retten.

Umdenken. Auch wenn es dem Autor zunächst widerstrebt, hinterfragen wir einmal die Notwendigkeit des Kastens, den Sie sich an einer bestimmten Stelle gewünscht hatten, an sich. Bitte kein Aufschrei. Klarerweise hilft ein Kasten gerade bei technischen Erklärungen, Sachverhalte herauszuheben, Informationen kompakt zu liefern und den Lesefluss dabei nicht zu stören. Wollen wir hier gar nicht anzweifeln.

Wenn sich aber bei der derzeitigen Programmversion der Kasten nicht problemlos lesbar in allen Ausgabeformaten in den Text einbinden lässt – wir haben ja schon alle Vorschläge aus diesem Kapitel durchprobiert –, dann lohnt sich die Überlegung, ob Sie das Format eines Kastens in dieser Ausgabe Ihres Buches weglassen und die Information dem Lesers anders präsentieren können.

Ein kurzes Brainstorming liefert folgende Ideen: Einfügen von Linien davor und danach, aber ansonsten im normalen Satzspiegel des Textes bleiben. Nicht optimal, aber es sollte weniger fehleranfällig bei der Abspeicherung sein. Eine optisch schönere, aber aufwendigere Lösung wäre, den Kasten wie gewünscht zu erzeugen, dann als Screenshot abzuspeichern und später als Bild einzufügen. Die sicherste, aber vielleicht ungewünschteste

Lösung, wäre, den Inhalt in den Text einzubinden: als eigenes Kapitel oder in den Fließtext einarbeiten.

Vielleicht fallen Ihnen beim Brainstorming ja noch weitere Lösungen ein, die Ihnen besser gefallen. Wir wollten nur aufzeigen, dass Umdenken, wie in vielen Fällen, auch hier bei der Problemlösung als letzter Rettungsanker fungieren kann.

A Übersicht Formate

	gut geeignet für ...	*Vorteile*	*Nachteile*
ePUB2	textlastige Bücher	Basisformat für die meisten Online-Bookstores, Format passt sich an Leserwünsche an	beschränkte Formatierung, kaum Multimedia
PDF	alle fixierten Layoutvariationen, Layout bleibt genau wie definiert	keine Layoutbeschränkungen; viele Tools zur Erstellung auf allen Betriebssystemen	kein DRM (ist für die großen Bookstores Voraussetzung), Multimedia begrenzt, fixiertes Layout
Mobi (Kindle)	textlastige Bücher	Amazon-eigenes Format, ePub wird von Amazon umgewandelt	beschränkte Formatierung, kaum Multimedia, nur bei Amazon
Ibook Author	layoutlastiges Design, Fotobücher, Formatierung nach eigenem Ermessen	kostenfrei, viele Layoutmöglichkeiten	Applegerät zum Hochladen Voraussetzung, funktioniert nur mit Apples iBookstore
ePUB3	alle Multimediaprodukte, fast wie eine App	Multimedia, Anpassung an globale Schrifttypen (rechts-links und/oder von oben nach unten Buchstabenlesefolge)	kaum Editoren und noch kaum E-Reader verfügbar, die auch nur Teile davon umsetzen
App	alles, Multimedia eingeschlossen	Multimedia, Alleskönner, wenn der Programmierer es kann	setzt fundierte Programmierkenntnisse voraus, kein Verkauf auch über Bookstores, nur über Appstores

B Das sollten Sie stets parat haben

Genauso, wie man seinen Lebenslauf ungefragt von Zeit zu Zeit mit neueren Fakten ergänzt – zumindest, wenn man im Angestelltenleben seinen Platz hat –, sollte auch ein Autor seine Facts and Figures stets aus dem Ärmel schütteln können.

Füllen Sie die folgenden Punkte mit Ihren relevanten Daten und ergänzen Sie diese um die für Sie wichtigen Punkte, die noch nicht enthalten sind.

Das sind Fakten als Basis für die Metadaten zu Ihrem Buch, für Werbung und Marketing in Ihrem Buch (Autorenseite), Marketing auf den Online-Bookstores und einfach gut, um sie fertig zu haben und bei Anforderung zu präsentieren.

Ihr Buch #1:

Titel:

Untertitel:
Vorwort von:
Autor:
Copyright:
ISBN:

Kategorie

(Sachbuch, Krimi, Scifi, Historienroman, Gedichte, Fotoband …)
Inhaltsangabe
Textausschnitte aus dem Buch zum Anlesen
Wo ist das Buch erhältlich?
Zu welchem Preis?
Buchbeschreibung (1 Satz)
Buchbeschreibung (kurzer Absatz)
Buchbeschreibung (halbe Seite)

Buchkritiken: als jpg, audio, video, Text

Was andere über das Buch sagen
Was andere über den Autor sagen
Titelblatt als jpg (groß)
Titelblatt als jpg (klein)

Der Autor:
Foto
Wichtige Stationen in Ihrem Leben, die in Zusammenhang mit Ihrem Buch stehen
Was Sie dazu befähigt(e), genau Sie, dieses Buch zu schreiben
Warum der Leser es lesen sollte
Was das Buch auszeichnet, es von anderen Büchern zum Thema unterscheidet

Welche PR-Maßnahmen gibt es bereits
Website, Facebook, Blog, Twitter, Pinterest, Flyer, Visitenkarten, Events …

Welche sind in Planung?

Welche sind möglich?

…

Der fertige Media Kit, enthält ein Blatt jeweils zu:

Autor (mit Foto),

Titelseite,

Textausschnitte,

Inhaltsangabe,

Synopsis,

Angaben, wie der Redakteur ein Buchexpemplar zur Besprechung erhalten kann

+ alles, was den Redakteur dazu verleitet, Ihr Buch zu mögen.

…

…

C Ablaufplan

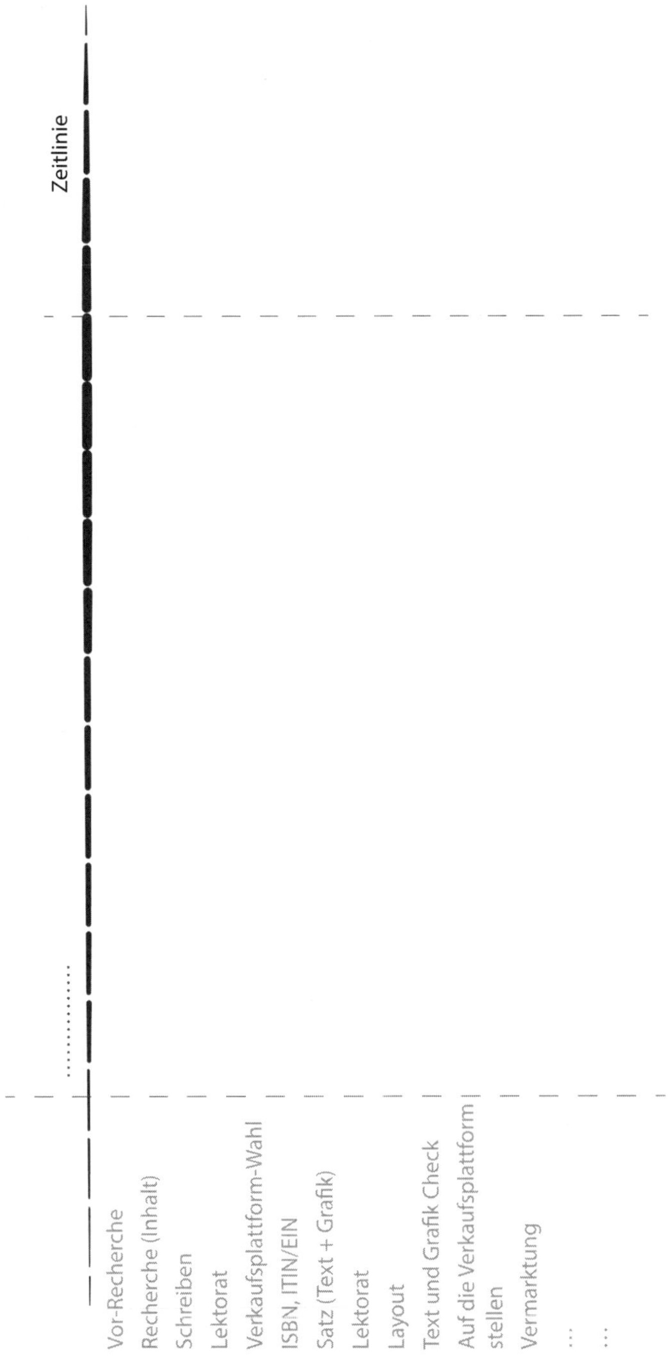

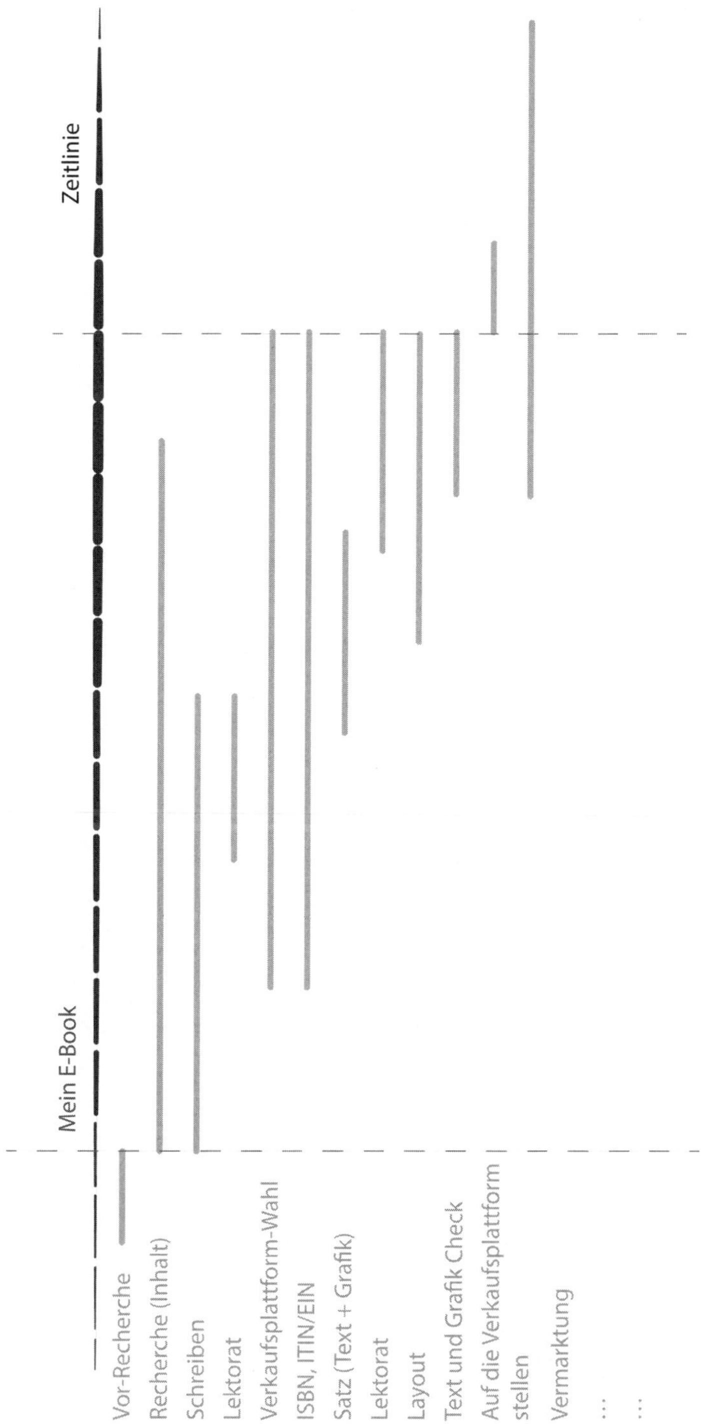
Mein E-Book
Zeitlinie
Vor-Recherche
Recherche (Inhalt)
Schreiben
Lektorat
Verkaufsplattform-Wahl
ISBN, ITIN/EIN
Satz (Text + Grafik)
Lektorat
Layout
Text und Grafik Check
Auf die Verkaufsplattform stellen
Vermarktung
…
…

D ITIN-Formular

Form **W-7**
(Rev. January 2012)
Department of the Treasury
Internal Revenue Service

Application for IRS Individual Taxpayer Identification Number

▶ For use by individuals who are not U.S. citizens or permanent residents.
▶ See instructions.

OMB No. 1545-0074

FOR IRS USE ONLY

An IRS individual taxpayer identification number (ITIN) is for federal tax purposes only.

Before you begin:

- ***Do not submit*** *this form if you have, or are eligible to get, a U.S. social security number (SSN).*
- *Getting an ITIN does not change your immigration status or your right to work in the United States and does not make you eligible for the earned income credit.*

Reason you are submitting Form W-7. Read the instructions for the box you check. **Caution:** If you check box **b, c, d, e, f,** or **g, you must file a tax return with Form W-7 unless you meet one of the exceptions** (see instructions).

a ☐ Nonresident alien required to get ITIN to claim tax treaty benefit
b ☐ Nonresident alien filing a U.S. tax return
c ☐ U.S. resident alien **(based on days present in the United States)** filing a U.S. tax return
d ☐ Dependent of U.S. citizen/resident alien
e ☐ Spouse of U.S. citizen/resident alien
} Enter name and SSN/ITIN of U.S. citizen/resident alien (see instructions) ▶
f ☐ Nonresident alien student, professor, or researcher filing a U.S. tax return or claiming an exception
g ☐ Dependent/spouse of a nonresident alien holding a U.S. visa
h ☐ Other (see instructions) ▶
Additional information for **a** and **f**: Enter treaty country ▶ and treaty article number ▶

Name (see instructions)	**1a** First name	Middle name	Last name
Name at birth if different ▶	**1b** First name	Middle name	Last name
Applicant's mailing address	**2** Street address, apartment number, or rural route number. **If you have a P.O. box, see separate instructions.**		
	City or town, state or province, and country. Include ZIP code or postal code where appropriate.		
Foreign (non-U.S.) address (if different from above) (see instructions)	**3** Street address, apartment number, or rural route number. **Do not use a P.O. box number.**		
	City or town, state or province, and country. Include ZIP code or postal code where appropriate.		
Birth information	**4** Date of birth (month / day / year)	Country of birth	City and state or province (optional) — **5** ☐ Male ☐ Female
Other information	**6a** Country(ies) of citizenship	**6b** Foreign tax I.D. number (if any)	**6c** Type of U.S. visa (if any), number, and expiration date

6d Identification document(s) submitted (see instructions) ☐ Passport ☐ Driver's license/State I.D. ☐ USCIS documentation ☐ Other

Issued by: No.: Exp. date: / / Date of entry into the United States (MM/DD/YYYY) / /

6e Have you previously received a U.S. temporary taxpayer identification number (TIN) or employer identification number (EIN)?
☐ **No/Do not know.** Skip line 6f.
☐ **Yes.** Complete line 6f. If more than one, list on a sheet and attach to this form (see instructions).

6f Enter: TIN or EIN ▶ and
Name under which it was issued ▶

6g Name of college/university or company (see instructions)
City and state Length of stay

Sign Here

Under penalties of perjury, I (applicant/delegate/acceptance agent) declare that I have examined this application, including accompanying documentation and statements, and to the best of my knowledge and belief, it is true, correct, and complete. I authorize the IRS to disclose to my acceptance agent returns or return information necessary to resolve matters regarding the assignment of my IRS individual taxpayer identification number (ITIN), including any previously assigned taxpayer identifying number.

▶ Signature of applicant (if delegate, see instructions)	Date (month / day / year) / /	Phone number
Name of delegate, if applicable (type or print)	Delegate's relationship to applicant ▶	☐ Parent ☐ Court-appointed guardian ☐ Power of Attorney

Keep a copy for your records.

Acceptance Agent's Use ONLY

▶ Signature	Date (month / day / year) / /	Phone
		Fax
▶ Name and title (type or print)	Name of company	EIN
		Office Code

For Paperwork Reduction Act Notice, see separate instructions. Cat. No. 10229L Form **W-7** (Rev. 1-2012)

E Büchertipps

Dieses Buch ist – zugegeben – ein Rundumschlag und keine fundierte Einführung oder ein Leitfaden für auch nur eines der vielen darin vorgestellten Programme. Soll es auch nicht sein. Es sollte Sie vielmehr auf Ihrem Weg begleiten, Ihnen Denkanstöße und Hilfe bei Entscheidungsprozessen sowie konkrete Ansätze liefern für die Umsetzung auf dem Weg, Ihr E-Book zu erstellen. Alle Programme werden über kurz oder lang in jeder neuen Version mehr und mehr zum Thema ePUB beitragen. Ihnen die ePUB-Erstellung erleichtern. Auf Grund des Konkurrenzdrucks geht das gar nicht anders. Daher sind genaue Anleitungen, wann Sie in welchem Fenster wo klicken sollen, genauso kurzlebig wie aus dem Grund, dass sie dieses Programm vielleicht gar nicht auf ihrem Weg zum E-Book einsetzen. Zu jedem der vorgestellten Programme gibt es aber Bücher und die Weiten des Internets, die helfen, Ihr Wissen auf dem gewünschten Gebiet zu vertiefen, das sich auf Ihrem speziellen Produktionsweg ergeben hat. Die folgende Auflistung ist thematisch und nicht nach Kapiteln gegliedert.

Design und Formatierung

Wenn Sie hier Ihre Grundkenntnisse erweitern möchten, dann sind alle Bücher des Schriftenerfinders *Erik Spiekermann* bestens geeignet. Schon seit vielen Jahren ist seine locker zugängliche Art, Grafikwissen zu vermitteln, eine Basis für Grafiker in ihrer Ausbildung.

Eine exzellente Grundeinführung, wie InDesign »tickt«, gibt: *Sigrid Rätzer, Gestaltung und Typografie in InDesign*

Das Buch hat den kleinen Nachteil, dass es in seinen Praxis-Klickbeispielen nur bis zur Version CS4 geht und wir derzeit schon bei Version 6 und weiter sind. Es ist aber trotzdem unschlagbar in seiner Kombination von gestalterischen Grundsätzen und deren Umsetzung in InDesign. Tipp: gebraucht online kaufen und als Nachschlagewerk (für Gestaltungs-Neulinge) in Notfällen einsetzen.

Für alle Leser, die sich aufgrund der E-Book-Erstellung zum ersten Mal mit dem Thema Design und »Wo positioniere ich was?« konfrontiert sehen, sind auch alle Publikationen von *Robin Williams* ein guter Startpunkt. Titel wie *The Non-Designer's Design Book* weisen schon die Richtung. Alle Bücher sind zurzeit nur auf Englisch erhältlich.

ePUB und InDesign

Wie man ePUB-Formatierungsprobleme – oder sollten wir höflicher sagen: Herausforderungen in InDesign – meistert, zeigen *Sacha Heck* und *Yves Apel* in Ihrem Erklärwerk:

ePUB für (In)Designer.

Das Buch hat nur wieder den Nachteil der Vergänglichkeit: Schon als es auf dem Markt kam, war InDesign bei der Version 6 angelangt, und die beiden Autoren befassen sich mit Version 5 und 5.5. Zwischen den beiden Versionen gab es aber von Adobe Riesenschritte in Richtung Vereinfachung für den Autor. Unser Tipp: Das Buch vielleicht antiquarisch besorgen und bei Bedarf zurate ziehen, manches ist auch in späteren Versionen noch gut einsetzbar.

Und darum gibt es online die bewährten Lynda.com-Videos:

http://www.lynda.com/Adobe-training-tutorials/105-0.html

Lynda.com ist auch eine App gleichen Namens und derzeit (noch?) kostenfrei.

Sigil

Zu Sigil gibt es zurzeit noch kein Buch auf Deutsch. Auf manchen Internetseiten gibt es Kurzbeschreibungen zu bestimmten Teilen daraus, die wir aber nicht explizit empfehlen möchten. Auf Amazon finden Sie einige Titel in Englisch als Kindle Edition.

Calibre

Calibre ist ein sehr mächtiges und nützliches Programm. Für viele Zwecke mehr, als wir in einem Kapitel ansprechen konnten. Das Buch zum Programm gibt es von den beiden Autoren als Kindle E-Book: *Frank Großklaus und Mirko Russo: Calibre – das E-Book Multi-Tool – Grundlagen, Tipps & Tricks*

Soziale Netzwerke

Soziale Netzwerke versteht und handhabt man am besten, indem man sich darin bewegt. Nur – wie fängt man an? Gute Tipps liefert das Buch:

Social Media Marketing: Strategien für twitter, Facebook & Co von *Tamar Weinberg.*

Konkrete Formatierungsfragen in einem Programm

Bitte die Frage googeln. Am besten alle wichtigen Wörter, aber keine inhaltsleeren Füllwörter (mit, ohne, und, zu, den …) in das Suchfeld schreiben. Je genauer sie die Suchwörter wählen, umso weniger Treffer, aber vielleicht umso treffendere Ergebnisse erzielen Sie damit.

Oder in Ihrer Newsgroup oder Community zum Thema »Buch erstellen« nachfragen. Sie sind mit Sicherheit nicht der Erste mit diesem konkreten Problem, und irgendwer hat online schon eine Lösung exakt dafür in dieser Programmversion gefunden. Daher bitte immer angeben, auf welchem Betriebssystem, mit welchem Programm und mit welcher Version Sie arbeiten.

F Das kleine E-Book-Lexikon

AKEP-Kommission

Arbeitskreis Elektronisches Publizieren (*AKEP*) des Börsenvereins des Deutschen Buchhandels.

App

App ist eigentlich eine Abkürzung für Application , also Anwendung, oder noch genauer Anwendungsprogramm. Sie hat sich aber in der computeraffinen Welt so eingebürgert, dass wir sie nicht mehr nur als Abkürzung sondern als eigenständigen Begriff verwenden. Der Duden wird folgen.

Cascading Style Sheets (CSS)

Definieren in der Metasprache XSL die Formatierung von Webseiten. Sie stellen so eine Art Formatvorlage (wie in Word für ein Dokument), aber für Websites und ePUBs dar.

DTP-Programm

Grafik(orientiertes)(Satz)Programm. Damit ist in diesem Buch ein professionelles Layout- und Satzprogramm zum Desktop-Publishing gemeint. DTP-Programm steht für ein Produktionstool, in dem das Layout einen dominanten Teil ausmacht.

Typische Beispiele dafür sind InDesign, QuarkXPress, (Scribus, Pages). Letztere sind ein Mittelding, nicht wirklich gute DTP-Programme, aber mächtiger als »Word« in der Funktionalität.

DTP-Programm im Gegensatz zu Texterfassungsprogrammen wie Word, Open Office, Pages ...

Was damit nicht gemeint ist, sind Fotobearbeitungsprogramme wie Photoshop oder Illustrationsprogramme wie Illustrator.

CMS

Ein Content-Management-System (*CMS*, deutsch »Inhaltsverwaltungssystem«) ist eine Software zur Erstellung und Bearbeitung von Inhalten (Content) für Webseiten. Die zurzeit meistverwendeten sind WordPress und Joomla.

E-Books

sind Bücher oder Buchelemente in digitaler Form, die auf Smartphones, Tablet-PCs, allen Apple-Geräten oder auch dem normalen Desktop-Computer dargestellt werden. Die Programme zum Lesen heißen E-Reader.

E-Book [,i:b?k], das; -[s], -s <engl.; »elektronisches Buch«> (tragbares digitales Lesegerät in Buchformat, in das Texte aus dem Internet übernommen werden können.) Aus Duden – Die deutsche Rechtschreibung, 25. Auflage 2009

E-Book-Formate

Das einfachste Format sind PDFs. Sie sind so wie sie sind, der Leser kann nur die Seite wie mit einer Lupe vergrößern oder auch verkleinern, aber im Dokument selbst nichts anpassen.

Zurzeit ist das verbreiteste E-Book-Format noch immer ePUB2. Das ePUB3-Format möchte Standard werden. Es gilt zurzeit nur für den Apple-iBookstore und ist damit auf allen Apple-Geräten lesbar.

Amazon hat für seine zahlreichen Kindle-Derivate (Hardware) ein eigenes Format namens mobi, oder für die neueren Geräte Kindle Format 8 (KF8).

E-Reader (Hardware)

So groß wie die Vielfalt der Hardware (Smartphones, Tablets, Amazon-Lesegeräte) ist auch die Vielfalt der E-Reader. Leider. Eine Harmonisierung wäre aus Kundensicht dringend notwendig. Ist aber ähnlich zäh wie der Beginn des einfachen Internetzugangs: heute eine Selbstverständlichkeit, um die Jahrhundertwende noch eine Krux für alle Anwender. Jede neue Hardware-Generation ist nicht nur teurer, sondern verfügt üblicherweise auch über mehr technische Features: Internetzugang, Bunt statt schwarz-weiß, größerer Bildschirm …

E-Reader (Software)

Oft auch Bezeichnung für das Softwareprogramm, um sich die Dateien im ePUB- oder PDF-Format ansehen zu können.

ePUB

ePUB (**e**lectronic **Pub**lication) ist ein internationaler offener Formatierungsstandard für E-Books. Das International Digital Publishing Forum (IDPF) führte den Begriff im September 2007 ein. Entstanden ist ePUB aus dem älteren Standard *Open eBook* (OEB, beziehungsweise Open eBook Publication Structure, OEBPS).

ePUB3

- ePUB3 unterstützt in den Inhalt eingebettetes Audio und Video
- Bietet sogenannte Documents für die neuen HTML5 Audio und Video-Elemente
- Unterstützte Image-Typen: GIF, JPEG, PNG, SVG
- Unterstützte Audio-Typen: MP3, MP4
- Unterstützte Applikations-Typen: XHTML Content Documents, OPF2, OpenType, WOFF, MediaOverlays30, PLS

Farbraum (RGB oder CMYK)

Für Online-Produktionen, also beispielsweise E-Books wird der Farbraum RGB (Rot-Blau-Grün) eingesetzt. Farben in Druckwerken (Büchern) sind im CMYK-Farbraum definiert.

RGB: Hier werden die Farbwerte addiert, also etwa 20% blau und 70% rot.
Beispiel: R=70, G=20, B=225.
225 ist der höchste Wert, je kleiner umso dunkler.

CMYK: Hier werden die Farben voneinander subtrahiert. CMYK steht für Cyan, Magenta, Yellow und Keycolour (schwarz).
Beispiel: C=20, M=31, Y=45, K=0.
Der höchste Wert ist 100, je kleiner umso heller.

Fixed Layout Format

Fixed Layout ePUB gibt es von einigen Herstellern. Alle basieren auf der ePUB-Spezifikation, jeder aber mit seiner eigenen Auslegung/Einschränkung der Möglichkeiten:

- Apple Format
- Kobo Vox
- Barnes and Noble Format
- Kindle KF8-Format
- ePUB3

Mit einem Fixed ePUB-Layout lassen sich Bücher herstellen, bei denen das Layout und das Aussehen genauso wichtig ist wie der Text an sich. Das sind unter anderem Kinderbücher, Reisebücher, technische Bücher und Fotobände.

Das Fixed Layout wird beim Hochladen des ePUBs auf den Bookstore ausgewählt.

iBooks

ist eine App von Apple zum (Kaufen und) Lesen von ePUBs und PDFs auf Apple-Geräten.

Indie-Autor

Indie ist eine Abkürzung für »independence« oder »independent«. Also unabhängig. Im Falle von Autoren könnte man auch sagen: Verlagsfreie Autoren.

IDPF

IDPF steht für die Organisation: International Digital Publishing Forum. Es kümmert sich um die Standards und Förderung von elektronischen Publikationen. Das IDPF entwickelte unter anderem die Standards für ePUB3.

IRS

Die amerikanische Steuerbehörde, die ihre Fühler auch ins Ausland ausstreckt.

KF8

Kindle Format 8, Amazons neue Version für die Hardware ab Kindle Fire. Der Nachfolger des Mobipocket-Formats enthält, wie das Barnes&Noble-Format, ein eigenes Fixed Layout

Format. In beiden kann der Leser durch Klicken auf eine Stelle diese vergrößern. KF8 erlaubt zurzeit kein über den Text gelegtes Audio, also etwa einen Erzähler, der vorliest.

Mobipocket-Format

Das ältere Kindle-Format vor der Hardware Kindle Fire. Dateien mit der Endung *.mobi* oder *.prc* laufen nur auf Kindle-Geräten oder unter der Kindle-App bei anderen Herstellern (Apple).

Mobi ist ein Format für kleinere Bildschirme. In der Kindle-App setzt Amazon ein noch weiter komprimiertes Format mit der Fileendung *.azw* ein. azw beinhaltet DRM (Digital Rights Management)

PDF, statisch und dynamisch

PDFs haben den Vorteil, dass man sie kennt, praktisch jeder hat damit schon einmal gearbeitet. Übers Netz verschickt, haben sie den Vorteil, dass das Dokument meist auch so ankommt wie es abgeschickt wurde, im Gegensatz etwa zu Word-Dokumenten. Statische PDFs waren die erste Form dieser praktischen Abspeicherung. Sie sind so etwas wie Fotos, mit auch oder nur textlichem Inhalt. Dynamische PDFs erlauben Interaktionen in begrenztem Maß. So können Links auf Webseiten enthalten sein, die beim Klicken und einer Online-Verbindung die gewünschte Website öffnen.

ppi

Bildpunkte pro Zoll (*pixel per inch*). Die **Punktdichte** ist bei der Bildreproduktion ein Maß für die Detailgenauigkeit einer gerasterten visuellen Darstellung und zeigt damit die Qualität eines technischen Wiedergabeverfahrens.

Smartphone

Es kann nur ein iPhone geben, und daher sind alle anderen Nachbauten mit ähnlichen Funktionen Smartphones. Theoretisch ist ein iPhone auch ein Smartphone. Oder aber wieder nicht, denn es ist das iPhone.

Tablet/Tabloid

Tablet oder Tabloid ist eine Kurzform für Tablet-PC und beinhaltet alle Nachahmer des Apple-iPads. Denn, wie bei Apple üblich, ist ein Apple Computer eben kein PC, um Himmels Willen, sondern eben ein Apple (Gerät). Daher ist ein iPad auch kein Tablet, sondern eben das iPad. Punkt.

Tag

... sieht aus wie Montag, Dienstag ..., wird aber als [täg] gesprochen. Und meint eine Art Klassenbezeichnung für Elemente in einem Computercode.

Jede XHTML-Seite besteht aus Tags und normalem Text. Tags stehen zwischen spitzen Klammern. Zu jedem Start-Tag gehört auch ein End-Tag. Dazwischen steht das Element (Satz, Wort, Absatz, Link, ganzer Codebereich ...)

Das End-Tag sieht genauso aus wie das Start-Tag, hat aber einen zusätzlichen Slash(/) vor dem Namen.

Validierung einer Software

Ein Validator überprüft, ob die Syntax in einem Dokument stimmt. Validatoren können gegen eine Standarddatei checken, ein sogenanntes Schema oder auch die Syntax von XML- oder HTML-Dokumenten überprüfen. Also etwa, ob jedes Tag auch ein End-Tag hat. Ein Fehler, der bei der Verschachtelung von Attributen (Montag gehört zu Woche, diese gehört zu Jahr, das gehört zum Oberbegriff Kalender) folgenschwer wäre. Fehlt da beispielsweise bei der Festlegung zu Woche ein End-Tag, gibt es Kuddelmuddel in der Hierarchie und das Programm steigt aus.

XML

XML ist eine Auszeichnungssprache, genauso wie HTML eine andere ist. XML legt eine Sprache mit Hilfe von Elementen und deren Attributen fest.

G Von Autor zu Autor

Hier machen wir uns einige Gedanken um den Inhalt, den Text und das was Sie dem Leser präsentieren möchten. Also eigentlich um die Arbeit, die erledigt sein sollte, bevor Sie mit diesem Buch beginnen. Eine Art Schreibkurs im Telegrammstil. Aber hoffentlich etwas anregender.

Gedankensplitter

*

Für wen schreiben Sie Ihr Buch? Stellen Sie sich Ihren Leser, ja genau, einen bestimmten aus der großen Zahl, plastisch vor. Wie heißt er oder sie? Vorname, Nachname. Wie alt ist er, was hat sie für Hobbies? Haarfarbe, Größe. Was und wo arbeitet er? Hat sie Kinder? Wo lebt er, und wie verbringt er seinen Urlaub? Wo liest sie Ihr Buch?

Das sind reale Fragen, die sich Radiomoderatoren stellen, wenn Sie auf Sendung gehen. Sie stellen sich einen oder mehrere, selbst entworfene imaginäre Hörer vor. Real. Sehr real. Was würde der oder die jetzt erwarten? Würde ihm/ihr das gefallen?

Konkret. Konkreter.

Der Leser Frank Müller als reale Person.

Annika Schneider als reale Leserin. Mit Hund Oliver. Oder lieber mit Katze?

Oder mit Katzenallergie?

Wie heißen Ihre Leser?

*

Stellen Sie sich ein Lagerfeuer vor. So richtig gute Zeiten, mit Freunden, lange Nächte, mit Geschichten, in denen die »Jagdbeute« immer größer und schöner wird. Was erzählen Sie? Was steuern Sie bei?

Wie erzählen Sie Ihre Geschichte den Freunden am Lagerfeuer?

*

Wölfe leben meist in Rudeln und jagen gemeinsam. Dazu haben sie effektive Strategien zur Gemeinschaftsjagd entwickelt. Wölfe ernähren sich aber vielfach von Mäusen. Und die lassen sich schlecht im Rudel jagen.

Daher gibt es auch Wölfe, die gerne als Einzelgänger leben. Und damit bei der Mäusejagd wesentlich bessere Chancen haben.

Der lonesome Rider in der Nacht. Auf Jagd.

Autoren sind einsame Wölfe. Sie jagen im Dunkeln und allein. Sie vergraben sich an ihrem Schreibtisch, um nachts oder frühmorgens mit der Tastatur eins zu werden.

Andere brauchen den Trubel im Café, um die Zeilen ins iPad zu hacken. Ohne Starbucks läuft da gar nichts.

Und dann gibt es die dritte, auch recht erfolgreiche Autorenart, die zwar nachts allein ihre Gedanken an den Computer füttert, aber sich zwischendurch intensiv online mit anderen Autoren austauscht.

Jede Menge Groups in den einzelnen Communities – von Yahoo bis Facebook, LinkedIn bis XING – finden sich, in denen ganz genau nach Sachgebiet (»SciFiEroticaZukunft« ...) spezifiziert, Ideen und technische Probleme ausgetauscht werden. Manchmal geht es auch nur darum, die Muse wieder zu locken. Oder emotionalen Auftrieb zu geben. Oder zu erhalten. Hilfe von anderen, die im gleichen Boot sitzen, aber vielleicht auf der anderen Seite des Atlantiks rudern ...

Der lonesome Wolf im 21. Jahrhundert.

Inspiration

Wenn einen die Muse küsst ... dann fließt der Text wie von selbst in die Zeilen. Ist die Gute aber gerade anderweitig beschäftigt, bleibt das Blatt viel zu weiß. Leer.

Kein Problem, wir müssen sie nur dazu anregen, sich wieder um uns zu kümmern. Jede Katze kann das, wenn der Dosenöffner gerade lesen, arbeiten, schlafen oder sonst etwas möchte, die Katze aber genau jetzt gerne gestreichelt, gefüttert, you name it werden möchte, dann kriegt sie, was sie will. Sofort. Mit Charme, List und Überzeugung. Und wir glauben auch noch, dass wir der Initiator davon sind.

Was eine Katze kann, können Sie schon lange. Also.

Zwang und Kreativität sind zwei komplett getrennte Universen. Die Gedanken kommen, wenn sie nicht gefordert werden.

Also abschalten.

Vor dem Computer ausharren und auf die Eingebung warten, hilft selten. Wenn Sie die Ausnahme sind, dann nur zu. Ausnahmen bestätigen jede Regel.

Für alle anderen:

Hausarbeit, oder wenn Ihnen das mehr liegt: am Auto schrauben, zeichnen (eine andere Art der Kreativität), duschen, Gewichte schwingen beim Workout, in die Natur rausgehen und die Welt genießen, den Himmel, die Bäume und die Sonne, pardon ... hierzulande den Regen, ansehen ...

Egal was, aber das Universum wechseln. Und wetten, die Muse kommt nach. So schnell kann sie gar nicht fliegen, wie bei Ihnen wieder die Ideen fließen.

Musik oder Ruhe. Viele optische Reize oder ein Bild zum Hineinversinken. Angenehme Düfte. Es muss ja nicht der faule Apfel von Schiller sein. Inspirierend duftende Zitrusfrüchte oder eher der Geruch von Sonnencreme, die an den letzten Urlaub erinnert ...

Der Geheimtipp, der unter Profischreibern kursiert: Tagträumen. Eine der effektivsten Methoden, um Tausende von Wörtern wie von selbst aufs elektronische Papier zu bringen ...

Ich bin dann mal weg ...

Index